Bewegung

Von den Bewegungen des Menschen und seines Geistes aus soll versucht werden, den Blick auf die Welt aus einer sich ständig verändernden Sicht zu sehen. Alles ist in Bewegung und alles verändert deshalb sein Wesen und seinen Bezug ständig und immer.

Das ist deshalb interessant, weil es zu Überlegungen und Gedanken führt, die auch in Bewegung sind und deshalb bald an die Grenzen unseres engen Raumes gelangen. Sie verlaufen weit über diesen Raum hinaus, in einen Bereich, der oftmals nicht zu unseren alltäglichen Gedanken gehört, es aber werden muss.

Deshalb klingt manches als reine Vision, Fantasie oder Esoterik, wobei klar ist, dass aus solchen Reimen schon oft bare Realität geworden ist. Es scheint an der Zeit, die Fantasie spielen zu lassen und die Folgen einer fantasielosen Zeit an die Wand zu malen. Fantasie bringt Übung und schafft Gewohnheit.

Denn eine Pandemie bedroht uns gerade und die nächste könnte uns zwingen, unser gewohntes und geliebtes Zuhause zu räumen, weil es für längere Zeit unbewohnbar geworden ist. Auch auf dem Feld der

Pandemien, der Viren und Krankheiten ist Bewegung aufgekommen, wie in Vielem und Anderem von Geist und Seele mehr.

Realistische Fantasien sind die geistigen Bewegungen der Zukunft, von denen nicht genug in die heutige Welt gesetzt werden können, die längst erkannt haben, dass wir so, wie bisher, nicht weiter wursteln können. Die Natur ist gerade dabei uns die notwendigen Grenzen zu setzen, die wir selbst noch nicht erkannt haben. Dabei geht es uns gar nicht um Politik, sondern um ein neues Denken und Fühlen.

3

Inhaltsangabe

5

Bewegung

1. Entstehung der Bewegung

Bewegung gehört zu den allerwichtigsten Inhalten des Lebens und der Materie. Bewegung ist die Mechanik aller Inhalte, die sich in unserem Planeten bewirken lassen, weil sie die Wirkung aller in Berührung liegender Eigenschaften mit aktualisiert. Sie bedarf einer Reihe von Kräften, die im Endeffekt zu einer gemeinsamen Richtung führen und in der Lage sind, das betroffene Objekt von einem Ort in den Anderen zu befördern. Bewegung hat also Voraussetzungen, die gegeben sein müssen, um ablaufen zu können. Und es muss mindestens eine Fläche gegeben sein, auf der auch der geplante Verlauf stattfinden kann.

Bewegung ist also nur möglich, wenn die Umgebung um den Ablauf herum schon so geordnet ist, dass der Ablauf erfolgen kann. Bewegung setzt eine einigermaßen geordnete Umgebung voraus. Oder sie schafft sich mit Gewalt die eigene Bahn und sorgt selbst für die notwendige Ordnung, die sie für sich benötigt. Solche Abläufe gibt es immer wieder und immer wieder entsteht durch Bewegung eine neue und feste Ordnung. Dies mag auch im Urbeginn so gewesen sein. Ordnung ist durch eine sich Raum schaffende Bewegung entstanden.

Bei dem denkbaren Durcheinander des Urbeginns war zwar Bewegung von einer Stelle zu der anderen möglich.

Maßgeblich ging es aber darum, überhaupt existenzfähige Zustände und Strukturen zu schaffen, die sich aus dem gärenden und gurgelnden Urgrund heraus entwickelt haben und dort nachhaltig entstanden sind. Auch das sind Bewegungen, wobei der unfertige Planet zusammen mit den anderen im All entlanggeflogen ist. Die heftige Bewegung seines Inneren hat irgendwann die jetzige Ordnung geschaffen und die Räume gebildet, die sich dann langsam verfestigt haben. Nur durch Bewegung haben sie sich gefunden und dauerhaft verbunden. Denn ohne Bewegung wären sie längst irgendwo auf einem großen Haufen zusammengebrochen. Bewegung erhält ihr Leben.

Der Anfang der Bewegung ist sicherlich durch das große Ereignis entstanden, als sich die geballte Masse, die unter ganz erheblicher Energie gestanden haben muss, mit eben solcher immensen Kraft ausgedehnt hat. Von da ab bewegten sich die Einzelteile in den leeren Raum hinein und laufen noch stetig auseinander, in die erstmals gegebene Richtung weiter. Auf diesem Weg verläuft sie noch heute. Noch immer dehnen sich die Massen in die anfängliche Bewegungsrichtung aus und ziehen ihren bezogenen und genutzten Raum in ihre stabile Bewegungsrichtung mit ein. Der Raum vergrößert sich dabei stetig und die Beziehungen der Einzelteile werden ständig größer. Aber sie haben keine andere Wahl, als diesen Weg.

Der Flug der Ausdehnung ist noch nicht beendet. An irgendeinem Punkt wird die Ausdehnung ein Ende haben müssen, weil die voneinander wegfliegenden Massen innerlich zusammengehören. Dass diese Einheit zu einer eigenen Welt führen soll, die sich irgendwo im großen All niederlassen und unabhängig voneinander existieren, ist schwer denkbar. Zumal sie ohne Bewegung alleine gar nicht existieren können. Also wird irgendein Ereignis, das dem big bang vergleichbar ist, die Massen dereinst wieder konzentrieren müssen. Eine Zusammenführung in den früheren Ausgangspunkt, könnte es sein. Die gebildeten Räume sind also sicherlich nicht endgültig. Denn sie benötigen Bewegung und da gibt es nur die derzeitige oder die umgekehrte Richtung. Ein eigenes Stehen im Raum ist nicht denkbar. Und die derzeitige Bewegungskraft hat irgendwann ihr Ende.

Jedenfalls ist dadurch Bewegung entstanden, die eine eigene Ordnung von Massen, Kräften und Energien hervorbringen muss, wenn die Bewegungen in geordneten Bahnen verlaufen sollen. Dabei ist unerheblich, ob diese Ordnung von Anbeginn vorhanden war, oder ob sie sich aus einem großen Chaos heraus durch Übung langer Jahre, selber entwickelt hat. Denn irgendwann bleibt auch der leblosesten Materie nichts anderes übrig, als geordnet nebeneinander herzufliegen, weil sonst alles in Hitze und Strahlung aufgelöst wäre und feste Formen nicht zustande kämen. Das Ziel der Bewegung müssen feste Formen sein, die in einem starken und nachhaltigen Ordnungssystem verlaufen, die aber frei genug sind, sich stets an Entwicklungen anzupassen und zu verändern. Eine Ordnungsstruktur ist Grundbedingungen aller großen Bewegungen und ihrer Systeme.

Selbst wenn das Chaos sich selbst überlassen worden wäre, dann hätte es sich in ein Ordnungssystem eingespielt, weil sich die großen Massen zu eigenen Einheiten gebildet und geformt haben müssen, um durch die zwischen ihnen wirksamen Kräfte ein stabiles Ordnungssystem entstehen zu lassen. Alles an Materie, was nicht in diese Zwischenräume passt, musste rechtzeitig verschluckt und assimiliert werden. Also bestand keine Notwendigkeit für eine ordnende Hand oder einen über allem schwebenden übergeordneten und lenkenden Geist. Bewegung könnte diese ordnende Wirkung in sich tragen und alles, was ohne Beteiligung im Raume mitschwebt, einfach absorbieren. Bewegung produziert den nötigen Geist und zusammenhängenden Ablauf.

Gibt es diese Ordnung nicht, entsteht keine Bewegung, weil die Massen sich gegenseitig blockieren müssten. Das scheint sogar die wahrscheinliche Alternative zu sein, die sich in Teilen noch heute so abspielt. Chaos als Ordnungsprinzip. Denn eine andere Chance haben sich bewegende Teile nicht, entweder sie bewegen sich in einer festen Ordnung oder sie kollabieren und gehen unter. Bewegung erzeugt automatisch eine eigene Ordnungsstruktur, weil die Kräfte der Bewegung in der Regel alles andere dominieren.

Bewegung muss veranlasst sein. Der big bang könnte ein solcher Anlass mit immenser Kraft und Energie gewesen sein. Scheinbar wirkt dieser Anstoß noch immer nach, denn ohne ihn gäbe es die Expansion in den Raum hinein nicht. Was geschieht, wenn diese nach außen, von einem zentralen Mittelpunkt kommende Kraft, nicht mehr wirksam ist. Dann entsteht vorhersehbar der frühere Zustand des Chaos wieder. Denn ein perpetuum mobile, das ohne Krafteinwirkung unendlich weiterläuft, gibt es nicht und die ordnende Kraft der Bewegung entfällt. Die Massen müssten sich wieder treffen und in schwarzen Löchern verdichten.

Bewegung besteht auch dann noch, aber nicht mit einem gemeinsamen Ziel, sondern aus massegelenkten Richtungen, die sich dann zufällig ergeben. Denkbar für einen solchen Fall sind große Kollisionen der großen Massen, die über schwarze Löcher wieder zu einem Endpunkt mit immenser Konzentration und Masse führen müssen. Alles, was derzeit in geordneter und großer Bewegung ist, wird sich in Punktform wieder zusammenfinden. Das könnte das Ende des großen Ausflugs sein. In der Zwischenzeit schafft seine Bewegung unzählige Möglichkeiten für neue und vielleicht bessere Zustände.

Müsste Bewegung einem festen Prinzip im Raume folgen, so könnte nichts außerhalb und ohne ein solches Prinzip verlaufen. Ein solches Grundprinzip hätte sicherlich auch den Verlauf der Ausdehnung und sein irgendwie gestaltetes Ende in eine andere Richtung oder gar eine Rückwärtsbewegung benennen müssen. Ein solches ist aber bis heute nicht erschienen und nicht erkannt worden. Deswegen wird der Bewegung die eigentliche Ordnungsaufgabe aus einem bestimmten Chaos heraus auch zufallen müssen. Und dieses Ordnungsprinzip verläuft bis zu seiner finalen Bewegung, die wieder ihr Stopp sein wird, ihr Ende in einem großen schwarzen Loch, in dem alles wieder vereinigt ist. Damit hätte Bewegung vom Anfang bis zu ihrem Endpunkt, stets eine feste Richtung. Und man bekommt den Eindruck, dass alles in einem engen Verbund verläuft, obgleich es derzeit auseinanderstrebt. Und dieser Verbund steht über allem und bestimmt die finale Strecke.

Dabei ist klar, dass es verschiedene Formen von Bewegung gibt. Die stetige Bewegung der großen Massen, die unermessliche Flächen an Bewegung und Raum ausfüllen. Und daneben, die Bewegungen, die zwischen den kleinen Teilen, den Entfernungspunkten a und b liegen. Diese Bewegung ist situationsangepasst und richtet sich nach der räumlichen Größe, in der das Geschehen abläuft. Das ist die Bewegung des Prinzips Leben, das in der Regel ortsgebunden ist und seinen eigenen Radius besitzt.

Die große Bewegung und die ortsgebundene dürften in ihrer Wirkung aber identisch sein. Nur, dass die Auswirkung der bestehenden Kräfte jeweils den bewegten Massen angepasst ist. Aber immer bedarf es eines kraftbezogenen Anlasses und eines durch Ordnung bestimmten und geregelten Verlaufs. Bewegung beseitigt immerhin die Bindung zum derzeitigen Ort und die Neuschaffung solcher räumlichen Bezüge.

Bewegung ist ein Grundelement des Lebens. Bewegung schafft Veränderung, schafft andere Zustände, schafft Erkenntnisse, schafft Vergleichbarkeit und Relativität, baut die jeweiligen Lebensgrundlagen zusammen und eröffnet Kontakte in allen Bereichen und Sphären. Auch feststehende Wesen und Zustände leben von Bewegungen und Veränderungen, die mit allerlei Veränderungen und sogar mit dem Zeitablauf immer verbunden sind. Für das Leben ist Bewegung die Grundlage, sein Aufbau und Voraussetzung seiner Existenz und seiner Weiterentwicklung. Nichts wird sich ohne Bewegung mehr verändern können. Bewegung ist ein Prinzip unseres All geworden. Und dieses Prinzip gilt in allen seinen Formen unabhängig von seiner Größe nach gleicher Gesetzlichkeit und an allen Stellen.

Bewegung ermöglicht Veränderungen und sie schafft verschiedene Perspektiven und die jeweils spezielle Sicht auf die Dinge. Bewegung ist wie Wasser, die Flüssigkeit des Lebens und der Gedanken. Und sie baut den freien geistigen Raum mit Normen aus und stabilisiert ihn damit. Bewegung scheint auch unser Geist zu sein, denn auch er braucht den Blick aus verschiedenen Richtungen, um damit das rechte Maß zu finden. Mit jeder Bewegung nimmt der Geist seine räumliche Erweiterung und Erfahrung auf.

Bewegung verlangt aber auch feste Punkte, an denen es sich entlangbewegen lässt. Eine Struktur innerhalb der sie ablaufen kann. Die Relativität der Bewegung zeigt, dass sich Bewegung nur an dem festen Punkt darstellen und richtig bewerten lässt. Schon die zweite Bewegung in die gleiche oder eine andere Richtung verfälscht den wertenden Blick auf ihre Wirkung. Denn ihre Kräfte addieren oder subtrahieren sich. Bewegung verlangt auch die Festigung meiner Persönlichkeit und ihres zugehörigen Standorts. Immer habe ich Bezug zu diesem Standort, ich stärke ihn oder stelle ihn aufgrund der erfolgten Bewegung in eine andere Reihe, mit veränderten Komponenten.

Eine einfache Einteilung von möglichen Zuständen zeigt einfache Strukturen. Man kann diese Strukturen in Dimensionen aufteilen. Dimensionen innerhalb der die Bewegung verläuft oder mit denen sich bewegen lässt. Solche, die besonders für das Leben und den Menschen von

Bedeutung sind. Bewegung ist überall möglich, im tatsächlichen Leben, zwischen realen Objekten, im geistigen Leben, zwischen gedachten Modellen und Strukturen und im Geist selbst, der sich suchend bewegt und damit Bewegung verursacht. Jedes freie Objekt strebt nach Bewegung, genauso wie jeder freie Gedanke, der sich immer die angenehmste Form suchen will. Auch in der Ruhe macht sich Bewegung bemerkbar, weil sie die Freiheit dokumentiert und jede Enge und Geschlossenheit vermeidet. Nur durch den Drang zur Bewegung wird Ruhe empfindbar.

An Dimensionen kämen solche des täglichen kleinen Lebens in Frage. Solche, mit denen man täglich seine Alltagsmühe hat und die man bei jeder Gelegenheit meistern muss. Dabei zeigen sich Abstufungen. Die erste Dimension wäre der Punkt. Die zweite Dimension die Fläche, die dritte Dimension der Raum, die vierte Dimension eine menschliche Grundstruktur, wie die der Größe und Würde, die in sich stabil und nicht veränderbar sind. Danach gibt es weitere Dimensionen, die des Glaubens und die der Transzendenz, mit dem Abschluss des Absoluten Raumes.

Sie alle beinhalten und regeln Zustände des menschlichen und natürlichen Seins, die direkte Auswirkungen auf sein Leben und Wirken haben und die Normen des Verhaltens und Vorangehens bedingen. Diese Zustände sind jeweils die Basis für eine eigene Seinsform, in ihnen spielt sich die Bewegung des Lebens ab. Und sie richten sich nach der Bewegung und ihrem stetigen Lauf, von dem starken Mittelpunkt weg nach außen. Als Dimension ist dabei nur anerkannt, was eine innere Neuordnung voraussetzt und mit der vorangegangenen Dimension nicht zu bewältigen ist. Alle diese Bewegungen sind Ableitungen der großen Bewegung unserer schweren Massen im All. Und auch dort gelten diese Regeln.

Sicher ist, dass alle Entwicklung, gleich in welchem System sie erfolgt, nur mit Bewegung denkbar ist und zustande kommen kann. Ohne Bewegung kein Raum, keine Zeit, keine Verbindung, kein wirksamer Inhalt, keine Anpassung an die herausfordernde Umgebung, ja sogar das definitive Ende in einem großen schwarzen Loch. Alles, was sich gestalten, wachsen und verändern will, bedarf der Bewegung. Im ganzen Großen All gibt es nichts, das nicht in Bewegung ist. Alles läuft nach einem festen und unveränderbaren Rhythmus und seiner eigenen festen Richtung ab, die noch immer von dem imaginären Mittelpunkt ausgeht und bestimmt wird. Und dieses System hat sich selbst aus dem Chaos durch Bewegung entwickelt und bezieht sich relativ auf den imaginären Mittelpunkt zurück.

Bewegung führt darüber hinaus zu einer eigenen Stabilität. Ein sich drehendes Rad zeigt am besten die Richtungsstabilität die es einhalten und beibehalten will und muss. So verhält es sich bei allen anderen Bewegungsabläufen; die in der Regel mit großer Energie geladen sind, die im Rahmen der Bewegung sinnvoll abgebaut werden müssen, oder zu erheblichen Schäden führen. Bewegung eröffnet einen engen Korridor innerhalb von dem die aufgebauten Kräfte wieder sinnvoll angepasst werden können. Es statuiert damit einen eigenen festen Rauminhalt, der nicht umgangen werden und plötzlich geändert werden kann. Der bewegte Körper befindet sich in einem eigenen und durchaus starken Kraftverhältnis, das er sonst nicht hat. Dieses hat Einwirkungen auf den Körper selbst. Bewegung schafft einen eigenen Seinszustand, der nur innerhalb des bewegten Systems wirkt und die berührten Punkte außerhalb kaum beeinträchtigt oder in die Kräfte einbezieht.

Bewegung, die einmal abgelaufen ist, hinterlässt ihre Bahn. Diesen Weg kann man begehen. Sie schafft Erinnerung und Wiederholung, weil sie die Strecke schon bereitet und mit ihrem speziellen Duft versehen hat. Jede Bewegung bereitet die betroffene Umgebung vor, die diesen Ablauf in ihrer Nähe akzeptiert. Deswegen gibt es Straßen und Schienen und Luftkorridore, die Bewegungen festmachen und die Hauptachsen bestimmen. Damit herrscht Ordnung, auch für all anderen die sich mitbewegen können.

Nur der Punkt, die erste Dimension bedarf keiner Bewegung. Der Punkt ist ohne Bewegung denkbar, aber in der realen Existenz ohne Bewegung nicht möglich. Er ist deshalb ohne Leben, ohne Inhalt, ohne Farbe, ohne Geruch oder einer **anderen** Eigenschaft. Und er ist deshalb nur, weil er neben etwas existiert, das in Bewegung ist, sonst könnte er seine Existenz nicht halten. Sonst wäre auch er nicht. Und in diesem Bezug zu etwas, das in Bewegung ist, besteht er nur, weil er relativ zu der Bewegung existieren kann. Er ist der Bezugspunkt zur Bewegung und seine geistige Größe. Und er steht dem Absoluten Raum gegenüber, der wahrscheinlichen Unendlichkeit. Zu ihm hat er einen denkbaren Bezug, weil er dessen kleinere Einheit ist. Vom Punkt bis zum Absoluten Raum spannt sich der große Bogen der ganzen Bewegungen.

Bewegung hat ein eigenes Leben, weil es jedem Objekt seine notwendigen Grenzen und seine nötige Abgrenzung zeigt. Auf diese Weise bildet sie Körper und hält sie auch in konstanter Form eingebunden, denn Bewegung braucht klare und feste Zustände und Verhältnisse. Deshalb kann ich innerhalb einer bestimmten Zeit, immer nur an einem Ort sein, das verhindert den Bewegungsablauf in seiner ganzen Länge festzuhalten. Es sind jeweils nur die Einzelpunkte der Berührung erkennbar. Deswegen kann ich Bewegung nie als Einheit wahrnehmen. Und alles, was die Bewegung nicht mitmachen kann, fällt von meiner Form ab.

2. Bewegung und Punkt

Punkt ist eine angenommene und denkbare Größe, die als letzte Reduktion des absoluten und großen Raumes, in den sich das All hinein ausdehnt, existieren muss. Möglicherweise auch als der denkbare Endpunkt einer kraftlos gewordenen Bewegung des großen Alls mit all seinen immensen Massen. Punkt wäre der Raumteil, ohne Bewegung und deshalb auch ohne jegliche Existenz. Ein no go. Für das Prinzip Leben ist der Punkt ein wesentlicher Denkfaktor. Er ist das a und b als Entfernung für die Bewegung, ihre Geschwindigkeit, ihrer Zeit, ihren Ort und ihrer Richtung. Die Logik nicht nur der Bewegung setzt den Punkt voraus, obwohl er im praktischen Leben ohne Wirkung ist. Punkt ist also die Stelle ohne Beziehung zwischen a und b, sonst wäre es schon Fläche. Die

Bewegung ist aber nur über den Punkt verständlich und zu begreifen. Deshalb brauchen wir die Dimension des Punktes als feste Größe. Denn er hält den relativen Bezug zu jedem Ablauf.

Punkt ist darüber hinaus die letzte Ableitung aus dem großen unendlichen Raum, in den sich das All hinein ausdehnt. Irgendwo lässt sich dieser Raum auf einen Punkt logisch reduzieren. Ob er dann Fläche oder Raum ist, kann im Endeffekt dahinstehen bleiben. Denn seine Eigenschaften sind sowohl als Raum, wie als Fläche dieselben, nämlich null. Aber ein Denkfaktor muss es sein, weil er für die Geschlossenheit des Systems erforderlich ist. Und weil Logik in gewissen Umfang auch Abstraktion und Ableitung ist. Der Punkt ist auch zur Bestimmung der Bewegung dringend erforderlich, er nimmt weder eine Stellung noch einen eigenen Wert ein. Und er bezieht den Ort an dem die Bewegung in Bezug auf andere Verläufe gerade steht oder fliegt. Aber auf diesen Punkt bezieht sich die Zeit und sie ist ebenfalls ein gewichtiges Element der Bewegung.

Das System oder der Zustand in dem sich der Punkt befindet, behält seine absolute, sich nicht bewegende Form nur, wenn das System zu dem sich bewegenden Bereich, relativ und unveränderbar ist. Die relative Position des Punktes existiert nur, wenn sich neben ihm ein Raum befindet, der in Bewegung ist. Die einzige Ausnahme dazu wäre ein Punkt, der alles beinhaltet, was Raum und Zeit überhaupt besitzen. Das könnte ein großes schwarzes Loch sein, das alles aufsaugt, was überhaupt existiert. Das bedürfte dann keines relativen Bezuges mehr, weil es die Absolutheit insgesamt wäre. Das könnte auch der absolute leere Raum sein, eine eigene Dimension, die vor allem anderen existiert und in den hinein, Bewegung verlaufen kann, sobald sie existiert. Dieser absolute Raum existiert immer. Es ist keine große Leere, in ihm herrschen Beziehungen zu den einzelnen Raumachsen, die Strukturen voraussetzen und deshalb keine bloße Leere sein können.

Er muss deshalb sein, weil alles ein energetischer Verbund ist, der seinen Zustand plötzlich verändern kann. Und die Raumachsen müssen Bestand haben, sie müssen stehen bleiben und das garantieren nur erhebliche Energien. Das Vorhandensein von aller Materie, dem Leben und der Biomasse, beweisen, dass es die absolute Leere nicht geben kann. Ihre Reduzierbarkeit auf den bloßen Punkt verlangt andererseits den relativen Bezug und den absoluten Raumgedanken, sogar in der Form einer Dimension. Jenseits des Punktes besteht also keine Leere, der Punkt selbst ist das Ende oder der Anfang. Gäbe es eine Leere, dann gäbe es den Punkt als denkbare Größe nicht.

Der Punkt in einem System, setzt Bewegung und Relativität für seine feste Existenz voraus. Das heißt, er muss sich von der eigenen Bewegung seines Systems abgrenzen, in dem er sitzt und sich befindet, sonst erhält er keine wahrnehmbare Form. Ohne einen relativen Bezug zu diesem bewegten System, gäbe es den Punkt also auch geistig nicht. Dann würde der absolute Raum eintreten. Die Relativität sichert dem Punkt die eigene Existenz, weil sie genauso stabil ist, wie das gesamte System selbst, dem es zugehört. In der Relativität setzen sich die Bezüge der Raumachsen des absoluten Raumes fort. Und diese Bezüge führen zu Bewegung oder zu ihrem Ende.

Es drängt sich das Gefühl und die Vermutung auf, das relative System des Punktes ist eine Ableitung der Bewegung im Raum. Eine Reduzierung auf den Ausgangspunkt. Dieses besitzt eine eigenständige und allein gültige Normativität, weil über die Bewegung, auch nach rückwärts, gefolgert werden kann, die dann wieder bei dem Punkt endet. Mit diesem Inhalt könnte der Punkt auch die optimale Reduzierung oder Verkleinerung des Absoluten Raumes sein. Die weiteste Ableitung des Absoluten Raumes, auf seinen Minimalbestandteil. Aber jede Ableitung setzt den relativen Bezug zur Bewegung und zu Inhalten oder zu Strukturen der Mutterform voraus.

Sobald die Ableitung des Absoluten Raums, als der letzten Dimension erfolgt, entstehen Bewegung und Relativität, weil diese Ableitung nur im Bezug zu Bewegung und anderen Raumteilen möglich ist. Sobald ich also den Raum mit meinem Wesen betrete und teilweise ausfülle und erschließe, entstehen automatisch Bewegung und Relativität. Denn die Bezüge der Raumachsen bleiben stets wirksam. Denn Raum ist eine nicht zu beseitigende Struktur. Sie ist nur veränderbar.

Der Punkt ist eine Ausnahme davon. Aber als letzte Einheit des Absoluten Raumes bewirkt bereits der Einstig in die erste Dimension die notwendige Entstehung relativer Bezüge und von Bewegung. Denn die Ableitung hat immer den inhaltlichen Bezug zur Mutterform.

Ohne diesen funktionalen Zusammenhang ist der Raum nicht nutzbar und nicht für einen Zugang offen, gleichgültig, wie dieser erfolgt. Bewegung ist eine Folge der Raumaufteilung in meine individuelle Größe oder in jede andere Größe in der Raum genutzt oder belegt wird. Mit dieser Bewegung entsteht ebenso automatisch der relative Bezug, also die Relativität des Systems. Denn sie sichert jeder Form im Raum die eigene Existenz, innerhalb der ihr zustehenden Zeit. Die Beziehungen der Raumachsen unter sich haben die Tendenz zur Leere, zur Erhaltung des absoluten Raumes. Deshalb wirkt die Zeit als Begleiterin der Bewegung mit. Sie ist gleichzeitig ein Ordnungsfaktor des Raumes und insoweit eine Wirkung der Raumachsen. Und sie stellt sicher, dass jedes Treffen mit vielen Punkten zu seiner Zeit einmalig war.

Bewegung setzt einen Anfangspunkt und einen Endpunkt voraus, als mindestens zwei Punkte, die in einer gemeinsamen Beziehung stehen. Und bereits diese Beziehung ist die Fläche, also die zweite Dimension. Allein der Übergang vom Punkt zur Fläche setzt demnach strukturell einen umfangreichen Wirkungsmechanismus voraus, der zumindest Bewegung und Relativität und die Zeit, enthält, weil er sich sonst nicht lokalisieren und räumlich bilden und festlegen kann. Denn Bewegung ist ohne Richtung, also den zweiten Punkt, nicht denkbar. Als Element des Raumes, muss sie den Bezug der Raumachsen erhalten und auch durchsetzen.

Der Übergang zur Fläche baut auf diesem Ziel seine feste Form. Denn Fläche ist die Spannung zwischen den beiden Punkten a und b. und Fläche ist in allen Bereichen existent. Sie ist die Grundform über die jede Empfindung und

Vorstellung verläuft. Die Fläche beinhaltet die Dynamik der Bewegung, die Mitwirkung der Zeit und automatisch auch des Relativbezuges. Der Punkt ist der Ausgangspunkt zur Bewegung hin, er ist aber auch Endpunkt, wenn die Bewegung endet. Bewegung ist Fläche.

Für alles Leben in seinem jeweiligen individuellen Bewegungssystem, ist dieser finale Endpunkt der Tod. Das Leben kommt also aus der ersten Dimension und kehrt regelmäßig dahin zurück, weil es bei seinem Beginn die Bewegung und seinen Relativbezug und seiner Zeit empfängt, den es am Ende wieder irgendwohin abgibt, dorthin, wo er herkam. Das bewirkt die jeweilige Überschreitung der Dimensionsgrenze von der ersten zur zweiten Dimension und zurück. Bewegung ist ein Bündel von Relativität zum Raum und zu ihrer Zeit.

Die ursprünglich verliehene Fähigkeit des Punktes, abgeleitet aus dem großen Absoluten Raum, der dadurch nicht verändert wird, der vielmehr unendliche Ableitungen zulässt, die ihn in seiner Grundform bestehen lassen, dieser Punkt geht bei Dimensionsüberschreitung in der Form zurück, in der er sich am Ende seiner Zeit befindet. Bewegung und Relativbezug haben sich dann zur physischen Masse verdichtet, die wieder in das System zurückgegliedert werden.

Da der Punkt als erste Dimension, sonach Leben ausschließt, kann es nur über die Bewegung entstehen. Punkt a hat demnach die Größe, die er einhalten kann, ohne Bezug zum Punkt b, dem Ziel zu haben. Denn in diesem Moment wäre er Fläche geworden und damit völlig verändert. Punkt ist die geistige Abstraktion des Bewegungsbeginns. Er wird zur Fläche, sobald der Bewegungsbeginn seinen Lauf begonnen hat. Von da ab muss Bewegung einem Ziel folgen. Dem Punkt können alle möglichen Eigenschaften angedacht werden.

Dabei ist sicherlich von Bedeutung, dass der Punkt als erste Dimension, ein Bruchteil des Absoluten Raumes, als letzter Dimension, darstellt. Zwischen dem Punkt und dem Absoluten Raum muss eine Beziehung bestehen. Es ist die Ahnung für die unendliche Größe aus der jeder einzelne Punkt als Ableitung des Absoluten Raumes kommt und damit die Eignung zur Bewegung. Die Ableitung eines Raumelements vom Absoluten Raum ist nur über Bewegung und der relativen Relation zu ihm möglich. Relativität, gefühlsmäßig ausgedrückt, als Ahnung zu der Gesamtheit. Der immer vorhandene Bezug des Einzelteils zur Gesamtheit. Das ist bereits im Punkt realisiert. Das Bindeglied von Punkt zu allen Größen ist die Bewegung.

Sobald Bewegung im Punkt a zu laufen beginnt, entstehen automatisch die Zeit, die Relativität und die Fläche. Sie sind damit verbunden, dass sich der bewegende Körper von allen anderen daneben befindlichen abhebt, obgleich er zu ihnen gehört und deshalb sein Verbleiben dokumentieren muss. Denn alles ist voneinander abhängig, weil es auch alles aus demselben Anfang kommt. Materie, Geist und Seele sind überall strukturell identisch, sie ändern sich lediglich in ihrer Bewegung und ihrer Beweglichkeit. Und das ist bereits ein individuelles Merkmal. Aber sie gelten im gesamten All. Und sind gleichzeitig universell

Auch die Bewegung der Teile aus dem gemeinsamen Ursprung heraus ist identisch. Sie kann sich im Verlaufe der Zeit allerdings an bestehende Umstände angepasst und durch neue Strukturen verändert haben. Diese Strukturen sind zwar auch individuell, aber sie müssen in das Raster der allgemeinen Bewegung passen und sie erlangen auf diese Weise wieder eine gewisse Gleichförmigkeit und eine identische Struktur. Und diese Struktur der Bewegung gilt im ganzen All, im ganzen Raum, obwohl die Bewegung vom Punkt a ab beginnt und dieser Punkt seine Eigenart behält. Sie wirkt auf die Bewegung ein, ändert aber den Bewegungsverlauf und ihren Vorgang nicht.

3. Bewegung und Wasser

Wasser hat im ganzen All die gleiche Form und Fähigkeit. Es kann überall seinen Aggregatzustand verändern, sich schnell an alle klimatischen Verhältnisse anpassen und es besitzt die Flüssigkeit. Mit seiner Flüssigkeit ist Wasser wie nichts Anderes, in der Lage, sich überall hinzubewegen und weiterzugehen. Wasser ist eigentlich das Musterbeispiel für Bewegung und Anpassung an alle seine Lagen und neue Situationen. Deshalb kann es auch überall auftreten. Und es ist bekanntermaßen schwierig, dem Bewegungsdrang von Wasser Einhalt zu bieten.

Wasser ist Bewegung. Und kommt es irgendwo zum Stehen, dann verändert es seine Eigenschaften. Wasser kann fest sein, hart wie Stein, es kann leicht sein und fliegen wie Luft und es kann in flüssiger Form nahezu alle Kraftzustände einnehmen, die es für seine Bewegungen benötigt. Es ist in allen Lagen angepasst und spielt uns einmal das friedlich und leicht singend dahinfließende Bächlein vor und das andere Mal den reißenden Strom, der Häuser und Bäume aus seinen Fundamenten reißt. Wasser ist flüssig wie Geist, diese Flüssigkeit ist eigentlich die höchste Form der Bewegung, denn für sie gilt im Grunde keine Grenze. Wasser ist die in Körper gefasste Beweglichkeit.

Und es scheint so, als könne es in allen Dimensionen auftreten. Wasser kann ein Punkt, eine Fläche und ein Raum sein und es wird sich immer die jeweiligen Eigenschaften seiner Umgebung zu Eigen machen. Es ist immens flexibel in allen Bewegungsformen und der Anpassung an vorgegebene Umweltbedingungen. Das kann es sein, denn es ist eine Grundlage aller Existenzen und damit ein Beispiel aller Bewegungen. Wasser hat es bei der Bewegung einfach, es ist an keine Form gebunden, kann vielmehr in alle Formen schlüpfen. Jedes andere Objekt bringt seine Form und Figur in den Raum und muss mit ihm versuchen, die notwendig schnelle Bewegung hinzubekommen.

Wasser und Luft sind die einzigen mit dieser großen Ausnahme der offenen Form, die sich ständig an ihre Umgebung anpasst und sich bei ihr hineinbewegen kann. Deswegen haben sie Flüssigkeit, die besonders dafür gegeben ist, seine Form und Figur an alles anzupassen. Das ist

Flüssigkeit. Dem können nur noch die menschlichen Gedanken und Gefühle folgen, die sich traumwandlerisch auch überall einmischen, anpassen und hineinbewegen können. Dabei können sie teilweise auch noch die Umgebung bestimmen und formen. Wasser ist die Patin der Bewegung und es formt die Agilität der jeweiligen räumlichen Anpassung.

Luft und Wasser sorgen für die innere Stabilität aller Biosysteme. Ohne ihr festes Zusammenwirken gäbe es kein ausgewogenes Klima, gäbe es keine grundlegende Versorgung mit Luft und Wasser, kurzum, es gäbe kein Leben und auch nicht die Materie in der vorliegenden Form. Grundlage dafür ist die Bewegung von Luft und Wasser und ihre Bereitschaft in Bedarfsfalle überall zu sein. Es stützt alle Formen, gibt ihnen Stabilität und ermöglicht ihr inneres System der Versorgung, der Stabilität und Kraftübertragung. Deshalb muss es überall beteiligt sein. Und jede Existenz hat sich diese Fähigkeit des Wassers zu eigen gemacht.

Bewegung ist in Wasser und Luft verwirklicht und damit zur Grundlage aller Zustände und Strukturen geworden. Bewegung will, wie das Wasser überall sein, flexibel vorgehen können und keine Schranken, keine Formen besitzen. Bewegung will sich durchsetzen an jedem Ort, an dem es auftritt und an jedem an den es gelangen muss. Bewegung ist ihr wesentlicher Bestandteil und Wasser ist nur über die Bewegung überhaupt flüssig geworden. Wasser ist symbolhaft körpergewordene Bewegung, in der jeweiligen Form, in der es auftritt und in der es erscheint. Im Wasser sieht man die verkörperte Idee der Bewegung. Dasselbe gilt für die Luft, die ohnehin von dem Wasser geprägt und gestaltet wird. Luft ist mit Wasser identisch. Deshalb hat Wasser auch eine normative Kraft. Wasser kann alles aufnehmen, transportieren und jederzeit an der richtigen Stelle übertragen.

Wasser ist auch der große Träger der Harmonie. Die besondere Erfindung der Welle zeigt das starke Bemühen plötzlich eintretende Veränderungen durch eine optimale Vorgehensweise bekanntzumachen und unter allen Zugehörigen auszugleichen. Die Welle ist eine fantastische Konstruktion, sie trägt das Ereignis durch eine Raumveränderung weiter, ohne die ganze Masse Wasser mitzuschleppen. Durch die Art der Veränderung bekommt jeder mit, um was es geht und damit ist es integriert und verarbeitet. Und diese Technik verläuft im Kleinen und im Großen gänzlich einheitlich. Damit ist die Harmonie wiederhergestellt. Es schmiedet das Eisen solange es heiß ist. Und die Welle hat in jedem seiner Bereiche immer die gleiche Größe, es gibt keine Ausnahme. Das ist auch die Logik der Bewegung.

Die Welle zeigt die Veränderung des Wasserzustands und seiner inneren Ruhe an. Je nach Anlass verläuft ein Wasserberg in seine Richtung und macht damit kund, Unruhe herrscht und Ausgewogenheit muss erreicht werden. So löst es die Probleme, die viele Ursachen haben können, wobei die hohe Welle den Grund der Unausgewogenheit mit sich trägt und zum Ausgleich bringt und wenn es dazu das nahe Ufer und den Strand zu Hilfe nehmen muss. Die Stärke der

Disharmonie und Zwietracht legt sie offen in der Höhe und Gewalt der Welle dar.

Und jeder muss sich vor ihr in Acht nehmen. Immer hat es kleine Wellen, die auf den Strand zulaufen und sich dort ausgleichen. Damit lebt Wasser wie der Mensch, der auch nie ohne irgendeine ausgleichende Bewegung sein kann und ständig seine Harmonie erreichen muss. Wasser kommuniziert permanent mit allen Kräften, ob groß oder klein und gleicht sie mit seinen Wellen aus, in eine allgemeine Harmonie des Lebens. Es muss in ständiger Kommunikation mit allem stets sein Wesen behaupten. Deswegen lässt es kein Problem auf seines Wesens Kern zukommen. Es hebt ihn hoch und transportiert ihn ab oder wirft ihn ans Ufer zurück.

4. Bewegung und Fläche

Das Verlassen der ersten Dimension erfordert die Ausdehnung in die Fläche. Bewegung kann nur, genau wie die Ableitung vom Absoluten Raum, von einem Ausgangspunkt aus zu einem Ziel erfolgen. Bewegung hat stets eine Richtung. In der Zeit betrachtet ist der Ausgangspunkt die Gegenwart, der Zielpunkt die Zukunft. Im Raum betrachtet, verläuft Bewegung nach einem Kraftvektor, der sie veranlasst hat und ihr den Impuls zu einem Ziel gibt, an dem die Wirkung der Kraft beendet und der Zielpunkt erreicht ist. Dabei ist Bewegung im Raum, die gerade ablaufende Raumveränderung mit eigenem Wert, wobei Ausgangspunkt und Ziel in der Natur gleichzeitig sind.

Aber immer ist diese Bewegung zunächst der reine inhaltslose Ablauf in der Fläche, der nur von Punkt a zu Punkt b reicht und seine Energie dabei verbraucht und den Vorgang beendet. Ein solch singulärer und völlig bezugsloser Bewegungsvorgang in der reinen Fläche, findet allerdings in der Regel nicht statt, weil mit jeder Bewegung eine Menge automatischer Bezugspunkte auftreten, die ihre Wirkung zeitigen.

Fläche entsteht also nur durch die gedachte Ausdehnung der Bewegung, die in Wirklichkeit automatisch Inhalte vermittelt. Diese Kraft ist in der Regel unabhängig von dem zu bewegenden Raumteil. Es ist wie der Punkt ein logisches Denkmodell, hat aber ebenfalls eine eigene Wirkung, deshalb ist es eine eigene Dimension.

Beide Teile, der Anfang und das Ziel, stehen in einer inhaltlichen Verbindung. Die Relativität in der jeder Raumteil gefangen ist, hat den zeitlichen Faktor seiner Identität. Die Zeit ist dafür verantwortlich, dass der individuelle Anteil, den der Punkt durch seine Ableitung vom Raum gewonnen hat, seine eigene Zeit lang bestehen bleibt. Er hat nur die Zeit, die seine Individualität und seine Besonderheit für ihre Existenz im Raum benötigt. Danach löst er sich wieder auf. Er ist Denkmodell für diesen Vorgang und kann dann seinen Sitz verlegen.

Die Ableitung vom Absoluten Raum führt ihn in die Fläche, weil er durch die Ableitung Bewegung aufgenommen hat.

Genau diese Bewegung ist es, die ihn in die Zeit versetzt und seine Stabilität im Raum von der Kraft des Zusammenhalts seiner Eigenart abhängig macht. Denn durch die Ableitung vom Gesamtverband hat er seine individuelle Form und damit seine individuelle, selbständige Eigenart übernommen und gleichzeitig die übernommenen Raumbezüge aufgebaut. Er ist es mit dieser speziellen Form, mit diesem besonderen Inhalt und mit dieser eigenen Position in der Fläche. Die Relativität, die er mitbringt, hält ihn noch immer im Gesamtbezug zur großen Gemeinschaft, aus der er kommt, unterstellt ihn aber ihren eigenen Bedingungen. Und das gilt im ganzen All, als genutzter Teil des Absoluten Raums.

Er tritt in die Fläche, aber notgedrungen nur als ein Teil des Ganzen und damit mit eigener Individualität und mit eigener Zeit. Zeit ist dabei diejenige Einheit, die dem Gebilde für seine Existenz in der Fläche an einem gewissen Punkt, gewährt ist. Nach dieser Zeit existiert es nicht mehr in dieser Einheit, es löst sich auf oder wandelt sich um. Das alles bewirken die Relativität und die Bewegung. Damit werden die Raumbezüge auch in der Fläche wirksam. Denn die Bewegung gibt jeden Raum seine individuelle Zeit.

Bewegung setzt sich aus dem Vorgang vom Ausgangspunkt zum Zielpunkt zusammen. Dabei verläuft der Ablauf in einer zusammenhängen Linie, die als solche nicht dokumentiert wird. In Wirklichkeit besteht sie aus Interaktionen mit den einzelnen Berührungspunkten, wobei das bewegte Objekt zu seiner Zeit stets einen bestimmten Punkt auf der Strecke berührt. Die Bewegung als gesamte Strecke wird bestenfalls mit einer Spur, die das Objekt hinterlässt, erkennbar. Das bewirkt die Zeit, weil jedes Objekt zu einer bestimmten Zeit nur an einem bestimmten Ort sein kann. Und weil die Zeit, das was war, in die Vergangenheit versetzt und strikt von der Gegenwart trennt. Gegenwart kann nur sein, was in dieser Zeit gerade real ist. Das sich bewegende Objekt, als Punkt, steht damit immer in der ersten Dimension. Die erste Dimension wirkt in der Fläche, der zweiten Dimension, sonach immer mit.

Die überall geltende Logik ist die Fortbewegung in der Fläche. Die Logik setzt nur einen Ablauf voraus und hängt nicht an Inhalten fest. Logik ist die kürzeste Verbindung zwischen zwei Punkten, ein Vorgang, der unter gleichen Bedingungen immer mit dem gleichen Inhalt abläuft. Logik ist das wichtigste Element der zweiten Dimension, weil sie alle gleichen Abläufe mit gleichen Wertigkeiten versetzt und immer einheitlich und geradlinig vorgeht. Alle Bewegungen folgen den logischen Zusammenhängen, die im gesamten All identisch sind.

Das zu bewegende Objekt, als Ableitung vom Absoluten Raum, bewegt sich in die Fläche mit den bei der Übersteigung der Dimensionen erworbenen Eigenschaften und bewegt sich stets unter Einhaltung seiner räumlichen und zeitlichen Identität. Sein Verlauf in der Fläche ist jeweils eine Interaktion zu den einzelnen Berührungspunkten, die sich zufällig oder aus dem Ziel ergeben können. Zu dem eigenen Zielpunkt hat es die Verbindung, dass sein Kraftvektor an diesem Punkt ausgelaufen und die Verbindung zur Zeit seines Erreichens an diesem Punkt eine Zäsur vorsieht. Es lässt sich eine ganze Reihe von Verbindungslinien erkennen, mit denen die Bewegung in der Fläche automatisch verbunden ist und die sie beibehält. Fläche geht über den Punkt hinaus, weil sie die Verbindung zum Ziel aufgenommen hat und der Ablauf zum Ziel eine absolut feststehende Linie sein muss.

Die Überschreitung von der ersten in die zweite Dimension setzt eine zusätzliche Komponente voraus, nämlich den Vektor, der durch eine äußere Beziehung in der Fläche geschaffen wird. Eine Ableitung aus dem Raum ist nur möglich, wenn die so geschaffene Ebene bereits ihre eigene Festigkeit erreicht hat. Der Eintritt in die Fläche setzt Fläche voraus. Und Fläche allein reicht nicht hin, weil dazu noch anderweitige Wirkungskräfte vorhanden sein müssen. Die Kraft zum Ziel muss gegeben sein. Die Fläche als solche kann diese nicht bieten. Dazu bedarf es des Übergangs in die dritte Dimension, die des Raumes. Der Übergang vom Punkt zur Fläche vermittelt die Zeit, und die relativen Bezüge mit.

Die Überschreitung der jeweiligen Dimensionen hat eigene Wirkungen, die jede Bewegung hervorbringen oder in sich tragen muss. Dies ergibt sich jeweils auch in der Interaktion mit dem zu bewegenden Objekt, das sein Strukturelement für die Bewegung an der jeweils geeigneten Stelle ebenfalls flexibel macht. Das macht den Ablauf harmonisch und stimmt auf die Bewegung ein. Sie bleibt eine Loslösung zu der Beziehung zum alten Ort und die Hinwendung zum Ziel baut sich auf. Das Objekt der Bewegung gerät in einen doppelten Status.

5. Bewegung und Raum

Raum verbindet Flächen in einem speziellen Winkelverhältnis zueinander und mit der Eigenschaft, durch diese Verbindung eine feste Gemeinschaft mit neuen Eigenschaften zu gründen. Es kommt eine weitere Bewegungsachse hinzu, die ihre eigene Wirkung hat. Dabei haben die drei Raumachsen eine besondere Wirkung auf das gesamte Leben. Raum begrenzt, Raum schafft Privatheit, Raum schottet ab, Raum nimmt den Überblick in die weite Fläche und Raum gibt die Möglichkeit, sein eigenes Reich nur für sich und nach eigenen Wünschen einzurichten und Raum gibt Sicherheit, grenzt den Zugang für den Anderen ab. Raum schafft auch Vertraulichkeit, schafft Wärme, schafft Platz für eigene Wüsche und Gestaltungen und sichert vor allen Unbilden in allen Bereichen. Und Raum schafft Bindung an seine Möglichkeiten, die mir entgegenkommen und zur Seite stehen. Raum ist Heimat und Heimat, in die ich hineingeboren bin, gibt mir meine Substanz, bildet mich und macht mich zu dem besonderen Individuum, das ich bin. An der Heimat bilde ich meine Fähigkeiten heraus, mit ihr stehe ich ständig in Kooperation.

Raum ist das eigentliche Lebenselixier, in dem sich das geistige Leben entwickeln und gestalten kann. Raum ist das ausschließliche Feld der Kreativität. Diesem Raum stehe ich gegenüber und ich bin eigentlich das, wie mein Raum gestaltet ist. Damit bildet Raum das Konkurrenzverhältnis heraus. Damit entsteht der Wille, besser, schöner, zweckmäßiger zu sein. Damit entsteht die Wurzel des Strebens und des gewaltigen Egoismus, der sich schnell auf alle Bereiche ausdehnt. Raum schafft Rückwirkungen, weil alles, was die Aktion bewirkt, die eigene Gegenreaktion im gleichen Raum verschafft. Damit bewirkt er Energie und erzwingt Bewegung, schon aus seiner Struktur heraus. Im Gegensatz zum Punkt und zur Fläche, ist Raum etwas gänzlich Neues, er ist das quirrliche Leben.

Raum ist die Voraussetzung für die Individuation. Ohne Raum und dessen Begrenzung bildet sich kein Individuum aus der großen Menge von Mitkreaturen heraus. Erst mit dem Erlebnis des Raumes, sind die Bezüge auf sich selbst gewachsen. Ein Ichbezug setzt die Erkenntnis von mir selbst voraus. Es muss das Wissen gebildet werden, von dem, was ich bin und was ich in der Bewegung erreichen kann. Erst wenn ich mich in der Bewegung begriffen habe, bin ich ein leistungsfähiges Individuum geworden. Dann kann ich für mich und meine individuelle Nuance auch bestimmen, welche der räumlichen Möglichkeiten, die sich bieten, für mich und mein Problem die richtige ist. Die Findung des rechten Weges ist immer entscheidend, wenn die Entwicklung irreversibel ist. Was der Raum von mir verlangt, das werde ich auch, nur in der Herausforderung zu meinem Raum, baue ich mich auf.

Der Übergang von der zweiten in die dritte Dimension setzt das Hervorbringen und Ausbilden der Individualität, der Individuation, der inneren Geschlossenheit und der Erstellung der eigenen Identität voraus. Dadurch wird die Wirkung der Relativität der beiden ersten Dimensionen erweitert, sie wird auf die gesamte Raumebene gehoben und damit individualisiert, weil nunmehr der Blick auf die spezielle eigene Form, die sich erhalten muss, gerichtet ist.

Diese existiert aber in der Fläche noch nicht und sie muss sich deshalb erst noch mit ihren eigenen und besonderen Voraussetzungen bilden, für die zu Beginn zumindest die Natur zu sorgen hat. Meine eigene Position hebt sich ab, von den vielen anderen um mich herum. Und meine Bewegungen werden geplanten, sind zielbewusst. Das Ziel ist der Effekt geworden. Die dritte Dimension hat große Voraussetzungen gesetzt, die ich bewältigen muss.

Und diese Problemsituation hat die Natur mit der Vermittlung des Großhirns und dem aufrechten Gang auch gelöst und uns die nötigen Mittel dazu in die Hand gegeben. Der Eintritt in die dritte Dimension verläuft also durch eine enge Pforte, die plötzlich eine umfassende eigene Mitwirkung des Eintretenden verlangt. Er muss sich selbst in Bewegung setzen, weil auch er nunmehr ein individuelles Ziel benötigt und seinen Verlauf darauf einstellen muss. Bewegung in der Fläche hat das Mitlaufen des Anderen in die gleiche oder in eine andere Richtung problemlos gestaltet. Jetzt ist der Lauf plötzlich meine eigene individuelle Sache geworden, weil ich an jedem Kreuzpunkt des Raumes die Richtung meiner Bewegung bestimmen muss. Und diese hat Zukunftswirkung.

Zur Fläche kommt die Raumkomponente, eine dritte Richtung, die der Höhe hinzu. In der Fläche war die Höhe kein Problem, denn für Bewegung für Jagd und Sammeln, verlief ohnehin fast alles auf dem Boden. Und das, was auf dem Baum saß, wurde ohnehin als Fläche betrachtet. Allein diese Möglichkeit bietet eine fast unendliche Vielzahl von Bewegungsvarianten, die jeweils mit einem sinnvollen Ziel verbunden sein müssen und die jeder, der sich bewegen will, auch beherrschen muss, wenn er nicht unvorhersehbare Risiken eingehen will. Auch der Bezug zur Wirkung der Nachbarform gegenüber besteht zwar noch, wird aber durch das Erfordernis der eigenen verbindlichen Struktur beschränkt, mit der Folge, dass der Raum nach oben völlig offen wird.

Dazu kam plötzlich das Problem, sich mit den Dingen zu beschäftigen, sie zu analysieren und auseinanderzunehmen. Das hat die geistige Veränderung des Zeitenlaufs verlangt. Plötzlich musste das, was schon abgelaufen war, also die Vergangenheit, wieder zur Gegenwart gemacht und wiederholt werden. Unser Geist und damit unsere ganze Struktur sind damit aus dem Zeitenlauf der natürlichen Gleichzeitigkeit ausgestiegen, um sich in einen individuellen Vorgang so lange zu vertiefen, bis er beherrschbar geworden ist. Danach konnte er wieder in seine Vergangenheit versenkt werden.

Die Relativität als direkter Wegweiser entfällt großenteils, weil meine individuelle Nuance ständig in der Auseinandersetzung mit Abläufen stand und steht. Der Fläche, als Bewegungsraum wird die Kreativität und der Vektor nach oben und rückwärts, weg von der Fläche, hinzugesetzt. Auch das geschieht automatisch beim Übertritt von einer Dimension in die folgende. Der Übertritt bewirkt die Schaffung eines weiteren Vektors mit der Kraft in den Geist, der von der Fläche weg nach oben und in alle Seiten wirkt. Im Raum besteht die Kraftwirkung als Grundlage der Bewegung sonach plötzlich in alle Richtungen, was zur Orientierung zwingt.

Die Einseitigkeit und Leichtigkeit der Fläche wird zur endgültigen Bewegungsfreiheit in alle Richtungen hinein. Die aber jeweils auch mit besonderen Risiken verbunden ist. Das macht den Lernvorgang möglicherweise sogar blutig. Denn Raum strahlt zurück und nicht nur in die offene Fläche.

Der Eintritt in den Raum hatte die zwingende logische Konsequenz, dass das Denken auch in die Gegenrichtung der Bewegung erfolgen muss. Denn gelange ich in die Mitte des Raume und das ist unvermeidlich, dann liegt mindestens die Hälfte oder ein bestimmter Anteil des Raumes hinter mir, also in der logischen Gegenrichtung zur Bewegung. Die eigne Logik hat mich also gezwungen aus dem natürlichen Zeitprinzip der Gleichzeitigkeit, die stetes nach vorne rückt, auszusteigen. Denn in vielen Fällen der Raumbegegnung, konnte dieser nur ermittelt und verstanden werden, wenn ich mich in seine Entstehungsgeschichte vertiefe und diese wieder zurück ins gegenwärtige Leben hole.

Damit hat der Mensch mit seinem Großhirn und vielleicht ein Teil der Tiere und Pflanzen mit ihm, den großen Schritt aus der Gleichzeitigkeit der Raumzeit genommen und sich im Raum beweglich gemacht, auch zurück in die längst abgelaufene Vergangenheit. Das gehört zu den größten Errungenschaften des Großhirns, weil es erst Forschung möglich gemacht und den Menschen zum geschichtlichen Wesen aufgebaut hat. Es hat für den menschlichen Geist und sein Verhalten die Gleichzeitigkeit in verfügbare Anteile, nämlich in Gegenwart, Vergangenheit und Zukunft aufgeteilt. Und alle drei kann ich seither logisch verschieben und ineinander setzen, wie es mir und der Erkenntnis belieben.

Nicht unberücksichtigt kann dabei bleiben, dass der Raum insgesamt, den ich als schon vorhandenen Raum betrete, damit der Vergangenheit angehört. Für den nach vorne in Bewegungsrichtung zeigenden Raumteil gilt das aber für mich nicht, denn diesen bearbeite ich gerade durch meine ablaufende Bewegung und versehe ihn mit meiner persönlichen, individuellen Nuance. Und das ist neu. Damit bleibt er Zukunft, die ich in dieser Sekunde zu meiner Gegenwart mache und sie damit anpassen und auch verändern kann.

Raum ist zudem für alle lebenden Kreaturen Heimat geworden. Heimat ist ein ganz wichtiger Bezug, denn sie ist derjenige Raumteil, in dem sich mein Wesen vom ersten Tag der Existenz ab hineinbewegt, mit dem es sich auseinandersetzt, dessen Teile es übernimmt und an dem es sich zeitlebens strukturiert und kräftemäßig verbindet. Diese Struktur und diese Wesenselemente verliert es nicht mehr, sie können nur angepasst und mit anderen Strukturen verbunden werden. Heimat ist demnach diejenige Bindung, die mich mit all meinen Kräften ausmacht und die ich nur freiwillig aufgeben kann, weil eine zweite Heimat schon strukturgemäß nicht möglich ist. Nur die Verbindung der beiden Elemente ist denkbar. Bewegung, die auf eine dauernde Raumveränderung abzielt, zerstört diese Bindung und wirkt gegen sie ein. Aber sie mischen sich mit dem neuen Ort. Und von dessen Intensität und Bindung zu seinen Kräften hängt es ab, was im Endeffekt überwiegt. Auf jeden Fall beeinflussen sich beide Strukturen ganz erheblich.

Auch die Zeit hat in dieser Überschreitung in den Raum hinein, plötzlich eine andere Bedeutung. Sie regelt nicht mehr nur den geradlinigen Ablauf der Fläche in Bewegungsrichtung, sondern sie nimmt den Bezug zu allen drei Raumachsen auf und stellt das Raumobjekt, in dem ich mich gerade bewege in den Mittelpunkt. Dabei bewege ich mich auf einer Achse, der meines geradlinigen Vorangehens, während die Zeit die Aufgabe hat, die beiden anderen Achsen gleichzeitig mit einzubeziehen. Denn auch die Breite und die Höhe rasen an mir in der gleichen Art der Länge vorbei und müssen ihre dazugehörige Struktur erhalten.

Die relative Zeit schiebt mir deren Existenz einfach unter, obgleich ich nur auf der Längsachse operiere. Das erhöht den Wert der Relativität und lässt insoweit das Naturprinzip der Gleichzeitigkeit bestehen. Raum wirkt und existiert in der Bewegung nur, wenn ich alle seine Raumachsen gleichzeitig bestehen lasse. In diesem Punkt akzeptiere ich den zeitlichen Bezug der Gleichzeitigkeit wieder und lasse ihn für mich wirken.

Bislang war die Vorwärtsbewegung in der Fläche ausreichend. Man konnte natürlich auch rückwärts und in die Seitenrichtung der Fläche gehen, aber man war immer auf dem Boden der Fläche, die nicht qualifiziert hat. Jetzt kommt ein neues Element hinzu, das der Höhe, in die man bislang sich nicht bewegen konnte. Sie setzt eine weitere Fähigkeit voraus, die des Fliegens oder Kletterns. Bewegung ist vom Eintritt in den Raum damit erheblich komplizierter geworden, weil es Wesen gab, die mir aus der Fläche entweichen konnten.

Seither hat der Mensch das Ziel des Fliegens verfolgt, aber noch lange nicht die Lösung dafür gefunden. Erst mit dem Fliegen wurde der Raum im gleichen Maße wie die Fläche beherrschbar und nutzbar. Eigentlich hätte ihm das Prinzip der Gleichzeitigkeit mit dem Übertritt in die Dimension des Raumes, das Fliegen vermitteln und ihm die nötigen Anlagen beigeben müssen. Ob es an einer Nachlässigkeit des Großhirns oder an seinen Überlegungen lag, ist nicht schwierig zu entscheiden. Du hast die Möglichkeit, schaffe sie dir selbst. Denn Fliegen setzt zwingende Proportionen fest.

Den beiden Flächenelementen Breite mal Länge wird eines mit gewaltiger Wirkung in die Höhe hinzugesetzt. Und es wird nicht in seiner Ausdehnung begrenzt. Der Raum ist nach oben offen und durch nichts begrenzt. Begrenzen muss ich ihn selbst, zum Beispiel durch meine Höhle und mein Haus. Der Bezug der Relativität der zweiten Dimension ist plötzlich nicht mehr verbindlich. Das muss begriffen und beherrscht werden. Deshalb erfordert der Übergang von der zweiten in die dritte Dimension neue physische Anlagen, die ein Begreifen, Erfassen und Beherrschen möglich machen. Ich brauche sie, diese Tastatur, um räumlich spielen zu können.

Und ich muss mich im Raum entwickeln, mein Wesen etablieren und die Raumhöhe auf mein Wohlbefinden einstellen können. Die Natur kommt diesen Anforderungen entgegen. Das entwickelte Großhirn, meistert als ein zusätzliches Organ, die Raumanforderungen und hilft mir, sie beherrschen zu können. Das ist dann Heimat geworden.

Auch der Geist begreift diese neue Dimension, des nach oben offenen Raumes und nutzt sie für seine Träume und Fantasien aus. Der Raum lässt sich in allen Richtungen dehnen und biegen und auch das Individuum hat plötzlich seine reizvollen Anlagen ans Licht gebracht und damit auch hinreichend gewuchert. Die relativen Raumbezüge öffnen allen Gestaltungsmöglichkeiten, jede Chance und Gelegenheit. Auch das hat den Geist und die Gefühlswelt ermutigt und den geistigen Raum mit vielerlei Ergüssen erfüllt und hat zu diesen hinzu, noch ganz neue Bereiche aufgebaut.

Kulturen entstanden und mit ihnen die alltäglichen Anforderungen der Eifersucht der Mode und der Kunst und der politischen Ideologien. Die Welt ist von der Realität in die Geistigkeit geflüchtet, von der sie sich derzeit wieder löst, um in das Digitale und Virtuelle umzusteigen. Dem Raum wird derzeit eine weitere Ebene eingebaut, die nicht nur Fantasie ist, sondern tatsächlich auch räumlich wirkt. Der geistige Raum ist für alles offen und er lässt materialisieren und wie die großen Massen wirken und vervielfältigen. Der Absolute Raum gibt Anteile ab und passt sie nahtlos ein, weil es dasselbe Raumprinzip ist.

Mit dem Raumgedanken, den das Prinzip Leben langsam in sein Verständnis aufnahm, kamen auch die Wirkungen von Licht und Schatten von Sonne und ihrem Leuchten, von Wasser und seinem Geplätscher, bis hin zur tiefen Erkenntnis der Nacht hervor. Sie sind nicht nur da, sie bewirken und wollen auch etwas. Sie beeinflussen dich und deshalb musst du mit ihnen reden, musst dich auf die gleiche Stufe mit ihnen stellen und ihre große Erfahrung und weltweite, ja sogar globale, Ausdehnung zu nutzen.

Das alles kommt auf den großen Geist noch hinzu. Die Wirkung der Licht-Schatten Relation und der normativen Kraft des Wassers, bieten sich derzeit in ihren Wirkungen an. Da steht er allerdings an den Anfängen erst. Der Raum enthält bereits alles, du musst seine Höhe nur freudig erklimmen. Und das gewaltige Großhirn hat seine Möglichkeiten und unendlichen Kombinationen noch lange nicht ausgespielt.

Und die Natur macht es großzügig, gewährt ein immenses Entwicklungspotential und eröffnet gleichzeitig damit alle ihre Geheimnisse, die im Bereich des Raumes bestehen und die man sich aneignen kann, so man dies will. Es ist dermaßen großzügig, dass mit dieser Errungenschaft, die Elemente der beiden vorausgehenden Dimensionen fast beseitigt werden können. Jetzt plötzlich muss sich der Körperbau in den Raum erstrecken. Auf dem Boden auf allen Vieren zu kriechen, ist für das Großhirn plötzlich unter dessen Würde. Ich will herrschen und das geht nur von oben herab. Und schnell richten sich seine gebogenen Knochen aus, für den aufrechten ehrhaften Gang des Ritters. Mit dieser Bewegung des neuen Großhirns im Raum, entstehen grundlegend neue Gedanken, solche der Gemeinschaftsbildung und der Wehrhaftigkeit. Etwas, das plötzlich nicht groß genug sein kann. Deshalb nutzt man plötzlich die Geräte der Jagd, auch gegen den Nächsten.

Und der Herr hat extra seinen Sohn als Messias mitgeschickt, um die Probleme zu meistern, die ein Großhirn, das alle Möglichkeiten bietet, mit sich führt. Der Messias hat immerhin einige Regeln des Verhaltens im Raume mitgeliefert, um die Existenz des Lebens zu sichern. Es ist ihm teilweise auch gelungen, wenn auch eine unendliche Zahl von Kriegen und Verletzungen von Menschenrechten immer wieder den sonntäglichen Frieden, vom dem der Messias eindringlich gepredigt hat, gewaltig durcheinanderbrachten.

Das Großhirn hat besonders den Menschen aggressiv und arrogant gemacht. Er hat wohl schnell gemerkt, dass er es unter dem Gewölbe seines Hirns besitzt, aber er konnte es noch nicht vollumfänglich nutzen. Der äußere Schein genügt ihm auch seither und noch immer. Er hat es zur Aggression und dazu genutzt, den ungeliebten Messias, der alles besser wusste, schließlich ans Kreuz zu nageln. Und der Mensch würde es auch heute wieder tun. Das ist sein derzeitiges Verhältnis zu seinem Großhirn geworden. Schon daran erkennt man die Teile, mit denen er sein Großhirn genutzt hat. Die eigene Pfründe ist wichtiger geworden, als das eigene Leben.

Aber langsam schreitet der Nutzungsprozess des Großhirns voran. Vielleicht auch deshalb so langsam, weil ihm die richtige Resonanz in den Gesellschaften fehlt. Es sind zu wenige, die an dieser Aufgabe arbeiten, so jedenfalls kann auf die Schnelle nicht die Basis entstehen, die eine breite Bereitschaft für die Entwicklung und das nötige Feedback begründen könnten. Die Masse, die den Standard bildet, auf dem man stehen, in den Raum greifen und die Zukunft entwickeln kann, ist nicht da. Und diese Basis wäre als Ziel der gedachten und einzusetzenden Bewegung absolut nötig. Denn nur, wenn sie entsteht, wird die allgemeine Nutzung des Großhirns eine Gemeinschaftsaufgabe. Denn diese

Aufgabe ist vielgestaltig. Und die geistig-seelische Masse dazu muss erst noch gestaltet werden.

Neben der Relativität und des Zeitbezuges, kommt die Erfassbarkeit und Beherrschung dazu, rein geistige Komponenten, die jetzt wegen der Offenheit des Raumes noch sicher zu beherrschen und zu meistern sind. Sie verändern auch die bisherige Bewegung. Das Forschen und Bemühen ist grundverschieden zum Jagen und Sammeln, das mehr in der Fläche stattfindet und mit den Elementen der Fläche auch beherrschbar ist. Der Raum, den ich betrete, steht mir gegenüber.

Er verlangt in jeder seiner Höhen, die ich betrete, dass meine Form, mein Ich, das ich bin, ebenfalls ein vollwertiger eigener und stabiler Raum wird und mit seiner Umgebung qualifiziert kommunizieren kann, dieser also kompetent gegenübersteht. So wie einst meine Heimat mich strukturiert und handlungsfähig gemacht hat. Meine Form muss sich erst bilden und bewähren.

Und nur der Rahmen dieser Bewährung steckt das Bewegungsfeld und den Bewegungsradius, den ich habe, verbindlich ab, weil mich jede Überschreitung unter Schmerzen zurückweisen wird. Das Großhirn kann nur mit Schmerzen und Schweiß geboren und mit all seinen fast unendlichen Möglichkeiten ausgebaut werden.

Das Großhirn ist nicht damit zufrieden, dass ich dem Hirsch nachrenne, bis ich ihn erlegt habe, wenn ich ihn überhaupt bekomme. Es will einen ordentlichen Raum um sich herum haben. Und die Erkenntnisse dazu bedürfen plötzlich der

Qualität. Schon diese Forderung des Raumes ist es auch, die viele aus der Gemeinschaft an der Mitwirkung ausschließt, denn die weitgesetzten Bedingungen der umfassenden Nutzung des Großhirns sind dermaßen umfassend, dass es besser ist, Kriege zu führen und mit Bomben die Zustände zu schaffen, die ich haben will, die ich geistig aber nicht mehr bewältige. Die Wirkung der Fläche ist einfacher zu gestalten, als die Wirkung des Raumes mit seinen Achsen. Also falle ich zurück.

Zumal ich nicht alleine bin und jeder Vorhandene in der gleichen Verpflichtung steht. Lernen und bilden und sich anpassen, steht damit lebenslang auf dem Plan. Die Fläche war demgegenüber um eine Raumkomponente einfacher. Und der Wiederhall war einfach und wesentlich geringer. Jetzt ging es nicht mehr alleine nach Vorne und Hinten. Die Gemeinschaft ist wichtig geworden. Gemeinschaft ist das Pendant des Raumes. Sie bildet sich in allen Höhen und nur die Gemeinschaft kann die Vielfalt der Möglichkeiten, die das Großhirn plötzlich offengelegt hat, auch erfassen und in einigermaßen verträgliche Bahnen leiten. Aber sie schafft es auch nur dann, wenn ihr eine gute und sachgerechte Kooperation gelingt. Schon an dieser Stelle wuchert die Wurzel des Egoismus aus den Gedanken und beschränkt jede Bewegung gleich auf den schnellen Erfolg für mich.

Der Raum eröffnet für jedes Anliegen eine Vielfalt von Möglichkeiten, die das Individuum alleine nicht mehr zeitgerecht lösen kann. Der bloße und weithin sehr einfache Zweckverband der Jäger und Sammler, ist ein echter Leistungs- und Entwicklungsverband geworden. Denn ein

Vakuum und irgendeine Leere des Geistes und der Gefühle durften nicht auftreten. Sie konnte die Bewegung des Großhirns nicht mehr befrieden. Auch ein kleiner Handlungsstillstand konnte plötzlich gefährlich werden, weil überall die Konkurrenz mit eigenen Vorstellungen und Überlegungen stand, die bereit war, die Jagd fortzusetzen und die aufgetretene Schwäche auszunutzen. Ich stehe ständig im Kampf, So habe ich meine Entwicklung gelenkt und bewegt und dies ist ein Grundfehler, denn ich will gestalten und formen und alles verantwortlich weiterbringen und dafür hat jedes Wesen seine individuelle Nuance, mit der es die Welt sieht und aus seiner Sicht bewegt. Und diese Fähigkeit muss ich in Ruhe wirken lassen.

Daneben bewegt er die Relativität der räumlichen Bedingungen, die er mit seiner Bewegung angeht und die sich bei jeder Bewegung einer Sache oder eines Problems aus einer anderen Sicht und mit anderen Farben zeigen und dabei große Probleme aufwerfen, die er jetzt plötzlich lösen muss, weil sie mitten in seinem Raum stehen und sein Fortkommen behindern können. Und jede Entscheidung und Handlung hat an allen vier Ecken ihre Auswirkung, in einem Maße als habe sie die großen Fangarme des Tintenfisches, die sich überall hineingefressen haben und sich überall festhalten können. Dazu ist ein kurzes Leben ein viel zu enger Zeitraum, schon deshalb braucht er die gleichgesinnte Gemeinschaft, die ihm etwas abnimmt und ihn mitträgt. Er braucht die Kontinuität seiner Entwicklung, die ihm seine Gefühle und die seelische Bindung sichern wollen, wenn er es versteht.

Raum hat plötzlich mindestens vier Seiten, die aus jedem Problem oder jeder Struktur mindestens das Vierfache hervorbringen können. Jagen und Sammeln war ein Genuss dagegen. Deshalb ziehen sich viele auf diese Position zurück und sammeln die Abfälle der vorwärtsstrebenden Bewegung des Forschers und ernten und sammeln am Ende gehäuft mehr, als er selbst. Raum hat plötzlich vier anspruchsvolle und gefährliche Ecken und eine Vielzahl von neuen Bewegungsrichtungen, die ich nicht mehr als Jäger und Sammler, der ich noch bin, meistern kann. Ich muss mich dringend weiterbilden und mein Großhirn im Sinne der geistigen Anforderungen des ermordeten Messias einsetzen.

Ein Berg von Problemen und Notwendigkeiten zaubern sich plötzlich im Raumbezug aus jedem Problem heraus. Schon deshalb braucht das Individuum seine Nuance, mit der es seinen Blick auf die Dinge entwickelt, der den Sinn der Beschränkung auf dein Ziel und deine Bewegung haben soll. Nuance ist nicht nur die eigene individuelle Sicht und Chance, die Bewegung zu lenken, sie hält auch die an der Grenzlage wirkenden anderen Kräfte teilweise zurück und übt damit Ausschließungsfunktion für das Individuum aus. Aber sie verbindet sich auch mit der Nachbarnuance, denn alle Nuancen gehören zusammen. Nur zusammen bilden sie die Einheit, die das Ganze ergibt. Fantastisch ist aber, dass jedes Werk, alles, was von dieser Nuance realisiert wurde, eine ganze Sache geworden und von der Natur als reale Struktur anerkannt ist, obwohl sie nur von einem Teil erstellt ist.

Raum vervielfältigt alle Beziehungen und kann sie sogar potenzieren. Nur Bewegung kann ihm dabei aus dem Knäuel der Zusammenhänge heraushelfen. Bewegung, die die gleichen Probleme hat, aber die Kraft besitzt, ihr Ziel geradlinig durch den Dschungel zu führen und weiter zu einem Ziel zu verfolgen. Er hat nur eine Chance, er muss dieser Kraft folgen und die Zwischenbedingungen im Anschluss klären. Dafür ist ihm ein großes Quantum Verantwortung übertragen, denn jedes verfolgte Ziel, schließt mit seiner Bewegung andere Ergebnisse und Bewegungen aus.

Und der Raum gestaltet sich danach, aber er erhält durch jede Bewegung eine feste Richtung. Jede Bewegung hat ihre eigene nicht nur kinetische Energie, sie wirkt auch darüber hinaus und schließt damit alle anderen statischen Strukturen oder besonders solche mit geringerer Bewegungsenergie aus. Deshalb schafft sie es auch durch das Chaos zu gelangen. Die Bewegungsenergie macht Chaos unwirksam, weil es deren Reaktionsmöglichkeit übersteigt.

Die Überschreitung der Grenze von der zweiten Dimension in die dritte Dimension setzt damit eine neue Inhaltsgebung und eine Sinngebung der eigenen Form voraus. Das Individuum stellt plötzlich eigene Ansprüche und zwar solche, die über die allgemeinen und physisch vorgegebenen Bedürfnisse hinausgehen. Ich muss eine dreidimensionale Position erwerben und mich darin bewähren und vor allem orientieren. Die Möglichkeiten des Raumes, müssen erfasst und gesteuert werden, das Raumverständnis muss sich entwickeln und die eigene Kraft wird nur teilweise vom Körper direkt gesteuert, den geistigen Rest gibt er allerdings mit einer relativ schwachen Vorgabe frei.

Aber jeder Schritt eröffnet jetzt eine mindestens dreidimensionale Wirkung. Bewegung fordert damit den Geist und die neue Aktivität seines Großhirns heraus. Und das mit einer anderen Wirkung, als es die Umgebung macht. Aber er weiß auch, viele Dinge und Bezüge zeigen sich nur zu ihrer Zeit und nur einmal. Deshalb kann er in große Verlegenheit geraten. Und ich muss über den Dingen stehen, die ich gestalten will. Und sie werden ständig mehr und in den Anforderungen spezieller. Deshalb benötige ich immer mehr den Nachbarn, der mit dem gleichen und kompatiblen Geist.

Und das ist Sache der Gemeinschaft, die das alles vorbereiten und sicherstellen muss. Sonst bleibt sie Jäger und Sammler in der zweiten Dimension und weithin sind wir das noch heute. Nur den Pfeil und den Bogen haben wir verbessert, der Rest ist eigentlich noch immer unser geistiges Korsett. Den Messias, der dies ändern wollte, den haben wir am Kreuz mit seiner Mission beendet. Er war mitten in seiner Aufgabe. Jetzt streiten wir mit dem halbfertigen Werk und lassen uns von den sonstigen Gläubigen die Hälse durchschneiten.

Und am Ende steht man in der Diskussion, wobei es durchaus immer und fehlerhafter weise um Schuld und Sühne geht. Warum so und nicht die danebenliegende Entwicklung mit einem anderen Ergebnis. Raum und Bewegung stellen das, die Entwicklung vorantreibende Individuum, selbst in die Mitte der Alternativen und da ist es immer von großem Vorteil, sein Großhirn möglichst mit aller List zu bedienen und arbeiten zu lassen. Raum und seine Alternativen, machen alles relativ und damit in der Wirkung und dem verfolgten Zielen sogar fragwürdig. Die Relativität der Nuancen spielt sich auf. Denn jede Alternative steht relativ zur nächsten. Und wie die jeweilige Entwicklung gewesen wäre, ist immer ungelöst.

Damit verbunden bleibt die Zeit, die neben ihrer allgemeinen Wirkung für alles und ihrem festgelegten Ablauf um einen individuellen Faktor ergänzt wird. Denn ich muss mich nicht nur im Raum orientieren, ich muss mich auch selbst finden. Der eigene Wille zur Erhaltung der eigenen Identität und Selbstbehauptung, bestimmt die Erhaltung der individuellen Form und Verbindung zur Außenwelt. Und meine Zeit läuft weiter und sie nimmt mir langsam, aber sicher meine Lebenskräfte. Aber auch nur zu dieser bestimmten Zeit, taucht mein zu lösendes Problem auf. Und eine Lösungsmöglichkeit nutzt die Politik, liegenlassen, die Zeit geht darüber hinweg. Aber damit entgeht mir die Alternative, die jede zeitgemäße Erscheinung hervorbringt. Und jede Entscheidung trifft immer solche über Bewegungsalternativen, deren Ziel nicht klar festzumachen ist.

Insoweit wirkt sich die Relativität zur eigenen Umgebung ganz unmittelbar und direkt aus und bestimmt auch die individuelle Lebenszeit. Die Zeit, in der meine Form für die gesetzte Aufgabe bestehen muss. Und die Natur akzeptiert diesen Willen. Das Ich ist plötzlich ein Leistungsträger geworden, das noch dazu Verantwortung für die Gesamtheit zu tragen hatte. Denn die Zeit kann jede andere Bewegung und Entwicklung, wenn sie zu spät kommt, endgültig ausschließen und den Weg zu diesem Ziel ein für allemal versperren. Es muss zu seiner Zeit bewegt werden. Und daran kann ich meine individuelle Zeit strecken und verlängern.

49

Denn die Begegnung der Punkte entscheidet über die Nutzungsmöglichkeit der Alternativen.

Die neu hinzuerworbenen körperlichen Anlagen, wie Großhirn und die korrespondierenden Unterstützungen und Versorgungen durch Gefühle und Körper, haben naturnotwendig einen eigenen Aufbau der Welt vorausgesetzt. Die Errichtung der eigenen geistigen und gemeinschaftlichen Strukturen ist unserer freien Entscheidung überlassen. Nur das Hungergefühl, der Sexualtrieb und sonstige Nöte, wie Heimweh und Schmerzen, geben Verhaltensweisen vor, die aber oft mit anderen Notwendigkeiten kollidieren. Wo stehen wir, wie verhält es sich zur Natur und zu unserem Versorgungssystem und was wollen wir erreichen. Das ist eigentlich bis heute nicht geklärt, wäre aber eine geistige Notwendigkeit zur Strukturierung der physischen Anlagen und zur Regelung des Bezuges zu meiner, mich umgebende Umwelt. Denn stets muss ich meine Bewegungen im ganzen Verlauf und besonders mit ihren Zielen bewerten und begreifen.

Das ist die äußere Struktur der geistigen Bezüge, die auch meine Bewegungen sind. Sie wird gelenkt von einer inneren Struktur, die das Konzentrieren auf sich selbst, das Auseinandersetzen mit sich und der Umgebung und die erforderliche innere kreative Ruhe verlangt und die auch die nötige Voraussetzung für die richtige Entscheidung schaffen kann. Dazu kommt, dass die innere individuelle Ordnung des neu entstandenen Ich, jetzt plötzlich mit der Außenwelt, der Natur, den Mitgeschöpfen harmonisch koordiniert werden muss. Eine immense Bildungsaufgabe.

Zumal derzeit in diesem Bezug noch immer der Egoismus Leitmotiv ist. Schon vor etwa zweitausend Jahren hat sich die Notwendigkeit der Harmonie in der Gesamtnatur des Lebens so zwingend herausgebildet, so zwingend, dass der Messias erschienen ist. Er hat wenigstens einige Grundregeln des Zusammenlebens statuiert, mit denen die Entwicklung der Menschheit gesichert werden sollte. Aber man hat ihn nicht ernstgenommen. Jetzt sind wir sogar soweit, dass die Meinungen der verschiedenen erschienen großen Geister gegeneinander antreten und die Menschen sich gegenseitig umbringen. Das kann nicht das Ergebnis der Entwicklung sein. So wollte es der Messias auch nicht.

Möglicherweise war das Ermorden des Messias der große Scheidepunkt in der Geschichte der geistigen Entwicklung der Biomasse, der ohne die Installation des Harmonieprinzips im geistigen System, auch zu dem Krieg mit der Natur führt, den wir jetzt haben. Es kommt der zweite Scheitelpunkt, die Auseinandersetzung der Glaubensrichtungen, im jetzigen Augenblick, der mit Sicherheit zur Reduzierung des Prinzips Egoismus in der Entwicklung und damit auch zur Verringerung der Größe der Population führen muss. Möglicherweise treten sie deswegen an, Messias gegen Messias, um das mit der Waffe zu erreichen, was das Großhirn und die verkündeten Gebote nicht bewältigt haben, weil sie nicht genutzt wurden und zwischenzeitlich mit dem Großhirn vergammelt ist. Der Geist der Bewegung frisst seine Kinder. Denn Geist und Zeit fordern uns heraus.

Zumal auch der Faktor Zeit seine Bedingungen an die Entwicklung setzt, denn bis zu gewissen Ereignissen müsste ein bestimmter Standard als Basis einer geistigen Entwicklungsmasse stehen und erreicht sein. Diesen Standard erreichen wir nicht. Gewisse Erkenntnisse sind nur mit einer bestimmten geistigen Basis und Masse möglich. Und die Natur entwickelt weiter. Sie bringt uns Pandemien und andere Erscheinungen, die wir nur mit einem bestimmten geistigen Standard überleben können. Im Augenblick laufen wir nur noch hinterdrein. Also haltet euch ran.

Nur eines ist sicher, mit Raketen und Kanonen bekämpft man die neuen und komplexeren Herausforderungen nicht. Wir müssen mindestens die Veränderungsgeschwindigkeit und Mutationsmöglichkeiten der Keime und Viren und der sonstigen lebenden Herausforderungen, wie der Belastung mit Umweltgiften und Plastikteilen, die demnächst ebenfalls mit großer Geschwindigkeit auf uns einschlagen werden, erreichen und diese gar überholen. Darauf sollten wir längst umfassend vorbereitet sein und unsere angepasste geistige Bewegungsgeschwindigkeit darauf einstellen. Das Großhirn wartet darauf.

Entweder ihr nutzt den Verstand, oder ich zwinge euch dazu. Das Prinzip der Ausgewogenheit der Natur muss sich notgedrungen zu deren Erhaltung durchsetzen. Denn der Egoismus der Natur gegenüber, ist inzwischen dermaßen gewachsen, dass der Geist die Natur umbringen würde, ohne zu bemerken, er schafft sich damit auch selber ab. Das Großhirn hat sich ungebremst in eine Bewegung des Egoismus entwickelt, der alle Formen bricht und die Grenzlinien des Lebens einreißt. Das ist die Dimension der

Fläche auf der wir operieren. Notfalls greift der Messias jetzt selbst zur Waffe, nachdem der Geist versagt hat.

Das Überschreiten der Dimensionen hatte immense Folgen zur Erbringung der damit verbundenen Vorleistungen, die teilweise bis heute noch nicht erbracht sind. Es geht sogar um die Existenz der Biomasse. Der Aufbau logischer Strukturen war gefordert und davor überhaupt das Begreifen der Logik, wofür Verstand und Vernunft mitgeliefert wurden. Aber immer begrenzt mit den Vorgaben der Natur und den sicheren Lebensbedingungen der Kreatur.

Ein systematischer und globaler Einsatz, der von der Natur gelieferten Anlagen ist bis heute nicht gegeben. Der harmonische Übertritt von der zweiten in die dritte Dimension ist noch immer nicht erledigt und muss noch bewältigt werden. Die Entwicklung hat kleinbürgerliche regionale und überwiegend egoistische Schritte unternommen. Es müssen Bedingungen geschaffen werden, die allen Existenzen zusammen mit der Natur ihr Lebensrecht sichern. Die Harmonie der Natur muss auch im geistigen Raum etabliert und durchgesetzt werden.

Dazu gehört, der Mensch muss in Harmonie mit der Natur und seinen Mitkreaturen endgültig einvernehmlich festlegen, was er eigentlich erreichen will. Genügt ihm der Aufenthalt auf diesem Planeten, auch unter der Prämisse des unbegrenzten Bevölkerungswachstums und seiner damit verbundenen riesigen Umweltverschmutzung, oder will er Beschränkungen zur Einhaltung einer Lebensordnung. Wie sollen die Strukturen verlaufen, die der Produktion, der Sicherung der Natur, der Gesundheit und aller anderen

Bedürfnisse. Das muss global geschehen. Es kann nicht sein, dass sich ein Land mit immensen Anstrengungen, aber auf Kosten anderer, nach vorne schafft, um irgendwann die Weltspitze in die Hand zu nehmen.

Auch das hat schon zu der Erscheinung eines Präsidenten Trump geführt. Der Raum fordert die globale Harmonie. Macht euch unter der Nutzung des Großhirns an diese Aufgabe und leitet die nötigen Bewegungen dazu ein. Das Großhirn ist euch gegeben und der Messias war schließlich mit seinen Geboten und Erklärungen auch schon erschienen, aber Wirkung hatte es nicht unbedingt. Holt die Vergangenheit nochmals hervor und bearbeitet die alten Zeiten angepasst für eine neue Zukunft, ohne wie die Kirche nur an den alten Buchstaben zu kleben. Die Bewegungen sind über die Zeiten hinweg und haben neue Inhalte gebracht. Baut sie sinnvoll ein. Das Großhirn wartet und mit ihm die Natur.

Der Eintritt in die dritte Dimension hat die Fläche in den Raum gewandelt. Damit ist zu der Länge mal Breite eine weitere Komponente getreten, die die Abgrenzung, die Einschränkung und die Herausbildung des eigenen selbständigen Individuums bewirkt und ihm den Raum freigegeben hat. Die Individuation ist als wesentliches und notwendiges Element entstanden, die Grundbedingung, mich zurückzuziehen und zu lernen, mich überhaupt zurecht zu finden, mich in Ruhe weiter zu bilden und zu entwickeln und mit den anderen Lebensbedingungen zurecht zu kommen, ist langsam aber schwierig und das ist klargeworden. Das Individuum ist entstanden. Seine Bewegung und Beweglichkeit war

Grundbedingung. Und es fordert seine Rechte ein und verteidigt seine Position. Aber Rechte hat es nur, wenn es auch seine Leistungen erbringt.

Dieses Individuum hat alsbald seine Selbständigkeit und seine Beweglichkeit im Raum erkannt und die damit verbundenen Möglichkeiten genutzt. Es hat die Bewegung für alle seine Zwecke so eingesetzt, wie es diese für sich und seine Zwecke für sinnvoll gesehen hat. Der geistige Raum hat seine immense Selbständigkeit erreicht und diese weidlich ausgebaut und genutzt und alle natürlichen Mechanismen sich und seinen Bedürfnissen untergeordnet. Dabei ist das bisherige Ziel, stets für mich schnell und egoistisch das Optimum zu erreichen. Die Bedingungen dazu hat man großzügig übergangen und auf die Seite geschoben.

Die dritte Dimension hat die bisherigen Verhältnisse fast umgedreht. Der freie Geist steht plötzlich über allen notwendigen natürlichen Bedingungen und Gesetzlichkeiten und er zweifelt alles an und stellt es in Frage. In diesem Raum ist jede Entwicklung, die Vernunft und den Verstand zu vergessen, möglich geworden. Und die Natur selbst hat nur ihre eigenen Grundbedingungen, wie Essen, Trinken, Bewegung und Fortpflanzung zur Notwendigkeit gemacht. Dazwischen hing das Individuum im Seil und pendelt noch immer in alle seine Richtungen und schon mit den Grundanforderungen hatte es Probleme genug und es nutzt die Chance nur für sich. Das, was der Messias einst festgeschrieben hat, ist von der Entwicklung längst überholt. Man hat es versäumt seine Grenzen zu erkennen und festzumachen. Freiheit gibt es ohne Grenzen nicht. Um diese muss man sich zuerst kümmern.

Eine Beschäftigung mit übergeordneten Prinzipien und deren Erkenntnis ist zwar erfolgt und zwar in der Vergangenheit, von der die Menschheit noch heute lebt, aber eine Neuaufnahme dieser geistigen Werke in der modernen Zeit, erfolgt nicht mehr. Um eine große Philosophie oder eine hohe Kultur zu erstellen, bedarf es der Würde und Erhabenheit und des Stolzes vor der Natur. Da hilft die Aufnahme der Mechanik des Raumes nicht viel weiter. Und genau aus dieser Epoche der Ehre kommt auch die große, bis heute nicht mehr erreichte, Kultur zu uns und wirkt noch immer verzaubernd. Große Malerei und große Musik.

Die Natur hat mitgespielt und die notwendigen physischen Anlagen hervorgebracht. Die Bildung des Großhirns war die angemessene Reaktion. Damit ist allerdings jede natürliche Bindung an vorgegebene Effekte zweifelhaft und alsbald durch eigenständige geistige Konstruktionen ersetzt worden. Ob diese Leistungen den Normen der Bewegung, der Zeit und der Relativität zu anderen Erscheinung entsprach, hat dabei niemand interessiert. Und solange sich alles in der Bewegungsbreite der Natur entwickelt hat, war keine Grenze und keine innere und zwingende Ordnung erkennbar geworden. Nur der Instinkt und das Urgewissen haben gelegentlich die Glocken bewegt. Aber zu leise und zu schwach.

Ein organisches und harmonisches Verhältnis meiner individuellen Notwendigkeiten, auch solcher, die ich jetzt zur Entwicklung meiner neuen geistigen Anlagen benötige, im

Verhältnis zur Natur um mich herum, hat sich nie entwickelt und wurde auch nie nachgefragt. Dasselbe gilt im Bezug zu Mitgeschöpfen, ob Mensch oder Tier oder Pflanze, Mitgeschöpfen der Biomasse gehören zu mir. Der Einstieg in die dritte Dimension war so gewaltig auch in den Anforderungen, dass die Natur den Messias dazu erscheinen ließ, um wenigstens die nötigsten und wichtigsten Verhaltensmaßregeln wenigstens unter den Mitbürgern zur Geltung zu bringen. Aber auch das hat man völlig außerhalb der natürlich gewollten Ordnung aufgenommen. Die Folgen zeigen sich heute. Man verweigert die Gefolgschaft im Geiste, im Prinzip und in der Person. Man hat auch vergessen, das alles an die neue Zeit anzupassen. Denn die Probleme des Lebens und des Raumes sind geblieben und bestehen noch immer und werden weiterbestehen.

Der Raum und seine Wirkungsweise sind zeitabhängig. Er bildet nach den gegebenen Möglichkeiten, die seine jeweilige Zeit bietet, die notwendigen Reaktionen aus. Genutzt allerdings nur die, die das Individuum und die Gesellschaft wollen. Die Zeit wird im räumlichen Leben ein wesentlicher Faktor, der jeden Beteiligten zu gewissen Reaktionen zwingt. Sie wird es deshalb, weil Reaktionen zu gewissen Zuständen oder Vorgängen, von angrenzenden Abläufen abhängen und deshalb auf ein exaktes harmonisches, ein zeitlich getaktetes, Zusammenwirken angewiesen sind. Relativität besteht noch immer, wird aber von der Zeit verdeckt.

Die neue Zeit ist eine andere, als die der zweiten Dimension. Sie ist die bloße Beziehung unter den räumlichen Vorgängen geworden und lokalisiert nicht mehr nur das Verhältnis zu den großen Verläufen im Sonnensystem oder darüber hinaus. Mit dem Zusammentreffen der Alternativen bestimmt sie die Inhalte, die auf uns zukommen. Der Raum arbeitet stets mit Inhalten, über die zu entscheiden ist.

Dabei gilt es auch zu beachten, dass die Zeit weiterläuft, auch wenn ich ihr Angebot nicht nutze, um meine Lösung in der gerade laufenden Bewegung einzubringen. Sie läuft nach eigenen Bedingungen weiter und beachtet dabei natürlich nicht meine speziellen Anliegen. Aber was sie erreicht auf ihrem Gang behält auch für mich Gültigkeit. Ich kann es nur durch meine Aktivität und Einmischung verändern.

Die Zeit gilt auch für sie anderen Geschöpfe. Diese werden von ihr überholt und sterben aus oder sie überholen unsere Zeit und werden uns gefährlich. Das ist das größte Problem des modernen Menschen, der sich den anderen ausliefert, weil diese weiter sind und ihr Wirken einbringen und dabei alle Gelegenheiten nutzen, um weiterzukommen. Und wer diese Gelegenheit nicht hat, muss sich verbschieden. Jede Bewegung verdichtet den Raum und bringt neue Bedingungen auf.

Da der geistige Raum offen ist, baut er längst seine eigene Gesetzlichkeit auf, die den Raum immer mehr von Notwendigkeiten der zweiten Dimension unabhängig macht. Und so ist die mathematische Entdeckung der Relativität eine Sensation, obgleich sie in der zweiten Dimension fundamental ist. Die Inhalte der dritten Dimension lösen sich immer mehr von ihrem Grund und machen damit Bewegung auch zu einem reinen Selbstzweck. Fundamentale Bezüge werden nur noch selten und ganz schwach durch Instinkt, Gewissen und

Gefühl von selbst aktiv, aber auch an dieser Stelle, wirkt der freie Geist längst dagegen. Er rechtfertigt sogar ein naturzerstörerisches Verhalten und lehnt damit alle originären Bezüge ab. Wir brauchen wieder die instinktive Verbindung zu den Verläufen der Natur und ihren Bewegungen, um sie harmonisch zu koordinieren.

Längst hat sich der Geist einen unabhängigen Raum im Raum geschaffen, der nur auf seine Bedingungen Bezug nimmt und den Anderen, ob Mensch, Tier oder Pflanze sich selbst überlässt. Und betrachtet man die Grundnormen die sich das Zusammenleben der Menschen gegeben hat, dann rangiert der Schutz des Egoismus an erster Stelle. Dahin haben sich Grund- und Freiheitsrechte fast entwickelt. Die Logik gilt auch in der dritten Dimension, soweit es sich um zweidimensionale Abläufe und Vorgänge handelt, die auch in der dritten Dimension in großen Mengen vorkommen. Der Raum als Ganzes wird von Gefühlen bestimmt und definiert, die alle eine logische Basis haben, aber mehrere logische Funktonen gebündelt oder in der Geradlinigkeit durch verschiedene Richtungen, die sie enthalten, verändert haben. Auch die Gefühle verlaufen nach teils logischen teils eigenen Bewegungsverläufen, die immer zu beachten sind.

Der Schritt von der zweiten zur dritten Dimension hatte durch die Raumöffnung die geistige Offenheit zur Folge. Eine immens große und bedeutende Errungenschaft, die ebensolche immensen Voraussetzungen hat. Insbesondere in den Bereichen des gedeihlichen und nachhaltigen Zusammenlebens, auch mit der Natur insgesamt. Diese wird dermaßen extrem ausgelebt, dass sich anstelle der Natur eigene Gesetzlichkeiten und politische Ideologien bilden, die längst als über den Naturgesetzen stehend betrachtet werden, was allerdings nicht richtig ist. Die Natur reagiert längst mit gefährlichen und zerstörenden Abwehrreaktionen, die aber noch lange nicht zu den notwendigen Konsequenzen geführt haben. Der Mensch hat seine wahre Lage und Einbindung in all diese Kräfte noch nicht erkannt und richtig bewertet. Deswegen wird die Natur ihn zurückführen müssen, zurück auf die Ausgangsbasis, wenigstens auf die, als der Messias kam, die dieser gerade noch als gangbar akzeptiert hat.

Der Raum auf unserem Planeten ist eine einzige und gemeinsame Reaktionseinheit, in der alle Bewegungen zusammenlaufen und insgesamt koordiniert werden müssen. Nur so können sich globale Systeme, wie die Wind- und Wasserverläufe quer über den Erdball mit ihrer Wirkung noch halten und durchsetzen. Sie sind für den allgemeinen Austausch dringend erforderlich und zeigen bereits bei nur geringen Abweichungen große Konsequenzen. Der Raum muss als logisches Gesamtsystem verstanden und behandelt werden. Er reagiert auf jede Veränderung und kann nur einheitlich entscheiden, gleichgültig in welcher staatlichen Einheit Veränderungen gerade geschehen. Deswegen bedarf es einer gemeinsamen globalen Bewegungsrichtung.

Menschliche Bewegungen verteilen sich diffus im Raum, ohne Koordination und jegliche Absprache. Man stört sich selbst und baut Verhältnisse auf, wie sie im erdnahmen Orbit schon lange bestehen. Eine Menge von Schrott belagert alles, so massiv, dass man daran denken muss, dort wieder Klarheit zu schaffen. Auch eine Folge der fehlenden Koordination der Bewegungen, weil jede Nation meint, sie müsse alles alleine und selbst erledigen. Genau das gleiche Phänomen tritt im geistigen Feld auf. Ein Durcheinander von Interessen und Maßnahmen, die jeweils gewaltige Folgen für das Gesamtsystem haben. Denn jede Bewegung verdichtet den Raum und nimmt notwendigen Vorgängen ihre Durchsetzungsmöglichkeit.

Das bewirkt, dass sich die Natur ausklingt, denn an einem Platz gilt genau das Gegenteil von dem ein paar Kilometer entfernten. Wie soll die globale Natur, mit ihren globalen Wasser- und Luftströmen auf enge nationale Grenzen reagieren. Wie sollen Abgasmengen von einem Land koordiniert werden, mit völlig anderen, des angrenzenden Landes, wenn ein logisches Gesamtsystem darauf reagieren muss. Raum ist eine natürliche Reaktionseinheit, die nicht von nationalen Einzelinteressen zerteilt werden kann. Der Natur bleibt so wie wir es handhaben nur ihr eigener Weg, den Raum zu nutzen. Und sie muss sich durchsetzen, da sonst gar nichts mehr bewegt werden kann.

Zeit bleibt auch in der dritten Dimension eine absolut wichtige Erscheinung. Ganz besonders deshalb, weil die Gegenwart, in der wir uns stets und ständig bewegen, der maßgebliche Erscheinungspunkt für die Trennung zur Vergangenheit und Zukunft darstellt. Dabei ist die Gegenwart für jede einfache Tätigkeit genau die Sekunde, in der ein Faktum gesetzt wird. Dieses ist nach seiner Verwirklichung schon wieder Vergangenheit. Die Zeit und ihr Verlauf teilen scharf und exakt den Seinszustand ein, gehört er zur

Gegenwart oder zur Vergangenheit. Sobald er geworden ist, steht er in der Vergangenheit. Das jedenfalls gilt für den natürlichen Ablauf der Gleichzeitigkeit. Der Mensch macht eine Ausnahme, er kann Vergangenheit wieder zur Gegenwart machen, er kann vergangene Zustände wieder aufrufen und neu klären, weil er den Mechanismus der Zeit aus der Gleichzeitigkeit heraus in Gegenwart, Vergangenheit und Zukunft trennen kann. Die größte Bedeutung der Zeit besteht in dem Treffen verschiedener Bewegungen und damit anderer Inhalte, die so nicht wiedererscheinen.

Die meisten Vorgänge sind aber zeitgebunden. Die Reaktionseinheit Raum verlangt von der Natur, dass sie auf die von uns gesetzten Umweltbedingungen global reagiert, falls wir extreme Voraussetzungen schaffen. Diese Reaktion erfolgt vonseiten der Natur auf jeden Fall, wenn nicht innerhalb des zeitlichen Zusammenhangs zu den gesetzten Ursachen, die Lösung bewirkt wird. Dafür gilt immer die Gleichzeitigkeit. Der Mensch kann also nicht überall den zeitlichen Konnex lösen, er muss wissen, wie die Bewegungen verlaufen.

Durch diese Möglichkeit, vergangene Zustände, die bereits der Vergangenheit angehören, wieder aufzurufen, im Geiste oder real wieder ablaufen zu lassen, wird für den Menschen die scharfe Trennung der Zeiteinheiten nicht in dem Maße problematisch. Vergangenes kann er wiederaufleben lassen, wenn die Ressourcen nicht bereits verbraucht sind. Damit ist in vielen Fällen seines Lebens die Unwiederbringlichkeit der Vergangenheit und damit die Absolutheit der Vergangenheit beseitigt. Das macht das Zeitgefühl und seine absolute

Wirkung weicher. Der Einzelne steht damit der Zeit in einem anderen Verhältnis gegenüber. In bestimmten Bereichen kann er über sie verfügen und damit den Schwerpunkt auf Inhalte oder seine Ziele legen. Bei allen Zusammenhängen, die eine zeitlich abhängige Reaktion und Bewegung verlangen, bleibt aber der Grundsatz der Gleichzeitigkeit bestehen.

Die Natur hat dem Individuum seine festen Herausbildung ermöglicht und garantiert. Und das hat der Mensch als erster begriffen und es weidlich für seine Zwecke eingesetzt. Und der andere Bereich des Lebens ist ihm darin gefolgt. Viele Tierarten leben heute direkt im Habitat des Menschen, weil sie begriffen haben, sie müssen sich ebenso selbstbewusst und egoistisch benehmen, um überhaupt noch überleben zu können. Der Mensch hat den Raum egoistisch für sich genutzt und hat selbst Bedingungen geschaffen, die eine andere Raumaufteilung gar nicht mehr zuließen.

Nachdem Maschinen seine Arbeitsleistung übernehmen, muss er auch ihnen Raum schaffen, um wirksam tätig sein zu können. Jedes System setzt seine Bedingungen, die notgedrungen sein müssen. Das bindet die Freiheit und Flüssigkeit der Bewegungen gewaltig ein. Egoismus musste in einem gewissen Maße sein, weil er den Wettstreit gefördert und damit die Weiterentwicklung gesichert hat. Wir sind aber längst an einer Stelle angekommen, an der jede Weiterentwicklung nur noch koordiniert mehr zur Gemeinschaftsaufgabe geworden ist.

Der Coronaimpfstoff zeigt es eindringlich. Nur mit hohen Zuschüssen einer Gemeinschaft konnten die Forschungen erbracht werden. Man hätte dringlich die weltweiten Entwicklungen zusammenzufassen und damit Einsparungen und die globale Verteilung sichern müssen. Allein der Egoismus, nach erfolgter Produktion möglichst groß zu verdienen, hat dieses Gemeinschaftsinteresse vernichtet. Ich entwickle nur, wenn ich danach die Milliarden kassieren kann. Dabei weiß man, Corona ist ein Weltproblem. Soweit hat sich allerdings das Großhirn noch nicht entwickeln können. Aber sie müssen es alle büßen und die gemeinsamen Folgen eines partikularen Egoismus tragen. Wir stehen längst an einer Schwelle, an der Gesellschaften der herkömmlichen Art nicht mehr angepasst sind. Das Gemeinschaftsdenken muss die Formen der Gesellschaften öffnen und übernehmen.

Die dritte Dimension des Raumes hat die Lebenswelt der Biomasse und ihrer Kreaturen völlig neu eröffnet. Aus ihnen ist etwas gänzlich Neues entstanden, dafür haben sie von der Natur und deren Kräfte, insbesondere der Evolution das Großhirn übertragen bekommen, das dem Raum in seiner unbegrenzten Öffnung alle denkbaren Bewegungsformen und Gestaltungsformen eröffnet.

Wichtig dabei bleibt die Erkenntnis, dass der Raum eine große Bewegungseinheit auf Gegenseitigkeit bildet. Jede Aktion und jede Bewegung im Raum hat eine direkte Wirkung auf den Raum als selbständiges Gebilde selbst, die mitbewertet werden muss. Da alles auf einem relativ engen Planeten konzentriert ist, muss dessen Lebensinteresse stets mit kalkuliert und einbezogen werden. Eigentlich die Aufgabe des Großhirns, zu diesem Zweck wurde es verliehen.

Der Messias hat Leitlinien über das Verhalten der Spezies Mensch und dessen Zwischenmenschlichkeit geboten. Das war eigentlich der erste Schritt, der zu erfüllen war. Denn nur, wenn diese Bewegungsachse zwischen den Individuen funktioniert, können darauf die folgenden Schritte und Notwendigkeiten des Raumes aufgebaut werden. Er müsste jetzt wiedererscheinen und einen Kodex zur Bewegung im Raum und zur sinnvollen Lösung der Interaktionen mit dem eigenen Raum in dem wir leben und den uns die Natur gewährt, zu finden. Alle meine Bewegungen beeinflussen den Raum in mehrfacher Hinsicht. Und er ist zur Reaktion bereit. Er reagiert derzeit gerade und zeigt uns unsere Fehlentwicklung mit entschiedener Klarheit. Mein Einfluss auf den Raum ist umfassend und er summiert sich mit jeder Bewegung weiter.

Ich benötige Energie für meine Bewegung, die ich dem Raum entziehe. Zudem verändere ich meine räumliche Position bei jeder Bewegung, mit allen meinen Fähigkeiten und verbinde diese mit einer anderen Raumeinheit, die sie integrieren muss. Und ich benötige an dieser neuen Stelle Energie für alle meine Bewegungen intern und extern. Zudem wirke ich an der neuen Stelle in den Raum ein und benötige dazu dessen Empfindlichkeiten und Reaktionsmöglichkeiten und die Bedingungen dafür. Dabei ist der ganze Globus und sein System als die letzte zu beachtende Raumeinheit immer mit zu bewerten.

Die dritte Dimension hat Lebensbedingungen geschaffen, die in komplexen Zusammenhängen stehen und die eigentlich nur global von einem Weltengeist, den das Großhirn zur

Entwicklung anbietet, gemeistert werden kann. Wir nehmen mit jeder unserer Bewegungen Energien und Teile aus unserem Gesamtraum, dem Globus und geben ihm durch unsere Leistungen immer wieder etwas zurück. Da das Nehmen und Geben aber immer verschiedene Inhalte sind, muss das Defizit, das notgedrungen an einer Stelle immer entsteht, kalkuliert und bewertet werden. Denn Bewegung verbraucht Energie, ohne diese irgendwo wieder in Substanz zu verwandeln, sie ist mit der Bewegung verloren. Ein neuer Messias, der mit seiner Erleuchtung den Globus zu retten hätte, müsste die dafür nötigen Formeln und Exempel mitbringen und in die Gehirne meißeln, noch bevor er wieder an irgendein Kreuz genagelt wird.

Die kleinste Einwirkung jeder meiner Bewegungen hat mein Raum zu verdauen. Und er macht es bis heute in optimaler Form. Selbst die stinkenden Abgase meiner Antriebsmaschine buttert er unter und nach kurzer Zeit meiner Bewegung sind sie bereits entsorgt, ohne dass die gefährlichen Gase noch zu riechen wären, aber sie sind da. Das ist eine nette Gegenleistung meines Raumes, die nicht unentgeltlich oder gar selbstverständlich ist.

Auch diese Bewegung meines Raumes, zur Beseitigung meiner Einwirkungen, wirkt wieder auf mich zurück und hat auch mir gegenüber ihre Konsequenzen, auch wenn diese nicht direkt und unmittelbar an derselben Stelle erfolgen müssen. Da alles geschlossene Einheiten sind, summieren sie sich und können nicht woandershin entweichen. Die nächsten Probleme mit frischem Wasser und guter Luft sind bereits auf dem Anmarsch und absolut vorhersehbar. Aber dennoch reagieren wir erst, wenn sie uns längst die Versorgung gefährdet haben.

Die Energie meiner Bewegung wird zu einem Teil als Bewegungsenergie verbraucht, der Rest bleibt und muss anderweitig verwertet werden, Auf jeden Fall stört er die vorhandene Harmonie und er mischt sich mit Luft oder Wasser zu nicht gewollten Verbindungen. Auch sie bilden neue Bewegungen und erreichen ihre Ziele oder stellen irgendwo irgendwelche Verbindungen in den Raum, deren Wirkung eingeordnet werden muss.

6.   Bewegung und Annahme

Jede Bewegung trägt eine eigene Dynamik in sich. Derjenige, der sich bewegt, steht in einer anderen Stimmungslage, als der, der standfest zuhause auf der Couch sitzt. Den Unterschied bemerkt man in der Regel nicht, weil man ständig in Bewegung ist. Auch im trauten Heim strömen unendliche Anregungen auf einen ein, die bewegt und gelöst und gestaltet werden müssen. Auch da nähere ich mich einem Problem, gleich welcher Art, das gelöst werden muss. Eine technische Angelegenheit, die auf ihre Lösung wartet, gehe ich völlig anders an, als eine Auseinandersetzung mit einem Kollegen oder Familienangehörigen. Jedenfalls bewege ich mich auf das jeweilige Objekt zu, in einer Weise, die mir den direkten Einstieg in die zu lösende Aufgabe ermöglicht. Zum Reifenwechsel gehe ich anders auf mein Auto zu, wie wenn ich damit wegfahren will und dieses in einem glänzenden Zustand erscheinen muss.

Jede Bewegung löst die Bindung zum jetzigen Ort und schafft den Blick auf das Ziel. Zu beiden Bereichen bin ich deshalb in einem besonderen Zustand. Bei dem jetzigen löse ich meine Verbindlichkeiten ihm gegenüber, erleichtere mich von seinen Lasten, zum neuen Ort schaffe ich eine Annäherung, die ich mit einer besonderen Erwartung und einer neuen Kraft verbinde. Bewegung schafft einen Zustand der eigentlichen Bindungslosigkeit und der gelösten Schwere meines Körpers. Seine sonst vorhandene Statik entfällt für die Zeit der Bewegung. Gerade deshalb steigt die besondere Bindung an einen der Teile.

Die Hinbewegen zu der Aufgabe ist bereits ein energiegeladener Vorgang. Dieser schafft bereits durch die Bewegung die Bereitschaft des Ankommenden die von ihm beabsichtigte Arbeit und Aufgabe aufzunehmen. Diese Bereitschaft differenziert bereits die Anlage des Objektes, das zu bearbeiten ist und nimmt damit den notwendigen Einstieg des Vorgangs auf. Wie verläuft die logische Kette, die für die Erfüllung der Aufgabe zu lösen ist. Diese besondere Bereitschaft, die aus der speziellen Bewegung folgt, spaltet die logischen Zusammenhänge zur Lösung des Vorgangs beim angegangenen Objekt. Mit dieser speziellen Konzentration auf die zu lösende Aufgabe vermittelt mir das Objekt die geeignete Andockstelle, über die ich an sein System herankomme.

Das angegangene Objekt wird durch die Differenzierung der Kraft, mit der ich auf es zukomme zur entsprechenden

Offenheit für die Begegnung animiert. Die Differenzierung der zielgerichteten Ankunftsbewegung öffnet bei dem angegangenen Objekt die Zugangsbereitschaft oder es verschließt sich. Und sie erleichtert ihre festen Strukturen für eine bestimmte Zeit, bis sie auch für mich Geltung haben. Die Öffnung des Ankommens zeigt sich durch den speziellen Punkt, den ich am Objekt erreichen will. Er ist anders, als seine Gesamtheit.

Ist das angegangene Objekt ein Tier, zum Beispiel ein Hund, dann bemerkt dieser bereits durch die sich bewegende Annäherung, deren beabsichtigten Verlauf. Er bemerkt sofort, ich will spielen, ihn füttern oder mich zum Gasigeren rüsten. Dementsprechend verhält er sich und richtet sich darauf ein. Das Ziel der Bewegung ist der beabsichtigte Verlauf, der geplant ist. Dieses Ziel stellt die Energie der Bewegung bereits auf die spezielle Aufgabe auch energetisch ein. Die eingesetzte Bewegungsenergie verbindet direkt mit dem Ziel und beinhaltet mindestens einen Teil des Zielvorgangs mit. So ist es ein gewaltiger Unterschied, ob ich auf das tolle Gebäude zugehe, weil ich Tourist bin und das Innere bewundern will. Oder ob ich dort eine schwierige Prüfung oder eine Operation erwarten muss.

Das Ziel ist in die Bewegungsenergie eingebunden und die daraus folgende Motivation nimmt bereits einen Teil der zu lösenden Aufgabe mit der Bewegung zum Ziel vorweg. Die Bewegungsenergie motiviert den Zielvorgang mit. Und dieser Zielvorgang wird von meiner Erscheinung bereits übertragen und vom Ziel empfangen. Die Bewegung zum Ziel spaltet das Ziel als Ganzheit in seine besonderen und individuellen

Lösungsmöglichkeiten auf und schafft auf diese Weise seinen Zugang oder lehnt ihn komplett ab. Die jeweilige Raumenergie im geschlossenen System beeinflusst die Position und Reaktionsbereitschaft der angegangenen Energien des neuen Objekts. Dies führt zur Rückkoppelung der Energien und damit zu seiner Stellungnahme. Das verläuft alles außerhalb bewusster Vorgänge und Abläufe. Aber es ist fühlbar und aufnehmbar.

Das Ziel ist auf diese Art der Annäherung durch Bewegung auf den verlaufenden Vorgang eingestellt, wenn die dazu notwendigen Bedingungen vorliegen. Nähere ich mich einem Apfelbaum im tiefen Winter, wird er mir keine Äpfel anbieten können. Bewegung ist also nicht nur die Veränderung des Ortes a mit dem Ort b, es ist viel mehr. Bewegung öffnet die Bereitschaft des Ziels zur Reaktion mit der Bewegungsenergie und dem bewegten Subjekt. Dabei spielt es keine Rolle, um was es sich bei dem Ziel handelt.

Ein in sich abgeschlossenes Objekt wird also durch Bewegung und Annäherung an dieses verändert. Möglicherweise ist dies auch eine Folge der Raumveränderung im Rahmen der relativen Bezüge. Die Relativität der zweiten Dimension besteht auch im Raum, also der dritten Dimension, fort. Das kann mir bei einem gefährlichen Angriff die sofortige Abwehrreaktion mobilisieren, noch bevor ich den Vorgang rein logisch bewertet und mein Abwehrverhalten dafür entschieden habe, schon parat sein. Jeder Raum hat seine eigene individuelle Wirkung, die das sich annähernde Individuum aufnimmt und blitzschnell wertet. Entsprechend offen gestaltet sich jede Annäherung, denn sie muss zuerst den Raum riechen und bewerten, bevor sie ihn betritt.

Bewegung ist auch psychologisch der Mechanismus aller Veränderungen, Abläufe und Neugestaltungen. Bewegung beinhaltet immer eine bestimmte Art der Annäherung. Diese ergibt sich bereits aus dem Ziel der Bewegung. Und die Art der Annäherung offenbart bereits das Ziel oder den versuchten Weg zum Ziel, den ich genehmigen oder dem ich widerstehen kann. Diese Bewegung zeigt mir auch die Qualität der Annäherung. Ist es eine beachtenswerte Größe, auf die ich eingehen muss, oder genügt es sie an mir abprallen zu lassen. Es zählen alle sonstigen Begleiterscheinungen der Annäherung und ihrer Kraftwirkung zusammen. Schon der Weg auf mich zu gibt mir einen gewissen Inhalt, den ich akzeptiere oder nicht.

Erfolgt die Bewegung in Angriffsabsicht, also mit dem Ziel des Angriffs, dann erfolgt schon mit der Bewegungsenergie des Ankommenden die Stimulation und Beeinflussung meines Verhaltens, also meines Objektes, das ich für ihn bin, in Richtung Abwehr und Kampf. Gänzlich anders, wenn seine Bewegungsenergie mit der Absicht der liebenden Umarmung erfolgt. Die Bewegungsenergie beeinflusst die innere Energieordnung des angegangenen Objekts auch Sachen gegenüber.

Bewegung ist von daher auch inhaltlich gebunden. Bewegung im Raum hat, wie in der Fläche, immer ein Ziel und ist meistens mit einer nach außen wirksamen kraftgebundenen Absicht verbunden. Bewegung im engen, geschlossenen Raum ist mit Absicht gleichzusetzen. Ziel ist immer Absicht.

Davon gibt es nur wenige Ausnahmen. Ich stehe oben am Berg und rutsche ungewollt hinunter. Oder es fällt mir etwas ungewollt aus den Händen und triff das Auto unter dem Fenster.

Bewegung muss nicht meine bewegte Person sein, es kann auch eine von mir veranlasste und gewollte Bewegung den gleichen Effekt verbreiten, wie meine eigene Bewegung. Die Wirkung der Bewegung, wenn sie eingeleitet ist, verläuft unabhängig vom Veranlasser. Das zeigt, die Wirkung der Bewegungsenergie verändert das angenäherte Objekt, bereits in der Annäherung und nicht nur durch das Zusammentreffen mit dem Ziel.

Die Möglichkeit der Verlängerung meines Bewegungsarmes hat eigentlich das moderne Leben überhaupt geprägt und im großen Umfang möglich gemacht. Es wird in der gesamten Natur verwendet. Samen, die auf eine Pflanze wachsen und von Vögeln weggetragen irgendwo gänzlich anders ihre Wirkung entfalten. Kanonen und Raketen, die über weite Strecken reichen, lassen dort die in sie gesetzte Absicht zur Wirkung kommen.

Dieses Prinzip hat einen großen Bereich der Forschung beschäftigt und überall zu Substituten der eigenen Bewegung geführt. Jedes Fahrzeug oder Flugzeug gehören zu diesem Prinzip. Bewegung kann transformiert und auf diese Weise gespeichert und zeitlich versetzt wirksam eingesetzt werden. Das ist eine Folge des Raumes und seiner vielseitigen Verwendung in jeder Richtung. Aber immer benötigt jede Bewegung und jeder Ablauf ein eigenes Ziel.

Diese zeitversetzte Möglichkeit Bewegung einzusetzen, hat den Ursprung modernen Denkens ermöglicht und gebildet. Damit können Zustände geschaffen werden, die vollendet und zeitlich beendet sind, die aber in Tausenden von Jahren noch wirken und präsent sind. Die nicht nur körperlich präsent sind, die darüber hinaus ihren Gründergeist mit versprühen und die Bewegung, die in ich steckt mit übertragen. Alle großen Bauwerke, die über lange Zeit existieren, wirken nicht nur wegen ihrer immensen Größe, sie zwingen auch die Bewegungsrichtung, die mit ihnen verbunden ist auf. Wie war das damals möglich, so etwas zu errichten. Und der Vorgang wird geistig nachvollzogen. Bewegung kann konserviert werden. Und sie wird es in jedem neu geschaffenen Zustand. Denn er enthält die in der Bewegung enthaltene Absicht und ihren realen Ablauf, die in dem Werk erkennbar und nachvollziehbar sind. Das Werk zeigt das Ziel der Bewegung, das zu ihm geführt hat eindeutig. Der Dom zu Köln ist weitaus schöner und erhabener. Als die vielen Tausend Schritte seiner Errichtung. Sein Ziel spricht in der Gesamtkomposition.

Bewegung ist mehr, als der bloße Ablauf von a nach b. Sie verläuft stets im Raum und hat immer ein spezielles Ziel, das in ihrer Bewegungsenergie inhärent gebunden ist. Das Ziel ist oft der bleibende Anteil der Bewegung, der auch die Zeiten übersteht. Damit geht es das angegangene Objekt an und koppelt energetisch die entsprechenden Kräfte. Ansonsten wäre ein Zugang zu den jeweils geschlossenen Systemen der individuellen Formen nicht möglich.

73

Die Natur hat diese individuellen Formen extra zu dem Zweck gebildet und zugelassen, damit sie ihre individuelle Eigenart erhalten und den eigenen Bestand sichern können. Das Individuum ist immer eine in sich geschlossene Einheit und bleibt diese auch in der Bewegung. Dabei kann die Bewegung selbst ein Teil des Ziels sein, der seinen eigentlichen Wert vertritt, oder das Ziel ist das bleibende Werk. Der Verlauf der Bewegung bleibt immer identisch, nur seine Begegnung der Einzelpunkte, die er trifft, unterscheidet sich und bildet möglicherweise auch neue Inhalte..

7. Bewegung und Gestaltung

Bewegung führt zur Veränderung des angegangenen Zustandes oder Objektes. Das Objekt reagiert mit der ankommenden Bewegung nach seinen eigenen systemischen Bedingungen. Damit zeigt es mir Wege auf, die ich bei jeder zukünftigen Bewegungsrichtung kalkulieren und beachten muss. Das ist der eigentliche Motor des Fortschritts jeder Entwicklung, das learning by doing. Das war die eigentliche Basis der Weiterentwicklung, auf der die modernen Wissenschaften aufgebaut und gegründet sind. Und jeder neue Versuch bestätigt die einmal getroffene Feststellung. Damit ist sie Allgemeingut und wird der Bewegung integriert.

Die Eigenschaft der Bewegung speichern zu können, macht den geistigen Nachvollzug sowohl am realen Modell, wie auch im vorgestellten formelhaften Ablauf möglich. Diese Möglichkeit hat den Raum eigentlich erst so richtig aufgefüllt und ihn zur Spielwiese des Geistes gemacht. Von da an war Bewegung das Universalmittel für jeden Ablauf, der in jeder Weise rekonstruierbar oder neu zu bilden war. Forschung folgt den Bewegungen und all ihren Richtungen, mit deren Alternativen. Und die geistige Nachvollziehbarkeit, die genauso wirkt, wie der reale Vollzug, macht Forschung unabhängig von allen großen Modellen. Jetzt genügt die handhabbare Größe.

Und bald ist es der Forschung gelungen auch in der Nachvollziehbarkeit Verfahren, Geräte und eine Technik zu entwickeln, die selbsttätig diese Arbeit des Nachvollziehens, Berechnens und Verwertens übernimmt und in wesentlich komprimierter und beschleunigter Weise Kalkulationen und Modelle zu bilden, die zu Ergebnissen führen und Ziele der Bewegung erreichen. Damit ist der Nachvollzug vom realen Ablauf unabhängig geworden. So hat er mehr erreicht. Es können Modelle der Bewegung gebildet werden, die in der Wirklichkeit nicht direkt ablaufen, aber für den Hintergrund einer Entwicklung absolut notwendig sind. Der Raum der Gestaltung durch die Energie der Bewegung ist damit freigegeben und eröffnet alle denkbaren Alternativen.

Der Ablauf der ersten und zweiten Dimension ist in all diesen Entwicklungen enthalten, oder er offenbart sich durch die Gestaltung und fordert seine Einpassung in den Ablauf. Dieser moderne Raum der Gestaltung durch Bewegung ist inzwischen längst nicht mehr von dem realen Ablauf eines Vorgangs abhängig. Er hat längst seine eigenen Inhalte geschaffen, die nicht unbedingt mit der offensichtlichen Wirklichkeit zu tun haben. Auf diese Weise gestaltet sich das Alltagsleben längst außerhalb der natürlichen Veranlagung und zwingt die Natur, dem nachzufolgen.

Das fängt bei der menschlichen Ernährung an, geht über das Alltagsleben, das gänzlich unabhängig geworden ist von Tag und Nacht und den damit verbundenen Rhythmen, bis hin zur eigenen geistigen Welt, die alte Normen und politische Ideologien oder Glaubensgrundsätze schon lange mit der eigenen individuellen Logik überlagert hat. Und da ist es nicht einfach, Leitlinien einer solchen hypothetischen, nicht unbedingt realen, Gestaltung zu schaffen, weil dies für eine Unzahl von Individuen Vorgängen und über einen längeren Zeitraum nicht mehr möglich ist. Die nicht reale Welt des Konstruierens wird dabei absolut als real empfunden und genauso gewertet. Der Weg zu alternativen Wahrheiten, die in Amerikas Politik gelten, ist da nicht mehr weit. Virtuelle und digitale Welten haben längst denselben Bewegungswert, wie die reale Bewegung selbst.

Dazu kommt, dass das moderne digitale Leben längst den schwerfälligen Boden der Realität verlassen hat und sich eine eigene virtuelle Welt aufbaut, die ebenfalls alle Bewegungsenergien nutzt, ohne jeweils die schweren Körper bewegen zu müssen und die virtuellen Ergebnisse an der geeigneten Stelle zur Realität zurückführt. Damit gestalten sie das neue Leben bis hin zur Natur, der sie einfach ihre Bedingungen überstülpen, bis sie diese, auch irgendwann, wieder abschütteln muss, um den großen Ablauf von Sterben und Werden und damit seine Zukunft nicht zu gefährden. Auch da zeigt sich der enge Zusammenhang des Raumes zu seiner engen Umgebung, der seine Tribute fordert, die stets global mitbedacht werden müssen.

Dies können in Zukunft nur Einheiten erreichen, die auf diesen Wert der Entwicklung bauen und die auch flexibel genug sind, sich jeder Änderung sofort anzupassen. Die derzeitige Pandemie zeigt genau worauf es ankommen wird. Die Modifikation und Mutation des Virus verläuft in dieser Geschwindigkeit unserer Bewegung mit. Sie setzt sich längst durch, bevor die Gesellschaft dies überhaupt bemerkt. Deshalb können nur sensible und sachbezogene Gemeinschaften, mit einer sofortigen Bewegungsgeschwindigkeit, die schnellen Abwehrmaßnahmen treffen. Bei Corona ist dies noch nicht der entscheidende Punkt, weil die vorhandenen Abwehrmittel auch bestimmte Mutationen abdecken. Aber es sind andere Entwicklungen denkbar, die ohne die sofortige Abwehr katastrophale Folgen haben.

Die Sensibilität der kleineren Gemeinschaft muss alles umfassen, Natur, Mitgeschöpfe und alle zukünftigen Lebensbedingungen. Und das kann im Grunde nur global und nicht von den einzelnen Staaten her erfolgen. Das spart nicht nur Ressourcen, es konzentriert auch die notwendigen Maßnahmen und Vorgänge.

Die derzeitigen Gestaltungen laufen darauf hinaus, dass der im Gesamtbereich des Prinzips Leben, derjenige, der bei dieser Bewegung und ihrer Geschwindigkeit, nicht mithalten kann, still und leise untergeht. Er ist über Nacht einfach nicht mehr da. Und wir sehen die Folgen in unserer Natur in jedem Bereich. Da hilft es nicht, wenn wegen einer Eidechse eine Firma nicht mehr weiterbauen kann. Es bedarf der grundsätzlichen Regelung und Zuteilung von Lebensräumen, die adäquat gestaltet werden. Auch dazu muss die neue Gemeinschaft sensibel genug kreativ wirken.

Die Natur hat bislang die einzelnen Funktionen in ihrem harmonischen Ablauf durch jeweils eine Gattung von Helfern, seien es Tiere, Pflanzen oder Menschen gewesen, gestaltet. Soweit diese entfallen, weil ihnen die Lebensbedingungen durch die Expansion des Menschen genommen werden, muss dies von dem Menschen oder seinen Maschinen übernommen werden. Gelingt das nicht, dann fallen wesentliche Gestaltungsräume in sich zusammen. Auf diese Wechselbezüge muss aber ganz dringend Rücksicht genommen werden. Denn sie laufen bei jeder Bewegung in allen Seitenlinien automatisch mit.

Der Mensch bewegt sich permanent mehr und mit immer höherer Geschwindigkeit. Aber er ist nicht sensibel genug, um zu sehen, was er damit an Räumen beschränkt. Es gibt eine Konstante, die Natur und sie ist nicht vermehrbar, nicht veränderbar und nur in bestimmten Bereichen flexibel und anpassungsfähig. Es gibt keinen Wissenschaftsbereich an allen unseren weltweiten Hochschulen, die in allen Fällen über die Ausgewogenheit neuer Errungenschaften und Gestaltungen urteilen und deren Verträglichkeit mit der Konstanten der Natur prüfen müssen. Das ist ein Element der

Sensibilität, die eigentlich nur von vorsichtsvollen und rücksichtsvollen Gemeinschaften gepflegt werden können.

Gesellschaften, die in sich nicht homogen und einig sind, die über jedes Problem unqualifiziert streiten und sich beleidigen, sind überholt, gehören der Vergangenheit an und sind der heutigen Zeit nicht mehr angemessen und müssen ganz schnell beseitigt werden. Die Herausforderungen sind zu groß für kleinkariertes Streiten, die Kraft ist gezielter zu verwenden.

Es bedarf eines globalen und qualifizierten und sachbezogenen Systems von kulturell innerlich zusammengehörenden Gemeinschaften, die sich intern und global verbinden. In ihnen wirkt der interne Leitfaden ausgewogener und sachbezogener Arbeit, die nicht von Macht und Pfründe geleitet ist. Diese Wende von den nicht mehr zeitgemäßen demokratischen Gesellschaften, als amorphe Menge von Meinungen und Lösungen, die sich am Ende nur paralysieren, sind in der Geschichte überholt, sie haben sich selbst überlebt und todgelaufen.

China, als der Gegenpol, beweist es ihnen. Dagegen können nur starke, historisch verbundene Gemeinschaften zielgerichtet antreten, die global zusammengeschlossen werden müssen und die über das Individuum die Zukunft zu gestalten haben. Durch Bewegung gestalten und neue Inhalte schaffen, hängt direkt mit der Geschwindigkeit der Bewegung zusammen und ist notwendig, um die Eigengeschwindigkeit der Natur zu übertreffen. Damit wäre die Entwicklung von Viren, deren Umbau schneller erfolgt, als unsere Entwicklung, überholt. Die Aufgaben sind dermaßen groß, dass es nur noch um die Sache gehen kann und nicht um Ideologien. Bewegung ist das Zauberwort und sie ist überall vorhanden, auch bei unseren Feinden. Deswegen müssen wir immer vorne in Bewegung sein.

8.   Bewegung und räumliche Veränderungen

Jeder Raum ist eine geschlossene Einheit. Und er hat sein Bild, das ihn nach außen darstellt. Die Natur legt einen großen Wert auf das äußere Erscheinungsbild eines Raumes oder einer Form, weil sich alles nach diesem Bild richtet. Das Erscheinungsbild kombiniert mit Farbe oder Geruch ergeben in der Regel die genaue Individualität einer Form, die in allen Gefühlen und verschiedenen Denkungsarten eingeprägt ist. Nach diesem geschlossenen Bild richtet sich die ganze Natur und bildet sich sein Bild von dem Raum. Damit sind seine einmalige Individualität und sein Wesen festgelegt. Und dies ist auch seine äußere Erscheinungsform, mit der ihm jeder andere begegnet und sich entsprechend verhält. Jeder hat seinen Raum, der durch seine äußere Begrenzung gekennzeichnet ist.

Auch das Innere des Raumes, meine Stadt, mein Haus, mein Zimmer, werden in ähnlicher Weise für ihre Unverwechselbarkeit und ihre reizvolle Schönheit hergerichtet. Dabei formen Grundsätze der Harmonie und der abgeschossenen Raumgestaltung jeweils das Gesamtbild. Der Raum wirkt aber nur, wenn er eine geschlossene, in sich abgerundete Komposition ist. Er muss wie jede Komposition mit diesen Eigenschaften zu mir sprechen und sich offenbaren. Das ist an sich der Anspruch der Beständigkeit, genauso, wie ihn jede Pflanze, jede schöne Blume, auch haben. Diese feste und gewollte Beständigkeit spricht gegen jede Bewegung in Raum. Und er wirkt wie mein Gesicht, als Gesamtbild mit eigenem Charakter, der mir vieles für seinen Inhalt erzählt.

Sobald eine solche Bewegung in den Raum gelangt, zerstört sie das harmonische Gesamtbild und richtet deshalb schon fast automatisch das Augenmerk auf den Bewegungsvorgang, auf sich selbst, weil er wie ein Angriff auf die Geschlossenheit des gestalteten Raumes wirkt. Die Geschlossenheit der Räume bewirkt, dass jede noch so kleine Bewegung in ihrer Struktur Angriffscharakter besitzt und damit besonders in das Blickfeld aller Anwesenden gerät. Das ist ein Trick des Raumes, mit dem er sicherstellen kann, dass seine Integrität nur mit seiner Zustimmung oder wenigstens Billigung verletzt wird. Zu Zeiten der Jäger und Sammler war dies angemessen, zu unseren Zeiten kann der Raum für sich stehen und gilt als unverletzlich. Jäger und Sammler sollte es im Charakter eines Raumes nicht mehr geben.

Diese Tatsache beweist die Stärke der räumlichen Verbindungen der Einzelteile unter sich und eines jeden der einzelnen Teile auch zu dem Gesamtzusammenhang Raum. Raum strebt nach Individualität und hält diese genauso eifersüchtig, wie jedes Individuum, das es sogar ablehnt, angefasst zu werden. Bewegung stört dieses innere Verhältnis und baut damit für den Raum individuelle Strukturen auf.

Bewegung in den Raum und innerhalb des Raumes muss deshalb einen engen Bezug zur Individualität des Raumes haben, wenn es nicht in Ablehnung gerät oder als Fremdkörper wirkt. Raum benötigt Bewegung, aber er setzt Bedingungen, wie deren Form, Energie und Art des Auftretens gestaltet sein müssen. Diese Struktur des Raumes gilt ausnahmslos und überall in der Natur. Deshalb sind auch gewisse Pflanzen und Gewächse nicht überall anzutreffen, weil sie in das Gesamtbild nicht passen und der Raum seine Veränderung in eine andere Erscheinungsform ablehnt. Das gilt besonders für Parks, aber auch für Wälder und Steppen, die nur eine gewisse Kultur bei sich und um sich herum zulassen.

Raum übt damit eine gewaltige Ordnungsfunktion aus, die sicherlich auch in das Gesamtkonzept der Natur und ihrer Funktionen passt. Auch Bewegung muss angepasst sein und wird damit in ihrer Expansionskraft geregelt und gezügelt. Bewegung sollte ihrem Charakter nach zum Gesamtbild des Raumes passen, damit all ihre Funktionen akzeptiert werden. Dies gilt besonders für die Wirkung ihrer Annäherung an ein Objekt im Raum. Erfolgt diese nicht adäquat, dann verhindert schon der Raum eine gewisse Offenheit des angegangenen Objekts.

Die Natur hält sich in der Regel mit ihren Erscheinungen von Wasser, Wind, Sonne und Regen daran. Erscheint sie außerhalb dieser Ordnung mit Blitzschlag und Donner, dann akzeptiert dies der Raum., man hat den Eindruck er duckt sich unter die Gewalt dieser Elemente, die mit ihrer Energie weit höher stehen, als die ruhige Ordnung des geschlossenen Raumes. Zudem wird in diesem Fall die übergeordnete Raumbedeutung des Klimas, das über allem steht, anerkannt.

Raum ist ein sensibles Gebilde, das auch der Bewegung auf den Raum zu und innerhalb des Raumes feste Regeln beigibt. Die Energie der Bewegung entscheidet deshalb nie ausschließlich über die Form und Wirkung ihrer Bewegung, sie gerät vielmehr in viele Abhängigkeiten, die Einwirkungen auf die Bewegungsenergie haben und gestalten. Dabei sind eventuelle Besonderheiten eines Raumes noch nicht berücksichtigt.

Die Bewegung im Raum verändert seine innere Ruhe und Ordnung und muss deshalb mit den räumlichen Bedingungen korrespondieren, wenn es nicht Angriffscharakter bekommen soll. Die Identität des Raumes verändert sich mit jeder verlaufenden Bewegung und dem Ziel der Bewegung.

9. Bewegung und Beschränkung

Jede Bewegung benötigt ein Ziel und damit hat sie eine Richtung. Die Kraft der Bewegung ist dann auf diese Richtung gebunden und kann nicht gleichzeitig in unzählige andere Richtungen verlaufen und wirken. Den Stahl und das Gusseisen kann ich entweder zur Glocke gießen oder zur Kanone verbauen. Damit ist die Form entschieden. Was auf der einen Seite bewegt und realisiert wird, schließt im Raume damit alle anderen, vielleicht ebenso notwendigen Lösungen, aus.

Deshalb ist in vielen Fällen die schnelle und ressourcenschonende digitale Vorüberlegung entscheidend wichtig. Jede durch die Bewegungsenergie erfolgende Gestaltung, schlägt eine verbindliche Richtung ein und schließt damit alle anderen möglichen Lösungen aus. Dabei bestehen keine Gewichtung der Bewegungen und kein Einfluss auf seine Richtigkeit und darüber, dass diese Bewegung, die beste aller möglichen Alternativen ist.

Das macht jede Entscheidung doppelt kompliziert. Ich muss sowohl den Weg der Realisierung meiner Gestaltung beherrschen und ich muss einkalkulieren, welche Chance begebe ich mir durch meine jetzige Lösung. Letzteres kann oft eine Entscheidung mit dem Blick in die fernere Zukunft sein, die meistens nicht so einfach auf der Hand liegt. Dieser zweite Teil der Bewegung ist ihr eigentlich kompliziertester und am meisten problematische Teil, denn er ist meine Zukunft. Das, was ich hier mit Energie einleite, bildet über seinen Verlauf unmittelbar meine volle Zukunft aus. Und dabei schwingen im relativen Bezug stets die Wirkungen der möglichen Alternativen mit.

In der Natur hat das Prinzip der Gleichzeitigkeit stets bewirkt, dass mit der Einleitung und der Setzung der Ursache, der Erfolg gesichert war. Das war auch stets korrekt, weil der logische Verlauf zwingend zu dem Ergebnis führen muss. Die Logik ist zwingend und Bewegung ist die Struktur der Logik. Deswegen ist auf die Gleichzeitigkeit im Bereich der Natur stets Verlass. Im menschlichen Wirken gilt das aber nicht unbedingt, weil der Mensch das Prinzip der Gleichzeitigkeit in Gegenwart, Vergangenheit und Zukunft auflösen kann. Und damit aus dem Ablauf der Bewegung auch zwingende Elemente der Gegenwart, Vergangenheit und Zukunft zu bilden vermag. Auch diese Aufteilung beschränkt den Verlauf der Bewegung. Für ihn sind alle Richtungen frei und damit ein großer Bereich von Fehlern.

Bewegung bewirkt Gestaltung und Realisierung, aber gleichzeitig eine Begrenzung aller sonst möglichen Alternativen. Das Leben und die Natur verlangen die Festlegung auf eine Linie. Und diese Linie gebe ich mir entweder selbst, oder die jeweilige Zeit in der ich lebe, vor. Die Zeit zeigt mir die gerade übliche Modeerscheinung auf, der ich vielleicht folgen muss. Will ich die Elektrotechnik im Automobilbereich oder ziehe die Lösung mit Wasserstoff vor.

Dazu gehört eine ganze Infrastruktur, die ebenfalls entweder nur in die eine oder andere Richtung aufzubauen ist. Die jeweilige Entscheidung ist oft eine Frage der kommenden Zukunft, was benötigt die mit dem Problem lebende Gemeinschaft und wie kann sie die entstehenden Probleme beherrschen und leiten. Da helfen politische Ideologien und Ansichten nicht weiter. Es hilft im Einzelfall nur die Wirkung der Bewegungsalternativen zu überlegen und die Ziele festzulegen und gegenseitig zu harmonisieren.

Der logische Verlauf der eingeleiteten Bewegung begrenzt meine Zukunft und ihre vielfältigen Alternativen. Ein Überspringen auf die andere Linie, die ich nicht gewählt habe, ist zwar möglich, aber in der Regel nur mit einem immensen Aufwand, der das Ganze illusorisch machen kann. Deshalb muss jede Bewegung, die ich mit meiner Energie einleite, unbedingt auf ihre zukünftige Auswirkung bedacht werden. Denn mindesten die Hälfte des Verlaufs meiner Bewegung ist meine noch im Dunkel liegende Zukunft, die ich allerdings bei guter Planung schon in meinen Händen halte.

Der Ausschlussfaktor jeder Bewegung ist die eigentliche politische Triebfeder, die Änderungen erzwingt. In vielen Fällen zeigt sich, dass der eingeschlagene Weg, der oft nicht reparabel ist, nicht richtig sein kann. Eine Änderung aber aus vielen Gründen, zuletzt auch ideologischen, nicht vollzogen wird. Dann sammeln sie die Kräfte, die eine Gegenbewegung bewirken können, weil damit die Zukunft festgelegt und bestimmt wird.

Die automatische Beschränkung der Bewegung auf eine Linie, macht das Leben vielgestaltig und farbig und zwingt zu Alternativen. In diesem Spiel ist die Gemeinschaft näher an der Entscheidung, als die uneinige Gesellschaft, die keinen inneren Zusammenhalt mehr aufbringt und die keinen exakten Plan ihrer klaren Zukunft hat.

Bewegung verlangt ein Ziel und dies kann in der Regel nur sinnvoll sein, wenn es mit den maßgeblichen zukünftigen Auswirkungen beleuchtet und entschieden ist. Das Leben und die Gemeinschaft benötigen genauso ein Ziel, wie jede Bewegung. Insoweit decken sich die Zusammenhänge. Leben ohne Bewegung ist nicht möglich. Dies eigentlich genauso wenig wie Leben ohne Ziel. In dem Moment, in dem es Ziel ist, bedeutet Leben gleichzeitig Ausschluss der anderen Alternativen. Leben ist Gestaltung und Ausschluss in einem

Akt, der in der Gegenwart abläuft und absolut zukünftige Wirkung hat.

Dabei geht es immer um Inhalte, die im Raum meines Lebens festgelegt werden. Meine Verantwortung ist nicht nur das Ziel festzulegen, viel höher ist die Verantwortung, die Vielzahl von Alternativen, neben dem Ziel auszuschließen und damit Zukunft zu gestalten. Oft ist dabei Zukunft wesentlich mehr, als das gedachte und angestrebte Ziel in der beschränkten Bewegungsrichtung. Erbringe ich diese Lebensleistung nicht, macht es die Natur für mich. Denn alles ist im Fluss und alles bewegt sich weiter, also hat alles auch ein Ziel, mit der Wirkung für eine Entscheidung und die Negation aller anderen Möglichkeiten. Gestalte ich nicht, gilt der logische Verlauf

Besonders dieser Gesichtspunkt zeigt die Bedeutung von Entscheidungen, die eine plurale Gesellschaft für alle ihre Mitglieder erbringt. Dabei kann rein statistisch festgestellt werden, diese Entscheidung ist für die Hälfte der Mitglieder dieser Gesellschaft nicht zielführend, weil die plurale Gesellschaft in der Regel nur einheitlich entscheiden kann, aber absolut gegensätzliche Interessen vertreten muss. Die regionale Gemeinschaft ist in all diesen Fällen sensibler und gerechter, weil sie angepasst entscheiden kann und nicht ideologisch oder durch irgendwelche Grundsätze oder Kompromisse gebunden ist. Darüber hinaus führt die regionale Bindung zur Einheitlichkeit der Interessenlage.

Dieses Dilemma der Demokratien bringt Diktaturen hervor, die das Glücksgefühl bestimmen und verbindlich festlegen. Mit allen Konsequenzen, bis hin zu den vielen Bürgerkriegen, die derzeit im Erdenrund verlaufen. Die immer auftreten, wenn das erreichte Ziel nicht der Zukunftsvorstellung des Diktators entspricht. Der Zielkonflikt neben der diktatorischen Gestaltungsentscheidung und der damit verbundenen Ausschlusswirkung leitet Bewegungsenergie in verschiedene Bereiche.

Wo sich die Interessenlage nicht mit dem main stream deckt, bilden sich politische Strudel heraus, die bis zum Bürgerkrieg führen können. Ein tägliches Bild unserer Demokratien. Das Verhalten einer Gesellschaft ist insoweit durchaus mit dem Fluss des Wassers vergleichbar. Nur, dass Wasser ausschließlich gemeinschaftliche Bezüge aufweist und niemals Gesellschaft sein kann. Deswegen verläuft es an allen Stellen harmonisch und löst seine Differenzen immer und in allen Fällen. Das wäre ein Weg, den wir zu überlegen haben.

Wasser lenkt Eingriffe in seine glatte Oberfläche in Wellen ab, die sich kreisrund von der Ursache wegentfernen und irgendwo auslaufen. Sie verteilen die Last gleichmäßig auf alle Beteiligte, die für sich genug Reserve haben, ihren Anteil zu übernehmen und zu lösen. Dabei schieben sie das Problem nicht vor sich her, sondern erhöhen den gerade befassten Bereich zu einer Wellenhöhe der ein Tal vorausgeht und folgt. Dort gleicht sich dann alles in klaren Überlegungen aus. Damit ist das Problem verdaut und von der betroffenen Gemeinschaft gelöst. Auf diese Weise wird es von einer Höhenlage, die über dem Durchschnitt liegt und einer Tieflage, die darunterliegt, betrachtet. Das müsste ein Vorbild sein.

Die Beschränkung die jede eintretende Kraft mit ihrem Ziel bewirkt, betrifft auch höhere Funktionen. Und jede Ablehnung an einer Stelle, setzt auch ihre Auswirkung auf alle damit verbundenen Zusammenhänge, die sonst noch hätten in die Wege geleitet werden können. Der Umfang der auszulösenden Ketten, lässt sich in der Regel gar nicht genau bestimmen, er zeigt sich immer erst nach Beginn des eingeleiteten Ablaufs. Deswegen wird gerade die mit der Gestaltung verbundene Ablehnung immer Grund und Ursache für neue Maßnahmen sein, die jetzt plötzlich in eine andere Richtung verlaufen. Solche Verläufe können bei einer Gesellschaft aber immer nur in Abhängigkeit zum main stream erfolgen. Der abweichende Winkel wird deshalb keine große Funktion haben. Die Gemeinschaft bewegt sich in diesem Bereich immer frei und einheitlich problembezogen.

Die Bewegung gibt jedem schon mit der Ursachensetzung seine eigene Zukunft in die Hand. Beeinflusst er den Ablauf, dann beeinflusst er seine Zukunft. Belässt er den Ablauf, dann gilt die Folge der zwingenden Logik, die das gesetzte Ziel und damit seine Zukunft erreicht. Gegenwart ist stets nur die Setzung der Ursache. Die Folge tritt in der Regel automatisch ein, weil die logische Wirkung stets den Zusammenhang und den Verlauf der Kräfte nutzt. Wir haben aber alles in unserer Hand, wenn wir die logische Wirkung kalkulieren.

10. Bewegung und Werte

In der Struktur der Bewegung verhalten sich Werte wie das Ziel einer Bewegung. Werte sind Zustände und damit geistige

Raumgebilde, die eine eigene innere Ausstattung besitzen, mit denen sie ihre Verbindung zu jedem Anderen aufnehmen. Werte haben einen festen Inhalt, den man akzeptieren und anwenden muss, oder man vernichtet sie. Alle Werte beziehen sich in ihren Raum auf einen Anderen, entweder eine Person, eine Gruppe, oder Sache, oder einen bestimmten Ablauf, sie beziehen ihn mit ein, zu dem sie eine spezielle Verbindung aufgebaut haben und permanent unterhalten. Deshalb ist in ihrer Struktur, oder ihrem Raum relativ wenig von Bewegung zu verspüren, weil die bei ihnen eingebundenen Energien und Kräfte fast statisch die Bezüge erhalten. Werte verändern ihren Gehalt und ihren Inhalt, wenn sie verändert oder in einen stringenten Bezug gesetzt werden.

Werte haben deshalb eine mit dem Ziel der Bewegung vergleichbare Lage, bei dem der Endzustand der Bewegung in einer Struktur mündet, die nicht weiterbewegt werden soll, sondern für irgendeine Beziehung als fester Bestand gilt und als solcher erhalten werden soll. Werte sollen dermaßen feststehen, dass sie den Anderen ebenfalls verbindlich in seinem Bewegungsrahmen festlegen, auf den auch er sich verlassen kann.

Werte regeln mit ihrem Inhalt das Verhalten mehrerer Strukturen und koordinieren diese mit dem gleichen angepassten Inhalt. Sie sind eine Ausprägung der Relativität, wobei das relative Verhalten des Anderen mit in ihre Struktur aufnehmen. Werte verabsolutieren den relativen Bezug untereinander. Das Anerkennen eines Wertes, legt damit das Ziel einer Bewegung zwischen mehreren Personen und

Zuständen fest. Sie verhalten sich immer wie das Ziel einer Bewegung und bestimmen den Ablauf gemeinsamer Bewegungen und Verläufe.

Sie dienen als Basis für ein gemeinsames Lebenswerk und eine entsprechende Lebensaufgabe, auf die sich zu konzentrieren gilt, die aber auch von sich aus lenken und leiten. Die verbindliche Wirkung von Werten kann eine solche Kraft besitzen, dass zum Beispiel Glaubensgemeinschaft auf ihren Werte und Anschauungen bestehen, auch wenn sie längst in erheblichem Maße dem Zeitgeist widersprechen und wenn es gegen ihre Lebensinteressen geht. Das Risiko und die Gefahr, mit den Werten, deren Auswirkung man lockert oder aufgibt, die ganze Struktur und damit vielleicht das gesamte und zusammenhängende geistige Gebäude aufzugeben, ist so groß, dass man die überkommenen Zustände lieber belässt und beibehält, auch wenn dadurch die Faszination der Zusammenhänge, wie zum Beispiel der Kirche, leidet.

Denn ihr Inhalt ist im übertragenen und auf das Heute angepassten Sinne, noch immer wirksam und ein gewichtiger Hinweis. Nur muss der Gläubige diesen Schritt vollziehen und dabei nicht zu der Erkenntnis gelangen, dass bei so viel Auslegung, der eigentliche Wert obsolet geworden ist. Das große Dilemma aller Glaubensgemeinschaften, die sich auf das damalige Erscheinen des Messias berufen, der zu seiner Zeit gewichtige Hinweise zur praktischen Anwendung des Großhirns gegeben hat, ist, dass man heute eigentlich großenteils darüber hinweg ist. Das Wort des Messias wird als Wert an sich behandelt und von den irdischen Kräften, die ihr Leben lang hinter dicken Mauern leben, ausgelegt und verändert. Von wo aus es wieder ein Wert an sich werden soll, aber für einen völlig anders gewordenen Alltag gelten muss. Diese Transformation vollbringt das Individuum in der Regel nicht. Weil es inzwischen andere Probleme hat.

Werte binden die Bewegung auf ein koordiniertes Verhalten zwischen mehreren Bezügen und sie schaffen damit einen eigenen Raum zwischen den im Bezug stehenden Personen oder Verbindungen, auch wenn es nur der gemeinsame Raum ist. Sie führen zu Verlässlichkeit und Kalkulierbarkeit und sind damit auch die Grundlage von Gemeinschaften und Gesellschaften, die ihre Verbindlichkeit ohne große Sanktionen verlangen. Aber sie müssen von sich aus überzeugen. Es darf keiner langen Erläuterung und vorallem keines Zwangs bedürfen, weil sie sonst zur Ideologie werden, und den talks unterliegen. Bestehen Sanktionen als eine Art von Strafen, so verwandelt sich der Wert in eine Vorschrift und Regelung, wodurch er seine automatische Verbindlichkeit wieder verlieren kann

Gesellschaften, in denen im Grunde alles offen und zulässig und nur durch Strafen gehalten ist, stellen keine Grundlage mehr für Werte dar. Es fehlt die innere Kraft der automatischen Wirkung, weil jeder einer anderen Meinung ist und lange Erläuterungen vorangehen müssen. Das blockiert jede Kraft der Bewegung und verhindert ihre weitergehende Wirkung. Offene Demokratien tendieren zum Bestandserhalt, möglichst ohne großen Krafteinsatz. Damit verlieren sie ihren Nährboden für Werte aller Art und hängen von einzelnen aktiven Individuen und deren Überzeugung ab. Die Welt der

Werte ist eine feste und beständige Ordnung und kein ständiges Hin und Her Bewegen.

11. Bewegung und Politik

Der Mensch hat, seit er das Großhirn besitzt, die Aufteilung der Welt in eine Vielzahl von Einzelvorgängen und bedeutenden Einzelproblemen erkannt. Deshalb hat er von Anbeginn einen Weg suchen müssen, wie er in einer derart vielgestaltigen Umgebung seinen Lebensweg beschreitet und dennoch die Hilfe und Mitwirkung des Anderen benötigt. Auch in dieser Beziehung wirkt die Vielgestaltigkeit zwischen eigenem Erfolg und dem Anteil des Anderen mit. Beide Interessen verbinden sich zu einer gemischten Gemeinsamkeit.

Das Ausbalancieren dieser Beziehungen und die immer größer werdenden Problemanhäufungen haben alsbald klargemacht, dass nur eine Gemeinschaftsleistung, jedenfalls anspruchsvollere Vorhaben, bewirken lässt. Eigentlich ging es schon viel früher los. Denn auch die Jagd gestaltet sich zusammen und in der Gruppe effektiver, als der Streit Jäger und Trophäe allein. Ganz zu schweigen von Schutz und Abwehr. Die Gemeinschaft oder die Gesellschaft waren also zur Voraussetzung und gegenseitigen Hilfe geworden.

Der Alltag und seine Probleme tauchen in ihrer Vielgestaltigkeit immer bei dem aktiven einzelnen Individuum auf. An dieser Stelle bedarf es in der Regel der Mitwirkung des Anderen. Andererseits benötigt jede Gemeinschaft oder Gesellschaft gerade diese kreative Aktivität des Individuums, um weiterzukommen, weil alle Schritte der Bewegung in der Regel komplizierte individuelle Einzelschritte und Einzelverläufe sind. Das Verhältnis der am Bewegungsprozess geneinsam Beteiligten muss dabei so gestaltet sein, dass alle Zusammenwirkenden die optimalen Bedingungen haben, ihre Entscheidungen einzubringen und je nach Sachkompetenz auch wirksam zu veranlassen.

Das Reibungsverhältnis zwischen ihnen muss auf sachlicher Basis stehen und es muss die Bereitschaft eines jeden Einzelnen anbieten, sich bei jeder Gelegenheit, auch zuhause, mit seinen Problemen geistig zu beschäftigen. Es müssen seine Probleme geworden sein. Zu einem solchen Verhalten und einem solchen eigenen Einsatz muss Bereitschaft bestehen. Dann entsteht eine Gemeinschaft, die auch in der Lage ist, alle Anliegen sinnvoll anzugehen.

Von da ab ist es eigentlich ganz einfach. Die übergeordnete Struktur muss sicherstellen, dass das Individuum sich in dem genannten Maße frei und kreativ nach seinen Fähigkeiten einsetzen kann, dass die Mitarbeit der notwendigen Anderen in der Art ihres Beteiligungsanteils vorhanden ist und dass diese Gemeinschaftsleistung seine Existenz garantiert, sowohl mental, wie auch wirtschaftlich.

Daneben tauchen eine Menge anderer Sachzusammenhänge auf. Er muss ernährt, gesundgehalten, gebildet und gesichert werden und muss die Möglichkeit haben, seine privaten Interessen und Vorstellungen zu verwirklichen und das möglichst mit einer funktionierenden Familie, also einer weiteren, nunmehr kleineren Gemeinschaft. Das zwingt zu großen übergeordneten Organisationen, deren Struktur und Wirksamkeit aber ebenfalls überzeugend sein müssen, weil sie in seinem Blickfeld liegen und seine Mittel benötigen. In dieses Feld kann er nicht mehr hineinwirken, er wird Abhängiger, Leistender und Leistungsempfänger. Und das ist das eigentliche Wirkungsfeld der über ihm stehenden Organisation. Aber sie müssen für ihn überschaubar bleiben und einsatzfähig sein und ihm einen Weg zur weiteren Entwicklung zeigen.

Darüber hat er seine eigenen Vorstellungen. Sie muss durchsichtig, gerecht, und effizient sein. Jetzt steht er einem Bündel von Organisationen gegenüber. Seine eigene kleine Gemeinschaft, Familie, Eltern, Kinder. Seine Arbeitsgemeinschaft im Beruf, und das Gebilde über und um ihn herum, das ihm alles zu bieten hat, was er zu seiner Leistung in Familie und seinem Beruf benötigt, muss in seiner Zeit mitwirken. Das ist sein Staat, der noch dazu das Verhältnis zu anderen Staaten positiv koordinieren und effektiv gestalten muss. Eine Vielzahl von Bewegungen, die in alle Richtungen streben, wenn die Grundverbindlichkeit fehlt.

Diese Funktionen müssen so ineinandergreifen, dass er mit seiner Leistung alle seine Kreise sachbezogen befrieden kann. Da er in allen Wirkungsbereichen Mitwirkender und Empfänger ist, bedarf dieses Verhältnis der Ausgewogenheit, die seinem Gerechtigkeitsgefühl und seinen Notwendigkeiten entspricht. Das ist die erste Grundbedingung, denn er ist es, der das ganze Wirkungssystem am Leben erhält, alle anderen leben nur von seinem Beitrag. Deswegen ist auch er der zentrale Punkt dieses gesamten Bewegungssystems. Von seiner Position aus ist alles zu betrachten. Denn bei ihm liegen seine Ausgangskräfte.0

Und das setzt voraus, dass er über den ganzen Wirkungsmechanismus positiv urteilt. Das geht nur, wenn ein solches System klar und durchsichtig organisiert ist, effektive Strukturen aufweist, die sofort und wirksam entscheiden und handeln können und die ihm die Möglichkeit einer gewissen Mitsprache und Unterstützung gewähren. Mehr will er nicht und braucht er auch nicht. Denn seine Hauptbewegungsleistung liegt in der Familie und im Beruf.

Mitsprechen will er auch nur, soweit er qualifiziert beitragen kann. Diesen Qualitätsanspruch erhebt er natürlich auch an alle anderen Mitwirkenden. Alle Organisationen, die für ihn da sind, müssen auch in direkter Zwiesprache zu ihm stehen. Er erbringt seine Leistung vollumfänglich fristgerecht und erwartet die ebenfalls angepasste Reaktion auf seine Anforderung. Dabei wägt er genau ab, wie er im Verhältnis zur Bedeutung aller anderen Mitspracheberechtigten und Forderungsberechtigten gerecht und ausgewogen bewertet wird.

Eigentlich ein einfaches System von jeweils qualifizierter Leistung und Gegenleistung. Das schließt unüberschaubare, in sich verschachtelte Verwaltungsagglomerationen und Überordnungen oder Unterordnungen undurchsichtiger Art aus, bei denen man schon an den unzähligen Gebäuden den richtigen Eingang suchen muss oder im Internet stundenlang zwischen zwanzig Punkten zu wählen hat. Es schließt ebenfalls aus, Parlamentsstrukturen mit gewaltig überzogenen Besetzungen und wirkungslosen Gremien und Ausschüssen, das schließt aus eine Unzahl von teuren Gremien und Positionen mit hoch dotierten Präsidenten und Palästen und das schließt aus, unzählige und finanzierte Parteien, bezahlt von seiner Leistung, die nichts erbringen, als stets abweichende Meinungen zu äußern.

Diese Intelligenz muss er sich nicht gegen teures Geld leisten, weil Widerspruch kann er selber machen. Abbau von unverständlichen Regeln, Ämtern, Positionen und Ausschüssen in unendlicher Zahl, alle mit teuren Autos, Palästen, Vertretern, Beratern und sehr oft unbeachtlichen unqualifizierten Meinungen besetzt. Dazu fehlt Qualifikation in allen Entscheidungsgremien, keine Gutachten befreundeter Unternehmen und keine falsche Vorteilsgewährung. Klarheit und Effektivität sind gefordert und das durchgehend.

Daran sollte sich jeder Staat und jede Organisation halten, wenn sie Anerkennung haben und bürgerliche Leistungen in Anspruch nehmen will. Fehlen diese Bedingungen, dann löst sich der Bürger von dieser Gesellschaft und macht seine eigene Welt, möglichst unabhängig von der Gesellschaft und teilweise in Opposition zu ihr. Unsren derzeitigen fast undurchschaubaren Zustände im gesellschaftlichen Bereich, lassen sich bei den gegebenen Strukturen eigentlich nur durch eine radikale Neuerung reorganisieren, wobei zu überlegen ist, wie eine neue Struktur aussehen soll. Auf jeden Fall muss der Grundsatz der Bewegung gelten, der alles anpasst, was in seinem Wege steht, wenn es sich nicht davor selbst in seine Richtung bringt.

Man müsste neu auf der Basis von kleineren regionalen Gemeinschaften beginnen, die in einer hochtechnisierten Welt, ihre Aufgaben vornehmlich mit Familie und Beruf selbst organisieren und dabei jedes Mitglied der Gemeinschaft entsprechend seiner Qualität und Eignung zu anfallenden Tätigkeiten einsetzen können. Der Beruf und die entstehenden und bestehenden Firmen geben Strukturen vor, die für die Gemeinschaft verträglich umgestaltet werden müssen.

Die Grundlagen der Gesellschaft bleiben stets Familie und Beruf, dort wird die eigentliche produktive Leistung erbracht. Sie verfügen über die absolut notwendigen Grundstrukturen, auf denen aufzubauen ist. Dazu gehört der permanente Austausch. Gut organisierte Diktaturen können auf freiheitlicher Basis die Verschwendung geistiger Ressourcen und wichtiger Zeit durch hervorragend gemachte Leistungsvorgaben mit entsprechender Unterstützung erreichen.

Dazu bedarf es keiner Parteien, keiner großen Verwaltungsorganisationen und nicht unüberschaubarer Regierungssitzen, die wie die Corona zeigt, wenig effektiv und wenig koordiniert vorgehen. Die täglichen Infektionen und Sterbezahlen lassen einen erschrecken. Bei der großen Zahl von Ministerien und Organisationen müsste man andere Ergebnisse erwarten. Moderne Techniken und angepasste Entwicklungen, fordern eine hohe Qualifikation und Effektivität, die in unzähligen Regierungsstrukturen und Verwaltungsorganisationen nicht haltbar und durchführbar sind und zur Verselbständigung der Gremien, weg vom

Bürger, führen. Sie beschäftigen sich nur noch mit ich selbst. Die Demokratie muss effektiv sein, sonst kann sie sich gegenüber gut organisierten Diktaturen nicht mehr halten.

Auch hier muss Bewegung zur ständigen Anpassung führen. Der internationale Wettbewerb lässt keine Schwäche zu. Politik ist eigentlich die Kommunikation mit der Interessenlage des Einzelnen in der Gemeinschaft. Seine individuelle Position, im Verhältnis zur Gemeinschaft entscheidet über alle Angelegenheiten.

Politik ist nicht mehr, als die Zufriedenheit des Einzelnen in der Gemeinschaft, weil er das beste Gefühl für seine ausgewogene Lage und die Beziehungen zu anderen, die in seiner Gemeinschaft mit gleichgelagerter Verantwortung mitwirken, besitzt. Mehr an Bestimmung bedarf es nicht, will man nicht lächerlich werden, weil das Individuum selbst für sich verantwortungsbewusst sorgen kann, wenn es seinen eigenen Bereich bestimmen kann und muss.

Die Gesellschaften sind es, die ihm die Verantwortung über seine eigene Position abgewöhnen. Politik muss dieser Relation genau im Auge halten, ansonsten verliert sie ihren Vertretungsanspruch, weil die Verhältnisse sonst ungerecht werden und einem Verteilungsmechanismus unterliegen. Wer unbedingt unter einer Brücke schlafen will, kann nicht in eine Villa gezwungen werden. Der selbstgesteckte Bewegungsraum endet an der vernünftigen Grenze zum anderen Individuum.

Wirft man einen Blick in die heutige Welt, dann sieht man klar, es hat keinen Sinn über Werte und Politik zu reden. Das, was die hohen Ämter der Welt überall erreicht haben, zeigt sich am besten in den Slums und Unmenschlichkeiten, nicht nur der Kriegsstaaten, auch der sonstigen Diktaturen, die ihre Mitmenschen wie Tiere behandeln. Werte, wofür, nur für den Sonntagsstaat, mit guter Zigarre, Wein, Weib und Gesang, für alles andere ohnehin untauglich. Die heutige Welt hat nicht einmal den Wertestandard der Jäger und Sammler mehr erhalten. Was bringt es da, wenn man zum Mond fliegen kann.

12. Bewegung und Zeit

Auch wenn die Vielgestaltigkeit der Bewegung im Raum die Komponente der Zeit oft vergessen lässt, so wirkt sie mit jedem Verlauf unerbittlich mit. Zeit ist der große planetare Verlauf, den uns unser Weg um die Sonne vorschreibt und es ist das Verhältnis der einzelnen von uns verursachten Bewegung zur anderen mitlaufenden Bewegung. Beide müssen stets in irgendeinem zeitlichen Verhältnis stehen und aufeinander einwirken.

Dadurch, dass sie sich zu einem gewissen Treffen begegnen müssen, ist Zeit und Vergleichbarkeit notwendig. Die Zeit läuft in den materiellen Beziehungen unerbittlich nach dem festgesetzten Rhythmus ab. Im menschlichen Verhältnis haben wir gelernt, aus diesem verbindlichen Ablauf auszuscheren und die Zeit erneut zu wiederholen. Wir haben geistig die Gleichzeitigkeit der Natur aufgeteilt in Gegenwart, Vergangenheit und Zukunft und dadurch die Möglichkeit erhalten, Vorgänge in die Vergangenheit zu verlegen, sie aber wieder in die Gegenwart zurückzuholen und sie neu zu bearbeiten und deren alten Inhalt zu verändern. Auch die Zukunft hätten wir in Händen, wenn wir die Mechanik der Bewegung kalkulieren würden.

Diese Möglichkeit, den zwingenden zeitlichen Ablauf zu durchbrechen und einem Vorgang plötzlich einen anderen Verlauf zu geben, hat das Leben im Raum erst umfassend möglich gemacht. Es hat auch ermöglicht, dass Bewegung plötzlich in alle Richtungen verlaufen kann und nicht dem gefühlt streng geradlinigen Strom der allgemeinen Entwicklung und Fortbewegung der Planeten zu folgen hat. Dennoch hat jeder die Verantwortung für den einmal gesetzten Anlass, der dann nach der zwingenden Logik verläuft, wenn er nicht mit großen Mitteln gestoppt wird. Die engen räumlichen Zusammenhänge nehmen jeden Veranlasser in Haftung, denn jede Bewegung ist feste Realität und in keinem Fall ein bloßes Spiel. Das gilt auch für die Politik.

Denn die Aufteilung in Gegenwart, Vergangenheit und Zukunft heißt nicht, dass die Achse der Gleichzeitigkeit nicht weiterbesteht und weiter verläuft. Deshalb wirken Anläufe und veranlasste Bewegungen fort, auch wenn wir sie in die Vergangenheit legen und damit zeitlich aus unserer Gegenwart herausnehmen. Das gilt für alle historischen Fakten, die einmal gesetzt wurden und die ihren Weiterverlauf noch besitzen. Sie können in die Vergangenheit gelegt werden, wie zum Beispiel der politische Antisemitismus, aber die Gleichzeitigkeit lässt ihre Strömung bestehen. Diese Anlässe wirken fort, vielleicht nicht mehr in der Politik, aber sie sind aus den Geistern der Individuen und aus der bestehenden geistigen Masse nicht zu entfernen. Denn bei diesen wirken die Ströme der Gleichzeitigkeit fort. An dieser Stelle überschneidet sich die geistige Möglichkeit der Trennung der Zeit und die dennoch verlaufende Gleichzeitigkeit, die solange fortwirkt, bis die einmal in Beginn des Verlaufs gesetzte Bewegung nicht insgesamt gestoppt ist.

Das ist sie immer nur durch eine verbindliche Vereinbarung zwischen Täter und Opfer zu erreichen. Wobei Täter auch immer diejenigen sind, die die fortwirkenden Umstände verlaufen lassen, ohne diese endgültig zu stoppen. Also auch folgende Generationen. Opfer dagegen sind stets nur die direkt Betroffenen, wobei nachwirkende Schäden nach allgemeinen Rechtsgrundsätzen zu klären sind. Als Täter kann ich dann nur mit dem von mir zu vertretenden Anteil gelten. Ich habe die im Rahmen der Gleichzeitigkeit verlaufende Ursache endgültig zu stoppen und ihren Wirkungen auszugleichen und endgültig zu beenden. Das ist meine Verantwortung als Nachfolger des direkten Täters. Insoweit führt die Aufspaltung der Zeit nicht zur Aufhebung und Wirkung der natürlichen Gleichzeitigkeit, sie zeitigt noch immer ihre Folgen, verändert aber die Beteiligung der nach der Vergangenheitswirkung Verantwortlichen.

Diese geistige Trennungsmöglichkeit hat die geistig-seelische Sphäre des Menschen in eine große Freiheit von der Zeit entlassen und auf diese Weise, den Verlauf der Zeit zum rein formalen Ablauf gemacht. Auch in der Natur selbst ist die Zeit noch produktiv. Sie organisiert mit der Sonne, die Wärme, den Regen, das Klima und bewirkt das Wachstum der Biomasse in ihrer freien Automatik. Die Zeit ist insoweit Bestandteil des Keimlings und des Kerns, der seine Einsatz bemerkt, sobald die Bedingungen günstig sind. Von diesem Wachstum der Pflanzen hat sich der Mensch längst befreit und durch seinen Handel die verschiedenen Zeitzonen des Globus längst an allen Stellen des Globus für sich nutzbar gemacht. Er hat stets an allen Stellen die gleichen Angebote vorrätig, die unsere Natur gerade irgendwo hervorbringt. Zeit ist nur noch der formale Ablauf, an dem sich jede Einzelbewegung messen lässt. Aber er trägt die Verantwortung für jeden Verlauf. Der Abstand zur Sonne regelt Verläufe und bestimmt damit auch unsere Zeit.

In individuellen Sinne ist Zeit die geistige Parallelwertung von Abläufen in unserem Raum, die mit dem planetaren Verlauf unseres Planeten, etwa um die Sonne, verbunden wird. Dieser Vergleich markiert eine bestimmte Stelle im Raum, in dem das Geschehen zu seiner Zeit stattfand und ablief und verbindet damit den Inhalt der jeweiligen räumlichen Bewegung eng und intensiv mit der Zeit. In einem solchen Maße, dass inhaltliche Festlegungen stattfinden, die sogar zu Körpern geworden sind. Die Zeit beeinflusst den Raum schon durch das gleichzeitige Vorhandensein einer weiteren oder von mehreren Bewegungen. Das Vorhandensein von mehreren Bewegungen, die gleichzeitig verlaufen, macht die Zeit zu einem unentbehrlichen Begleiter. Denn auch das zeitliche Auftreten an einem bestimmten Ort ist für jeden Vorgang bestimmend geworden, weil sich alles zu jedem

Zeitpunkt verändern kann. Und dies bringt alle Inhalte hervor, von denen wir leben. Inhalte sind Begegnungen von Bewegungen zu selben Zeit.

Zeit selbst schafft keine Inhalte, aber sie erreicht durch das gleichzeitige Zusammentreffen verschiedener qualifizierter und, ineinandergreifender Kräfte und Bewegungen, die Verbindung von Eigenschaften, die von der jeweiligen Zeit abhängig sind. Zeit ist der Vertreter des Standards einer Bewegung und von dieser Basis aus, bewirkt es die Verbindung zu neuen Inhalten. Sicherlich schafft sie die Verbindung zu vielerlei Inhalten, von denen wir nur diejenigen erkennen, die wir bereits ermittelt haben. Der Standard, den wir in seiner Zeit erreicht haben, legt die Inhalte fest, er macht sie erkennbar, obwohl sie in ein Bündel noch unbekannter Entwicklungen eingebunden sind, auf die wir erst stufenweise stoßen. Zeit hat eigentlich nur Bedeutung für die Vergangenheit und die Zukunft. Lege ich in der Gegenwart eine Zeit fest, dann nur für die Zukunft oder für gewesene Fakten der Vergangenheit. Zeit ist nicht mehr, als die Lokalisierung des Zusammentreffens von Bewegungen.

Die Relativität war schon zu Zeiten des Neandertalers auf der Welt, aber sie bewegte sich still und leise an ihm vorbei und niemand hat sich deswegen den schon großen Kopf zerbrochen. Zeit erhebt den jeweiligen geistigen Standard und verknüpft ihn mit den jeweiligen bekannten und ermittelten aktiven Kräften. Dabei ist auch die Vergangenheit dabei, die aber der menschliche Geist ausblendet, weil nicht mehr interessant und reizvoll genug. Darauf lässt er sich schon gar nicht mehr ein, sofern sie nicht über die Gleichzeitigkeit wirkt und fortverläuft.

Da Bewegung auch die Offenheit des angegangenen Objektes zur Aktion hervorruft, vermittelt die Zeit diese Gelegenheit und lässt Reaktionen ablaufen, wobei besonders interessant ist, dass die jeweils interessierenden Erscheinungen nach vorne treten. Das ist Zeit im Sinne der Gleichzeitigkeit. Man stellt plötzlich fest, mein Problem ist hier enthalten und vielleicht in einem gewissen Sinne gelöst. Der geistige Standard zu seiner Zeit, hebt den vergleichbaren Standard der Bewegung hervor und reiht ihn in den Bewegungsablauf ein. Insoweit wirkt sich die Gleichzeitigkeit aus. Die Relativitätstheorie verlangt zu ihrer Erkenntnis einen vergleichbaren Standard zur Natur, der in der Gleichzeitigkeit des Ablaufs mit dem Standard des geistigen Anlasses hervorgehoben wird.

Die Gleichzeitigkeit führt insoweit zu dem Effekt der Annäherung der beiden Verläufe. Dem alten Neandertaler war die Relativitätstheorie völlig gleich, obwohl sie bei allen Verläufen, auch bei ihm, schon beteiligt war. Die Annäherung erfolgt zu ihrer Zeit stets nur auf dem geistigen Standard und nur diese Elemente werden eröffnet und zugänglich gemacht. Die Fortschrittsmechanik der Natur. Damit verhindert sie ein Chaos und die Überforderung. Unsere Zeit, oder das was wir davon verstehen, ist der Funke der Gleichzeitigkeit, der das Zusammentreffen der Bewegungen von seinem Standard aus erhellt.

Zeit ist das Element der Vergleichbarkeit und Gleichzeitigkeit. Genauso geschieht es bei der Geburt. An diesem entscheidenden Punkt des Werdens und des gerade noch nicht Seins, ist demnach die Zeit im Sinne der Gleichzeitigkeit mit integriert und wirksam. Sie scheint die Trägerin, oder mindestens die Vertreterin, des jeweiligen Niveaus und geistigen Standards der Bewegung und der Ebene zu sein, mit der sie das angegangene Objekt oder einen Zustand anspricht und sich ihm nähert.

Damit eröffnet sie die Reaktionsbereitschaft auf gleicher Basis und Qualität oder führt zur Ablehnung. Dieser Austausch bereitet den Verstand vor, in einer Art Annäherung und dann weiß er, es geht jetzt los und dieses Wissen entscheidet über das ganze Leben. Zeit verwächst in der Bewegung zu einer materiellen Verbindung mit beiden sich annähernden Teilen. An dieser Stelle bestimmt sie auch die inhaltliche materielle Ausstattung des Geschehens und der am Vorgang Beteiligten und sie vermittelt den jeweiligen geistigen Standard, der dann über die Funktion der Annäherung aufgenommen und im Bewusstsein differenziert wird. Und die Zeit ist es, die mich immer an ihren Ablauf ermahnt. Bei allen Bewegungen verläuft nichts ohne sie und auch meine individuelle Zeit ist damit direkt verbunden. Verpasse ich den Anschluss, dann ist eine Alternative im Verlauf der Gleichzeitigkeit abgelaufen.

Dieses Verhältnis von Raum und Zeit gilt im gesamten All. Es ist ein Gesetz der Bewegung und ihrer materiellen Wirkung. Über die Annäherung tritt sie an jeden heran, leicht und unauffällig oder schlagend und gewaltig, wenn ich ihr stilles Mahnen überhört habe. Zeit vermittelt die Bewegung an das angenäherte Objekt oder den Zustand. Es schafft die gleichzeitige Bereitschaft der sich bewegenden Teile, des sich annähernden und des Angenäherten zur Reaktion, mit der vorgegebenen und mitgebrachten Qualität. Damit verbindet sich Zeit mit der Materie im Raum und mit seinen flexiblen, flüssigen Möglichkeiten, die man nutzen muss, oder sie zerrinnen in deiner Hand. Zeit ist Reaktionsbereitschaft nach gebotener Annäherung und der Beginn des individuellen Verlaufs.

Die Bereitschaft des noch nicht Seins, des Geradewerdens, ist eine besondere Kraft, die mit jeder sich annähernden Bewegung mobilisiert wird und die diejenigen Eigenschaften seiner Zeit bekommt, zu der sie feste Form und Substanz wird. Denn auch das angegangene Objekt befindet sich innerlich in Bewegung seiner Teile, die zu ihrer Zeit unter ihren Bedingungen reagieren und der stärkeren Verbindung folgen. Bewegung lockert die Kräfte des inneren Zusammenhalts und lässt zu ihrer Zeit alle möglichen Verbindungen zu und sie neugestalten. Und die Wirkung der Gleichzeitigkeit erhält ihre Stabilität.

Zeit und der Standard auf dem das Individuum steht, sind die Öffnungen, die bei jeder Annäherung entstehen und die den Einstig und die Weiterbewegung erlauben, wenn die Umstände kompatibel sind und mein Geist mit den seelischen Gefühlen seine Zustimmung gibt. Es ist immer das ganze Wesen, das mitbefasst ist und das sich dabei auch einbringt, denn am Ende haftet es mit, es trägt, wie immer die Verantwortung mit. Mein Körper, mein Fleisch, liefern sich meiner Bewegung aus, obgleich sie die notwendige Tragweite nicht in sich tragen, sondern dem Geist überlassen. Das ist die individuelle Harmonie und die körperliche Verlässlichkeit der Bewegung.

Zudem haben jedes individuelle Objekt und jeder Zustand seine eigene Zeit, seine individuelle Lebenszeit, die mit der kalendergetragenen Zeit der Planeten nicht unmittelbar zusammenhängt. Sie ergibt sich aus dem Einsatz der geistig-seelischen Verbindung in meinen Körper. Ist diese positiv und stark, dann wird es auch die individuelle Lebenszeit, denn sie endet erst, wenn dieser kraftmäßige Zusammenhang gemindert oder gelockert ist. Die Zeit kann dennoch zur Annäherungen schreiten, die man noch erkennt und die den Körper und seine Säfte wieder zur Jagd antreiben. Und diese individuelle Zeit kann es bewirken, dass alte Verbindungen gelockert sind oder sich in räumlichen Verhältnissen befindet, die nicht den optimalen Zusammenhalt garantieren.

Hier wirkt die individuelle Zeit und kann eventuell den alten, bisher dagewesenen, Zustand verändern, je nach der vorhandenen Energie der herankommenden und vielleicht noch aufzunehmenden Bewegung. In der Kombination Raum und Zeit ist allgemeine Bewegungsfreiheit garantiert. Tätigkeiten und hoffnungsvolle Erwartungen für mögliche Aktivitäten scheinen die individuelle Zeit zu strecken und zu verlängern. Nur die Kraft zum Spiel mit diesen Elementen muss bestehen bleiben. Und man muss auf der Welle reiten wollen, den Schwung besitzen, sich auf das Ross zu schwingen und den Einsatz zeigen wollen.

Zeit ist Vermittler dieser feinen Verbindungen der Bewegungen im Raum und ist deshalb neben ihrer allgemeinen Ablaufbestimmung wirksam, die Geburtshelferin des neuen Kontaktes und der neuen Form, die daraus entsteht. Sie hat demnach je nach Situation zwei Bedeutungen, den allgemein verbindlichen Ablauf festzulegen und den individuellen Zeitpunkt des jeweiligen Vorgangs und seiner Veränderung mit dem jeweiligen Niveau seiner Zeit, festzulegen. Dabei hält sie den Standard, den ich gebaut und durch meinen Körper gesichert habe, in dessen Fasern er Materie geworden ist, bis ich ihn ändere durch eine neue fantastische Erkenntnis. Diese Standards müssen nicht identisch sein. Die Relativität des eigenen individuellen Zeitverlaufs wird mit der Realisierung seiner Werke zur eigenen Realität und mündet in die planetarische Zeit mit ein. Mein Körper ist dieselbe stabile und starke Materie, wie das, was da draußen im weiten All entlangrotiert.

Mein Geburtsdatum ist sonach die beginnende Zeit im planetarischen Kalender und die Zeit meines individuellen Lebensverlaufs, der seine eigene Zeit hat, die mit der des Kalenders nur mittelbar zu tun hat, sie ist ein relativer Verlauf dazu, der von dem eigenen Engagement und der Verbindung zur Bewegung seiner Aufgaben und Verantwortung abhängt. Es ist nur eine Marke im Kalender, eine Notiz zum Vergleich mit all den anderen gleichzeitigen Zeitgenossen, sonst nicht viel mehr. Meine individuelle Lebenszeit dagegen, habe ich zum Teil in meiner eigenen Hand. Den planetarischen Verlauf dagegen nicht. Und dieses Zeitverhältnis besteht bei jedem Objekt und jedem Zustand, immer in mindestens doppelter Form. Die individuelle Zeit legt ihre eigenen Bedingungen fest und entscheidet dabei über die neue materielle Manifestation. Aber ich lebe mit der planetarischen Zeit, die ich mit meiner individuellen Zeit relativ in die Länge biegen kann.

Die Natur richtet die individuelle Zeit in einem bestimmten Verhältnis zur übernommenen Aufgabe und der damit verbundenen Verantwortung. Das müsste sich aus dem natürlichen Prinzip der Gleichzeitigkeit ergeben, denn die einmal übernommene Aufgabe kann in der Regel nur von dem Übernehmer weitergeführt und zu einem Ziel gebracht werden, ohne einen anderen Inhalt zu bekommen. Denn mit dem Anfangsimpuls und der eigenen Nuance ist das in Gleichzeitigkeit verlaufende Ziel garantiert. Ein riesiges Maß an Verantwortung des Individuums.

Dafür gibt die Natur jedem Wesen eine individuelle Nuance, mit der es seine Aufgabe und die eigene Verantwortung in seinem Wirkungsbereich übernimmt und Aufgaben zu lösen hat. Die individuelle Nuance jedes Einzelnen ist die Grundlage seiner individuellen Zeit. Sie kann im Ablauf der Ereignisse besonders gefragt sein und zur Aktivität fordern. Diese Position des Verlaufes der Gleichzeitigkeit, die in der Natur gilt, zieht seine individuelle Lebenszeit mit und führt sie zu dem begonnenen Ziel, sofern die nötigen Kräfte reichen. Diese Verantwortung trage ich für jedes Ziel, für das ich die Ursache schon gesetzt habe. Gleichgültig, ob es klein oder groß in seiner Wirkung und seinem Verlauf ist. Die Gleichzeitigkeit zieht meine individuelle Zeit in ihr Schema, unabhängig von den Plänen der planetarischen Bewegung. Meine individuelle Zeit ist meine Bewegung in diesem Raum.

Dasselbe gilt für jeden Zustand. Jede Gesellschaft, jeder Staat hat seine individuelle Zeit. Sie hängt von den gleichen

Bedingungen ab, denen auch das Individuum unterliegt. Obwohl die individuelle Zeit nur für das Individuum gilt. Aber die Summe der Individuen, geben ihrer Gesellschaft oder ihrer Gemeinschaft deren individuelle Zeit. Und auch diese hängt davon ab, in welchem Verhältnis diese die gegebenen Aufgaben zu ihrer Verantwortung löst. Die eingeleitete Bewegung und das zu erreichende Ziel läuft weiter, solange ihre Kräfte, die sie selbst erbringen muss, noch hinreichen und die nötige Begeisterung tragen.

Deshalb verändert sich alles nach bestimmten individuellen Verhältnissen. Ein Blick in die Geschichte zeigt diese Linie. Bewegung schafft Wertigkeiten, die wiederum neue Kombinationen eröffnen und die begeistern und mitreißen können oder in den Modus des Schlafes führen. Deshalb sind auch die Gesellschaft und jede Gruppe stets aus ihrer Zeit zu sehen. Sie können sich mit dieser Zeit niemals wiederholen. Bestenfalls mit der zeitlichen Wirkung, also einem gewissen Erfolg.

Die Vielzahl der Individuen und ihre jeweiligen individuellen Zeiten, prägen der Gleichzeitigkeit ihr jeweiliges Niveau auf und legen auf diese Weise den jeweiligen epochalen Inhalt der Zeit im Rahmen der Gleichzeitigkeit fest, der mit der Gleichzeitigkeit weiterverläuft und jedem Individuum den Einstieg zu seiner Zeit in deren Ablauf ermöglicht. Die individuellen Zeiten sind die Punkte der Gleichzeitigkeit, an die jedes Individuum andocken kann. Damit ist jede Aktivität genau nach Raum und Zeit lokalisiert und identifizierbar. Denn jede Raumachse ist nur in einer bestimmten Zeit möglich. Die Zeit gibt dem Raum seine Individualität.

Der eigentliche Sinn der Zeit ist die Bestimmung der Einmaligkeit, der Individualität. Ohne Zeit gäbe es kein Individuum, weil dieses nur zu dieser Zeit in der Form und Nuance denkbar ist. Die Zeit schafft die Einmaligkeit, weil sie mit der Bewegung alles aussondert, was nicht in die Logik dieser Bewegung passt. Jedenfalls nicht zu dieser Zeit. Damit können derzeit Elemente einen Zustand oder Körper und dessen Existenz bestimmen, die sonst, zu einer anderen Zeit, gar nicht typisch für ihn sind und über ihn entscheiden.

Zeit ist also ein wichtiges Element des Standards der jeweiligen Qualität der Bewegung und damit ein wichtiges Element der Entwicklung und Bewegung. Zeit ist Vergleichbarkeit der Angebote, diese wirken bei der Bildung der individuellen Zeit mit und bestimmen sie sogar. Die individuelle Zeit ist direkt mit dem Individuum verbunden und deshalb nach ihm nicht wiederholbar. Große Reiche haben sich stets überlebt, als ihre innere Geschlossenheit fragwürdig und angefeindet wurde. Eine gemeinsame Zeit für eine Einheit kann nur ablaufen, wenn sie für alle Mitglieder gleichmäßig gilt und attraktiv ist.

Zeit ist nicht wiederholbar, da sie mit der Bewegung stets in eine Richtung abläuft. Lediglich sein Werk gibt Auskunft über Standard und Inhalt der Anstrengung und Bewegung, die dafür erforderlich war. Nur das Werk ist änderbar, in dem die Zeit verkörpert ist. Und manche Änderung ist nur eine Änderung dieser Zeit und ihrer Mode. Sie zeigt auch die Einmaligkeit und die Bedeutung im Verlauf der planetarischen Zeit, die das Individuum lange überdauert und es neutral in seiner Wirkung und zeitunabhängig darstellt. Das Werk der individuellen Zeit unterliegt nur der allgemein ablaufenden Zeit. Die individuelle Zeit kann den Verlauf der Gleichzeitigkeit nutzen. Und trotzdem bleibt das individuelle Werk stets in der Zeit erhalten. Dafür sorgt auch die Licht-Schatten Relation.

Zeit ist eigentlich die Ableitung der planetarischen großen Bewegung draußen im All, die überall identisch ist und die wir in unseren Uhren am Arm tragen und damit permanenten Bezug zu den großen Drehungen der Planeten aufnehmen. Mit jedem Blick auf diese Uhr oder ein sonstiges Chronometer nehme ich Kontakt zu den großen Verläufen auf und wandere mit meinem Planeten um meine Sonne oder mit einem anderen Planeten um eine andere große Sonne. Auf jeden Fall zeigt mir meine Uhr, dass ich mitten in diesen Verläufen stehe und mit ihnen mitlaufen muss. Und diesen Zeiten kann ich eine winzig kleine Nuance vermitteln, die sie als Andockpunkt mitnehmen, für eine andere Nuance der gleichen Qualität, im ganzen großen System. Und dies gilt im gesamten All. Egal wo ich wäre, könnte meine Individualität mit mir korrespondieren, weil mein spezieller Effekt durch meine Aktivität in der Gleichzeitigkeit enthalten ist.

Und dennoch bin ich etwas Besonderes. Denn ich kann meine Zeit von Gestern, von Vorgestern oder die Zeit der Kelten in meinen Gefühlen aufrufen und sie Wirklichkeit werden lassen, während meine großen und schnellen Brüder draußen im weiten All sehr exakt und genau ihren gekrümmten Weg auf ihrer Kurve oder Ellipse ablaufen lassen müssen und meine Position bewundern. Denn wo ich will, kann ich meine Zeit stoppen und mich am Bach bei einer herrlichen Blume zur Ruhe niederlassen und alles in Ruhe und Gelassenheit genießen, oder an jeder beliebigen Stelle im All meine Eigenart aufrufen. Und bei jeder noch so geringen Einzelbeziehung ist immer meine Gesamtheit betroffen.

Das können sie alle nicht und deshalb bewundern sie mich sehnsüchtig und würden gerne zur Wallfahrt an meinen so tollen Ort herüberwandern und diesen umrunden, weil er der Beste im großen und gewaltigen Raume ist. Und wer würde nicht den stillen Platz am Bache für ein paar Momente der Ruhe eintauschen wollen, egal, wie groß er ist. Denn diese Gefühle sind ein eigener Kosmos für sich. So stehe ich als ihr geistiger Mittelpunkt im Getriebe und sie warten auf meine Impulse, die ich setzen kann und die auch für sie gelten.

13. Bewegung und Materie oder Zustand

Materie und Zustand sind jeweils durch seine individuellen Einzelteile und Bestandteile zusammengehaltene Verbindungen, die sich aber zu ihrer Zeit in ihrer zeitlichen Konstellation zeigen. Dabei ist auch bei ihnen alles in Bewegung und von innerer Energie getragen. Diese Verbindungen sind alle nicht auf unendliche Dauer gerichtet, sie unterliegen der Einwirkung von Kräften und Substanzen, die andere Gestaltungen bewirken können und die deswegen auch zu jeder Zeiteinheit wieder anders sein können. Und alle haben einen gemeinsamen Ursprung und müssen deshalb auch in einer internen Verbindung stehen, zumindest insoweit, dass bei ihnen auch die Kräfte der Annäherung wirksam werden.

Sie besitzen einen Kontakt zur engen gewesenen Gemeinschaft, in der sie reine Energie waren und schweben jetzt in einer offenen und freien, innerlich nicht mehr verbundenen Welt und einem großen Raum, der sie zu Körpern gemacht hat. Dieses Streben der einheitlichen Gemeinschaft muss zu ihrer Materie gehören. Auf einer Wellenlänge, zu der der Mensch keinen Zugang hart, weil er eine völlig eigene Gefühlswelt errichtet hat. Jeder Zustand hält durch seine inneren Impulse des Zusammenhalts zusammen und bildet eine Form. Diese innere Verbundenheit bestimmt ein jedes Wesen, bildet seine innere Kraft, ob reine Materie oder weiche Biomasse. Die Kraft des Zusammenhalts ist sein inneres Wesenselement, das neben seiner Form über der Struktur schwebt.

Aber dieses Einigungsgefühl muss es gewesen sein, das die Biomasse mit all ihren Erscheinungen hervorgebracht hat. Alles, was möglich war, musste werden. Und die Weichheit der Biomasse, war die letzte Einheit, die nicht in steinharte Materie zu ordnen war. Man hat die Gefühle aus den Abläufen und der Härte der großen Massen herausgepresst und sie zu selbständigen Einheiten herausgebildet. Damit hat man ihre Position gleichzeitig als ihren Anteil gesehen und bewertet und als den Teil, von dem man Anleihen bekommen und seine Sehnsüchte verlagern konnte zu eigenständigen Systemen gemacht. Deshalb haben alle Wesen der Biomasse Kontakt zu den Planeten um sie herum, die stellevertretend für alles, was irgendwo weit draußen existiert, wirken.

Deshalb heult der Wolf des Nachts zu bestimmter Zeit hinauf zum Mond und ruft ihn an. Gefühl ist das Substrat jeder Masse in Biomasse verselbständigt.

Alles hat einen gemeinsamen Ursprung und einen identischen Verlauf und sicher ein identisches Ziel, denn ihre Bewegung verläuft genauso identisch und in allen Fällen gleich. Also müssen alle Massen auch gleiche Bedingungen haben und einhalten. Alles ist demnach mit einer individuellen Lebenszeit und Existenzzeit bedacht. Dazu kommt der Annäherungseffekt der Bewegung, die möglicherweise in diese Zusammenhänge eingreift. Dabei macht die Größe des Objektes sicherlich keinen Unterschied. Ob es sich bei der Begegnung um einen Stein oder Baum oder einen Stern handelt, müsste in der Wirkung bedeutungslos sein. Auch Gebirge verändern sich, weil die inneren Zustände des Globus ebenfalls in Bewegungen sind. Nur die Ausgewogenheit der Bewegungen hält alles mit der Gravitation zusammen. Und Bewegung produziert immer auch nicht ausgewogene Strukturen, die sofort reagieren, weil sie nur zu ihrer Zeit wirksam werden. Deswegen haben sie sicherlich eine gemeinsame Sprache, auf die wir noch kommen und die wir entwickeln müssen. Aber diese Gleichheit in Ursprung, Zielen und Strukturen muss auch eine gemeinsame Sprache haben. Auch die gleiche Bewegung trägt sie von einem zum anderen Inhalt. Und Gefühle verbinden ihre innere Bindung zu selbständigen Strukturen. Und zu jeder Zeit haben sie ihre Schwächen, in denen sie aufnahmebereit und änderbar sind. Das war die Sekunde, die das Leben ermöglicht hat.

Maßgeblich ist, dass nicht nur das Leben, sondern auch die Materie für solche energetischen Annäherungen der speziellen Bewegung zumindest offen sind. Aber alles verändert seinen derzeitigen Zustand nach seiner individuellen Lebenszeit, die niemals für sich alleine abläuft, sondern auch von den Einflüssen von Bewegungen um es herum gelenkt wird. Die Summe dieser Kräfte bewirken auch die Stabilität der inneren Verhältnisse jeder Substanz und damit die Zeit seiner individuellen Existenz und Kooperation. Solange die Vergleichbarkeit von Vorgängen und Substanzen gegeben ist, besteht Bewegung. Fehlt sie, entsteht Unordnung, weil sie sich dann abstoßen müssen. Jede Begegnung eröffnet eine Bindungsmöglichkeit.

Für Zustände gilt dies noch wesentlich mehr. Dieser Zustand und die Wechselwirkung dieser Kräfte gehören zu jeder Existenz in diesem großen All. Einen echten Mittelpunkt bekommen wir erst, wenn wir als zentrales Leistungszentrum die anderen verstehen. Also müssen wir uns um ihre Sprache kümmern. Zustände entstehen nur durch Vergleichbarkeit, die sich permanent verändern und bei denen man in der Annäherung eine zeitbedingte schwache Stelle erwischen kann.

Auch die individuelle Zeit unterliegt diesen Zusammenhängen. Jedes Individuum hat ein genaues Gespür dafür, in welchen Bereichen seine Aktivität und seine Kräfte substantiell wirken können. Er spürt, wie sein eigener Verlauf in der Zeit steht. Sie fordert ihn, ebenso wie die Gemeinschaft aus der er kommt. Das ist ein Element der individuellen Kraft, die an die Wirkung der Gleichzeitigkeit anknüpft. Ein weitere ist die eigene Bewegungsdrang, die Lust am Ablauf der begonnenen Bewegung und der Prüfung der Vergleichbarkeit und Übernahmemöglichkeit.

Sie wirken zusammen und hängen sich an den starken Verlauf der Gleichzeitigkeit an. Und sie sagt dir auch, wann dein individueller Faktor in diesem Getriebe sich endgültig ausgewirkt hat. Der alte Bär sondert sich ab in ein Gebüsch und legt sich in aller Ruhe und inneren Fröhlichkeit zum letzten Gebet und gibt der großen Natur zurück, was sie ihm einst geliehen hat. Aber nicht anders ist es, um seine Verantwortung und deren Erfüllung, die gewachsen und vielleicht erledigt ist. Auch das strahlt hinaus in die großen Weiten und bildet den Duft des blauen Planeten. Und seine Kollegen können an den Marken der Gleichzeitigkeit andocken, die er gesetzt hat.

Bewegung ist die Schiene der Veränderung, *die wie die Sonne alles an den Tag bringt.* Materie und Geist sind kraft ihrer Struktur der Bewegung zugetan und ihrem energetischen und materiellen Einfluss offen. Bewegung eröffnet stets ein Bündel von Alternativen und Verläufen, die sich jeweils energetisch zeigen und an die angedockt werden kann. Die individuelle Zeit, der sie in allen Teilen unterliegen, kann maßgeblich für die Reaktionsgeschwindigkeit und Veränderungsmöglichkeit durch diese Energien sein. Jede Materie steht demnach fest in einem Kräfteverbund, der immer bestrebt ist, den besten und stabilsten Zustand einer Form zu schaffen und zu erreichen. Denn Stabilität des individuellen Zustandes garantiert die Existenz des gesamten Ablaufs. Und da alles in Bewegung ist, kann sich das System keine Schwächer erlauben, die alle Bewegungen durcheinanderbringt und alles kollabiert.

Deshalb ist die Stabilität jedes neuen Zustandes ein Bestandteil der Bewegung und jeder Alternative. Nur auf unserem Planeten ist die Richtung der vielen Bewegungen offen und freigestellt. Und das macht ihn begehrenswert und zu einem einmaligen Zentrum des Aufbaus dieses gesamten Systems von Materie und von Bewegungen. Und unsere Gefühle tragen am Ende die Verantwortung für den Zustand und den Zusammenhalt der Massen.

Unter den gleichmäßig verlaufenden Verbindungen zwischen der Gesamtmaterie des All muss unser Planet ganz oben stehen, an einer Stelle, die jede andere Materie anstreben und erreichen können muss. Die Erdoberfläche bedarf dieser Konstanz der Bedingungen, damit das Leben weiter existiert. Die Masse im Innern gehorcht den Bedingungen von außen und greift nur an den Stellen ein, die für das Gesamtsystem unempfindlich und bedeutungslos sind. Die Gesamtmaterie anerkennt den notwendigen Zustand der Erdoberfläche und gibt sich jede Mühe, diesen zu garantieren und die Lebensbedingungen bestehen zu lassen. Dazu tragen Wasser und Winde nach Kräften bei. Diese Harmonie ist keineswegs selbstverständlich, denn sie ist einmalig und ganz selten mit dem glücklichen Zusammentreffen der Umstände gesichert. Eine solche Harmonie hat sich bislang an keiner anderen Stelle des All mehr gezeigt. Deshalb bewahrt diesen Edelstein. Denn irgendwo muss die Identität des Ursprungs, des Verlaufs und der gleichen Verbindungen seinen zentralen Kulminationspunkt haben.

Und wir haben ein Gefühl für den Zustand der Materiemassen. Bewahrt euch die Hierarchie. Die breite Basis der Natur verjüngt sich immer mehr in die spezifizierte Geistesart und die differenzierten Gefühle hinein. Und sie muss es bleiben, auch mit dem notwendigen Abstand zu anderen Zuständen und Denkungsarten, die eine solche Höhe des Geistes und die Verfeinerung der Gefühle nicht wollen. Ich habe die Verantwortung und muss entscheiden, wohin will ich gehören und was kann ich bewältigen. Die Basis der großen Massen verjüngt sich in die Biomasse und von dort in die Gefühlswelten, bis zum letzten Punkt, an dem die Bewegungen nach vorne ins Innere gerichtet werden und ein neues Zentrum bilden.

Nur so ist die Spitze der Hierarchie zu halten, die auch unsere Natur zur Erhaltung unserer Einmaligkeit voraussetzt. Individuum ist jeder in seinem ganz eigenen und speziell verinnerlichten Bereich und keineswegs in der totalen Gleichheit zum Nächsten. Nur durch unsere Verinnerlichung können wir in die andere Richtung wirken. Ohne dies kann eine Spitze nicht entstehen. Eine Pyramide bedarf aber der Spitze. Nur mit einer solchen Spitze oder Glanzleistung, kann unser Planet die Endposition der großen Massen darstellen und die differenzierten Bewegungen erfassen.

Und diese kann nur hier an dieser abgelegenen und ruhigen Stelle des großen All liegen. Die großen Kunstwerke in Stein und Tönen geben jedem Wesen einer Biomasse ein Schaudern in seine Adern. Und diese gibt es nur hier. Denn hier ist das Gefühl zur Spitze entwickelt, heraus aus der breiten Masse der Materie, hinein zur höchsten und feinsten

Art der Kunst und der Bewegung. Sollte es irgendwo weitere Lebewesen geben, so bliebe unsere Position dennoch einmalig, weil identische Bedingungen, wie hier, nie mehr erreichbar sind.

Bewegung hat die Aufgabe des Wolfes in der Welt der Materie, es sorgt für stabile und bestandskräftige Zustände und verändert oder beseitigt labil werdenden Zustände und Materie, indem er sie in sich hineinzieht. In einem auf schnelle Bewegung aufgebautem System, ist diese Vorsorge die allerwichtigste Instanz und Organisation. Schon deshalb kann nichts ohne Bewegung verlaufen. Und alles ist der steten Wirkung der Bewegung zugetan. Seine vermittelte Energie muss deshalb ein festes Mindestmaß enthalten unter dem nichts verlaufen kann, ohne gefährdet zu sein. Die Bewegung zu etwas hin, muss in ihrer Energie ohnehin die eigene Bewegung des anzunähernden Objektes übersteigen. Daraus lassen sich exakte Berechnungen für jeden individuellen Zustand ermitteln.

Bereits die Art der Energie und ihre Konzentration und Stärke, grenzen ihre Aktionen ein. Sie spezialisieren sich auf ihren zugeordneten Bereich und ihre eingeschlagene Bewegungsrichtung, andere, die genauso stark existieren, haben an diesen Stellen keine Wirkung. Ihnen fehlt die Richtung der verlaufenden Bewegung. Aber dennoch bewirken sie etwas und schaffen neue und eigene Zustände. Aber immer ist der Erhalt des Gesamtzustandes unangefochten. Seine Einmaligkeit erfordert die besondere Durchsetzungskraft in allen Bewegungen. Bislang waren alle Bewegungen in Harmonie mit der Struktur des Lebens allgemein. Die Flüssigkeit von Leben und Wasser haben überall ihren steten Zugang und ihre Wirkung.

Erst in dieser Zeit wachsen die Auswirkungen der Naturbewegungen über das Harmoniegebot hinaus und greifen tief in Lebenszusammenhänge ein. Der Weg der Natur ist absehbar, sie beseitigt den Störer, bevor ihr einmaliges System auf diesem Planeten in Gefahr geraten kann. Und dazu ist sie absolut auch in der Lage. Die Rangfolge des Bestands dieses Konzepts ist klar erkennbar. Zuerst die Natur und ihr Ablauf, danach vielleicht ihr und ganz dahinter eure Sonderwünsche. Das entspricht dem ganzen Sachzusammenhang.

Bewegung kann mit speziellen Eigenschaften verbunden sein. Die derzeitige Pandemie ist eine solche, die geeignet ist, jeden, der mit seiner Abwehr unterhalb ihres Angriffspotentials liegt, zu gefährden oder umzubringen. Sie beseitigt alles, was unterhalb ihres Angriffspotentials liegt. Die Natur bestimmt diese Norm, weil sie sich sagt, es bedarf der Änderung um den Faktor x, damit ihre eigene Stabilität verbleibt. Dabei zeigt sich das Risiko, durch hohes Alter labiler werdender Zustände eklatant, wenn die eigenen Kräfte denen des Angriffs nicht mehr standhalten können.

Bewegung dockt an, an irgendeiner Stelle, die dafür auch bei normalen Verhältnissen dafür vorgesehen ist. Das natürliche Harmonieprinzip muss sich stets durchsetzen, wenn das Gesamtsystem nicht den eigenen Verlauf gefährden will. Schon die Erhaltungskraft der eigenen Bewegung zwingt zur Erhaltung dieses wichtigen Zusammenhangs. Die Pandemie zeigt, dass an einer speziellen Stelle des Ablaufs ein

Ungleichgewicht eingetreten ist, das dem Virus den Weg in das intelligente Humansystem geöffnet hat, weil dieses zu schwach geworden ist, die Zusammenhänge zu wahren. Konsum und die Enge des Zusammenlebens fördern die Anpassung. Das wird sich mit der zunehmenden Zahl der Begegnungen an allen Stellen vorhersehbar weiterentwickeln.

Jede Bewegung greift an einer bestimmten Stelle ein und dockt an. Solche Andockstellen zeigen die Bereitschaft zur Überprüfung der Annahme. Sie vertreten das Individuum in jedem Bereich. Das ist die Bewegung für ihren speziellen Bereich. Daneben existieren unendliche Mengen von wirkenden Einflüssen, die spezielle Eigenschaften besitzen und nur den Ansprechpartner erfassen, der ebenfalls auf dieser Wellenlänge liegt. Und diese kann ich mir entwickeln. Die Natur und die uns umgebende Welt ist von einer dichten Vielzahl solcher Kräfte umgeben und beeinflusst, sowohl im positiven, wie negativen Sinn. Und alle haben ihre spezielle Art der Bewegung und der damit verbundenen Energie. Keiner kommt dem anderen in die Quere, solange er seine Position wahren kann. Positiv sind dabei die in der gleichen Richtung verlaufenden Alternativen, negativ, die unsere Bewegungsrichtung bremsen oder gar stoppen wollen. Dieses Prinzip setzt sich in alle Sphären gleichermaßen durch. Je näher sich die Abläufe berühren, umso weniger behalten sie ihre Individualität. Und wir haben die Gefühle für alles, aber wir setzen sie nicht ein.

Auch die Empfänger der Bewegungen sind Individuen und genau spezialisiert, so dass sie die auf sie einströmende Energie und den damit verbundenen Reiz richtig aufnehmen und verwerten können. Dabei beschränkt bereits die Art der Aufnahmefunktion die Eintrittsmöglichkeit, von der zerstörerischen Wirkung von Gewalt abgesehen. Individuation setzt Spezialisierung voraus, die sich von der ersten bis zur letzten Aktion fortsetzt. Und sie verlangt die Wahrung und Erhaltung der individuellen Grenzen ihres Raumes, die eine genau spezifizierte Zugangsberechtigung zulassen und alles andere ausschließen.

Nur so kann die besondere Eigenart erhalten bleiben, weil sie sich sonst mit allem vermischt und ihren Charakter verliert. Von alle dem erfassen wir nur einen geringen Teil, weil das unser Körper automatisch regelt. Aber wir haben das in der Hand, was sich auf uns zubewegt und das müssen wir so ordnen, dass nur unser Wille und unsere Vorstellung über den Zugang entscheiden. Denn nur mit dieser Regelung erhält man sowohl die Basis für seine Eigenart, wie auch die sich daraus erwachsenden einmaligen Spitzenleistungen. Und jede Gemeinschaft hat ihre spezielle und besondere Eigenart, die genau auch die Natur von uns will und erwartet, aus der heraus jede Gemeinschaft ihre Spitzenleistung erbringen kann. Das ist eine klare Bewegungsstruktur der Natur.

Europa hat eigentlich seinen historischen Charakter verloren. Bislang hat es seine hohen kulturellen Leistungen in der Distanz und dem gelegentlichen Streit der Nationalstaaten erbracht. Jetzt hätte es die Gelegenheit gehabt, in der Gemeinschaft untereinander eine Kultur zu erbringen, die in Konkurrenz zur Welt steht und sich optimal, aber gemeinschaftlich weiterentwickelt. Aber das ist durch eine komplette und konzeptionslose Vermischung mit allen

Angelegenheiten der Welt verwässert worden. Man hat geglaubt, man kann von Europa aus alle humanen Probleme der Welt lösen und dabei gänzlich vergessen, sich selbst zu sein und zu bleiben und vorallem sich selbst weiterzuentwickeln, mit der großen geistigen Bewegung, die hier bislang zuhause war und die hier ihren einzigartigen Boden hatte, den es sonst nirgends gibt. Denn alle Kulturen haben ihre besondere Eigenart, die aus ihrem Boden kommt und eigentlich vollumfänglich erhalten und weiterentwickelt werden müsste.

Diesen Geist hat Europa aufgegeben und bislang nichts für eine gute gemeinschaftliche Zukunft an seine Stelle gesetzt. Das wird von anderen Kontinenten übernommen werden, aber in einem völlig anderen Sinn. Obwohl die Bedingungen dafür in Europa optimal gewesen sind, aber nicht erkannt wurden. Die geballte Kraft der Einigung hätte zu geballten Ergebnissen führen müssen. Das war der neue Auftrag.

Denn, den europäischen Geist und den europäischen Boden, den gab es nur hier und ihn gibt es nur einmal. Einen überwältigenden Sinn hat diese besondere Kultur nur, wenn sie an diejenige anschließt, die hier einmal zuhause war und effektiv gewirkt hat, von der alten griechischen Philosophie begonnen, bis hin zu den großen Kriegen des Zwanzigsten Jahrhunderts. Es war eine zusammenhängende europäische Kultur, der individuellen Reaktionen der einzelnen wirksamen Gemeinschaften. Dass diese sinnlosen Kriege alles durcheinanderbringen und notwendigerweise auch die Verhältnisse neu mischen, bedarf keiner Erörterung.

Aber eine Wirkung der Kriege war auch, Europa neu zu erstellen, neu in einem harmonischen geeinigten europäischen Geist zu ordnen und seine noch vorhandenen ursprünglichen Geister in Gemeinsamkeit zur Weltspitze zu bringen. Diesen Geist muss der Boden in den Körpern, die noch zu ihm Kontakt haben, unbedingt wieder durchsetzen und sich dort einbringen, um ihn den anderen Kontinenten gegenüberzustellen. Und dieser Boden ist mit Blut getränkt und zwar in allen Generationen. Vielleicht wirkt auch das zu seiner besonderen Spezialität und zu der Weiterleitung der engen inneren Verbindungen. Nutzen wir diesen Humus und lassen ihn nicht verrotten, denn ein neuer lässt sich unter diesen Bedingungen nicht mehr begründen.

Dieser bisherige europäische Geist ist eine Besonderheit, denn seine Basis, der hiesige Boden und der christliche Glauben, haben ihn gefeilt und abgerieben und durch vielerlei Bewährungen und Prüfungen reibungslos und klar erkennbar und ersichtlich gemacht. Dieses Gesicht und den Glanz des Wassers muss er sich erhalten, wenn er überhaupt weiterbestehen will. Wenn nicht, wäre dies ein fundamentaler Verlust, denn er ist die Basis und der Boden aller gesellschaftlichen Ordnungen und auch die der Gemeinschaften. Seine Bewegungen haben die Welt gestaltet, weil sie immer im höchsten Sinne politisch und tief kulturell waren. Und diese gewaltige Wurzel der Humanentwicklung darf nicht im blauäugigen Sinn einer falschen Gleichmacherei versinken.

Europa hat eine kulturelle Verpflichtung der Welt gegenüber, die sie wahrnehmen und geistig statuieren muss. Der Sturm aufs Kapitol wäre nicht erfolgt, würde Europa diese, geistig in es gesetzte Aufgabe, verantwortungsvoll erfüllen. Humanität kann trotzdem sein, aber in einer anderen Art und Struktur. Viele der Streitigkeiten und Kriege Europas untereinander, hatten einen tiefen geistigen oder glaubensbezogenen Hintergrund. Es war nicht nur der Streit um Pfründe, um die es heute geht. Bewegung hatte einen anderen geistigen Gehalt. Der Boden und das Klima sind es, die wie überall, auch den europäischen Geist und seine Heimat gebildet und strukturiert haben. Und dieser ist historisch einmalig gewachsen und gepflegt.

Dieses System des Lebens muss eine genaue und exakt funktionierende Ordnung besitzen, weil jedes Durcheinander zu unlösbaren Verstrickungen führen und das System zerstören würde. Das hat sich in Europa, wie auch in anderen Regionen, jeweils nach seiner individuellen Art, bisher entwickelt, hat sich aber durch eine rein formalistisch verstandene politisch ideologische Gleichheitssystematik und eine falsche Menschenfreundlichkeit völlig aufgelöst. Das ist nicht die Gleichheit der französischen Revolution. Und ob sich der europäische Geist diese speziellen Klimas mit der neuen Zusammensetzung je wieder herausbilden kann, ist immens zweifelhaft, weil alles über Generation erst wachsen muss.

Die Wölfe des Systems und der Systeme allgemein, sind deshalb auch absolut wichtig und bedürfen der nachhaltigen und übergeordneten funktionalen Wirkung. Um das zu erreichen und möglichst zu erhalten, ist jede Bewegung gleichzeitig mit einer Ordnungsfunktion verbunden, soweit man sie wirken lässt. Eine der wichtigsten Funktionen ist die

Erhaltung ihres Ursprungs und ihrer geistigen Quellen. Es geht nicht nur um die Beziehungen der Menschen untereinander, es geht genauso bedeutungsvoll und primär um die individuellen Kräfte und Eigenarten. Dabei hat der Boden, als Vertreter der großen Materie, sowie als Heimat des Individuums, einen ganz entscheidenden Anteil.

Über all diesen Einzelbezügen, die jedes Individuum nach seinen Bedürfnissen gestaltet, steht eine übergeordnete Bewegung. Es ist der Gesamtablauf der Massen und Energien, die mit hohen Geschwindigkeiten als Wellen, Sterne oder Galaxien unterwegs sind. Auch bei ihnen muss die interne Verbindung genau bestimmt sein und eingehalten werden, damit die Verläufe stabil bleiben und nicht miteinander oder in sich kollabieren.

Auch dieses Ordnungsgefüge mit immensen Bewegungen und Energien bedarf großer Harmonie, um aufrechterhalten zu werden und jeweils als individueller Verbund erhalten zu bleiben. Auch da erfolgt ein kraftvoller Austausch und sicherlich auch eine ordnende Funktion dazwischen. Es sind alles Funktionen mit einer eigenen Lebenszeit, die irgendwann beendet ist, wie unsere Sonne, und mit neuen Bezügen auch wieder neu beginnt. Und überall ist es auch Boden mit Bezug zu den großen Energien, der bereit ist, eigene Individuen zu bilden und hervorzubringen, sofern man ihn lässt und dazu vorbereitet. Und dies wirkt sich direkt auf die Gesellschaften der Erde aus. China mit seiner speziellen Form einer Diktatur, steht derzeit über den Demokratien, weil diese ihre eindeutige und stringente Darstellung versäumen.

Die Harmoniewirkung des Gesamtsystems einer großen Bewegung dürfte so stark sein, dass sich auch im Falle von Kollisionen und eines dadurch bewirkten Chaos, eine neue Ordnung herausbilden würde, die einen totalen Kollaps der Massen vermeiden könnte. Da bei solchen Zusammenhängen das Gesamtsystem eigentlich unendlich, wie ein perpetuum mobile verlaufen könnte, sind schwarze Löcher eingebaut, die einem, seine Ordnung zerstörenden, aber auf einer Minderordnung neu zu strukturierenden System, das endgültige Ende bereiten. Die Minderordnung könnte ein untergeordnetes System in der geistigen Vorstellung sein. Die großen Masen setzen aber gewisse Kräfte voraus, bei denen es kaum andere Alternativen gibt. Sie müssen sein, oder es kollabiert.

Materie oder Zustände werden mit weit mehr an Energien, Strahlen und Wellen, begleitet und durchströmt, die alle gewisse Mitteilungen und Veränderungen ihrer Energien hinterlassen. Die Strahlen der Sonne übertragen Wärme, Licht und hinterlassen Energien verschiedener Art, sie bilden Schatten und nutzen die Kraftdifferenzen, die wieder Anlass für alle möglichen Reaktionen und Verhaltensweisen von Materie, Energie und Leben sind. Sie haben Instruktionsfunktion und Informationswert und dies jeweils über Sterne und Sonnen hinweg. Von diesen Bereichen übernimmt der Mensch nur geringfügige Anteile, aber er kann sie erkennen und möglicherweise auf diese Art in ihrer Wirkung irgendwann auch nutzen. Wir stehen erst am Anfang dieser Zusammenhänge. Sinn und ein neues Ziel, jedenfalls ergeben sich stets aus der Mischung von dem allem. Und das Lenkungsbedürfnis und die Mitteilungsinhalte sind immens.

Das ganze All ist von ihnen durchströmt. Das müsste ein neues Feld der Betätigung werden.

Bei all diesen vielseitigen Energien, die jeweils aus ihren Massen und aus ihrer Materie kommen, ist es undenkbar, dass mit ihnen nicht große Teile von Informationen mitlaufen, die von allen Seiten auf diese Ströme und Bewegungen von Massen und Energien einwirken und die diese teilweise mitgestalten und ihnen Sinn und Richtung geben. Wir als kleine Elemente erleben davon fast gar nichts, hätten aber sicher die Möglichkeit, in diese Linien hineinzugriefen und aus ihnen Erkenntnisse zu ziehen. Unsere Empfangsorgane müssen weitaus hellhöriger werden und auf anderen Frequenzen arbeiten, um den Zugang zu erreichen. Ein Verlauf all dieser Energien und Kräfte ohne jegliche Informationswirkung und ohne jegliche Lenkungswirkung ist nicht denkbar.

Energien und Strukturen bestehen nicht nur in diesen großen Zusammenhängen, sie verlaufen genauso in einem physischen System eines funktionierenden Körpers. Er entwickelt eigene Energien in sich, die ihn am Leben halten, ihn vorantreiben und ihm gewisse Inhalte vermitteln und die ihn zu Handlungen und Entscheidungen fähig machen und das auch noch mit der notwendigen physischen und geistigen Energie. Jede Form des Lebens oder generell der Materie, trägt ein Erhaltungssystem in sich, das über seine individuelle Zeit hinweg, das Energiegerüst für seinen Bestand erhält.

Solche Gerüste sind die Dimensionen. Sie können aber darunter auch ihre eigenen Gefühlswirkungen haben. Da ist Wohlergehen und da sind Schmerzen. Beide geben den

Verlauf unserer einzelnen Organe wieder und teilen uns mit, wie unsere innere Harmonie gerade verläuft. Schmerzen als Hinweis einer bestehenden Dysfunktion einzelner Organe erfordern und erwünschen eine bestimmte wirksame Art von Unterstützungsleistung, um den vorhandenen Mangel zu beseitigen oder ihn zu überspielen. Und das ist mental bis zu einem bestimmten Grad möglich. Und jeder kleine Mangel reagiert auf diese Weise, die in irgendeiner Art feststellbar ist. Man muss die stillen Reaktionen nur vor der großen Krankheit erfassen.

Und jede Form bildet sich erst, wenn sie einen effektiven und starken eigenen Zusammenhalt entwickelt hat. Diesen muss sie den anderen wirksamen Kräften entziehen oder abnehmen oder zu ihnen ergänzen. Dazu bedarf auch die alte Struktur erheblicher Bewegungen und Energien, die in der neuen Form gebunden sind. So gesehen, schwirren Anteile dieses bewegten Bemühens aufnahmebereit im Ganzen All, man muss sie nur ergreifen und sie auch geistig für das Ganze nutzbar machen. Denn auch der notleitend werdende Stern äußert sich und stellt seinen Zustand dar. Das Großhirn, steht am Anfang seiner Möglichkeiten und sollte sich aus seinem engen individuellen Bereich herausbewegen und in diese Kräfte der weiten Bewegungen einklinken. Wir können die Technik zur Fühlbarmachung solcher Erscheinungen entwickeln oder uns selbst dazu bringen und sensitiv genug werden. Manche Tiere haben den Zugang, wie sie auch gewisse Krankheiten des Menschen schmecken, riechen oder hören können. Wir müssen uns darauf einlassen.

Die dritte Dimension ist das Spielfeld und das Versuchsfeld der Bewegungen in allen Bereichen. In diesem Feld der Anfechtungen, muss der Ablauf der eigenen Bewegung stark und stabil sein, um allen querverlaufenden Kräften Widerstand zu bieten und sich durchzusetzen. Das entspricht dem geistigen Prinzip der stärksten Kraft, die auch die Tierwelt überzeugend demonstriert. Nur der stärkste Hirsch ist zur Weitererhaltung seiner Gattung berufen. Das muss er stets im kraftvollen Einsatz beweisen und demonstrieren. Der stärkere Bewegungsverlauf bestimmt die Richtung. Deshalb ist das Gesamtsystem darauf aufgebaut, dass es eine klare und kraftvolle Richtung bekommt. Die Bewegung, die den allgemeinen Zusammenhängen entspricht, setzt sich durch.

So entscheidet es auch die gebotenen Alternativen, der nicht dazu passende Weg wird abgelehnt, auch, wenn er möglicherweise der Bessere gewesen wäre. Ob es allerdings die Aufgabe des Geistes und des Großhirns ist, stets die schwächere, aber besser erscheinende Alternative zu wählen, mag zweifelhaft sein: die Natur jedenfalls, geht diesen Weg nicht. Und das demonstriert sie uns permanent. Klarheit in den Zielen und die logischen Abläufe sind ihr oberstes Gebot.

Bewegung hat ihre eigene Zeit. Sie ist zwar von ihrem Ausgangspunkt a bis zu ihrem Ziel b in die formale Zeit eingepasst, weil sie nach einem exakten Fahrplan ablaufen kann, aber sie verursacht in jeder bewegten Form, Person oder Sache, einen Zustand relativer Zeit, während dem das transportierte Objekt einen eigenen Bezug zur Bewegung aufbaut. Dieser Bezug hängt von der bewegten Geschwindigkeit und der damit verbundenen Umgebung ab.

Ich bewege mich auch geistig und gefühlsmäßig mit und komprimiere die Zeit, die in mir durch das Erleben abläuft. Im Alltagsverhalten bestimme ich meine innere Zeit nach den Objekten, die ich angehe und nach meinen Veranlagungen erledige. Bei der Fahrt, schwebe ich zwischen Objekten, die sich mir mit ihrer bestimmten Bewegungsgeschwindigkeit aufdrängen und die ich in diesem Tempo erledige.

Neben all dem steht die Gleichzeitigkeit, als Erhaltungsfaktor von Abläufen und Bewegungen. Diese individuelle Bewegung kreuzt sich in vielen Bereichen mit andersartigen Bewegungen in allen Richtungen. In der Regel tangieren sie sich nicht, weil sie möglicherweise auf einer anderen Höhe oder Energie verlaufen und deshalb keinen identischen Raum zu dem anderen Verlauf der Gleichzeitigkeit besitzen. Bewegungen stellen das Spannungsverhältnis von Anfangspunkt und Ziel dar und sind damit genauso individuell, wie jede andere Erscheinung. Das vermeidet gegenseitige Krafteinwirkungen auf der gleichen Höhe nicht. Denn als Werk sind sie stets real und der Logik unterworfen.

Fahre ich mit der Postkutsche, dem Fahrrad oder gehe ich gelassen zu Fuß, dann ist dieser Bezug zu meiner direkten Umgebung individuell vorhanden, die mich in einer gänzlich offenen und nicht zeitgebundenen Art angeht und die Möglichkeit bietet, Einzelheiten der Umgebung aufzunehmen und zu analysieren. Sie berühren mich. Fahre ich mit Auto oder Bahn, dann fassen meine Augen ein Objekt, typisieren es und binden ihre Vorstellungen daran, ohne exakte Details und echte Reaktionen aufzunehmen, sie begnügen sich mit dem räumlichen Bild des Herankommens und Entfernens. Und das in einer völlig anderen zeitlichen Art, als ich es sonst in meinem Sessel erledigen würde.

Fliege ich gar, dann schwebe ich zwischen dem Abreisebezug und dem zu erwartenden Ziel, ebenfalls mit einer gänzlich anderen Zeiteinheit, wie im ruhigen Sessel zuhause, wobei ich im Sessel mit diesen fliegenden Feststellungen nicht einig wäre. Begegnungen haben in all diesen Fällen einen völlig anderen Inhalt, weil die Inhalte tatsächlich von der Geschwindigkeit der einzelnen Bewegung abhängen. Die Geschwindigkeit passt die Formen relativ gebunden an.

Die relative Zeit der Bewegung bindet das Bild des Objektes in einen Ablauf ein, den es sonst nicht besitzt, der aber zu seiner Individualisierung und Speicherung als Erlebnis in Verbindung mit der Bewegung, hinreicht. Als Teil der Bewegung erhält das Objekt die besondere Eigenschaft eines Verlaufs, der es anders und neuartig im Bezug zu seiner Umgebung offenbart. Die Struktur der Umgebung, deren Größe von der Geschwindigkeit der Bewegung abhängt, wird mit in das Objekt eingebaut, wodurch es das Bild der Leichtigkeit in der Zeit bekommt. Die Massivität einer Burg an dem Berghang, an der ich vorbeifahre, erscheint leicht und fliegend und in die mit ihr fliegende Zeit gesetzt. Die Umgebung nimmt mich mit ihrer Eigenart in sich auf, ich unterwerfe mich ihren Regeln, Ampeln usw.

Eine Eigenschaft und ein Aussehen, die sie im Sessel nie bekommt. Die Bewegung erhebt die Objekte in den Übergang von Gegenwart zu Vergangenheit. Es steht mir nicht, wie auf dem Bild, unverändert gegenüber. Und es ist in den Gesamtverlauf der Landschaft eingebunden. Der nahe Wald fließt in die große Burg am Bergeshang hinein und macht sie zu einem Teil davon. Das ist Bewegung im Ablauf des Sachbezugs der individuellen Strukturen.

Fahre ich mit dem Zug an die Burg heran, dann ist sie Gegenwart, in dem kurzen Augenblick an dem ich an ihr vorbeifahre. In dem Moment in dem ich sie passiert habe, rückt sie zurück in die Vergangenheit. Dass ich sie noch von Ferne davoneilen sehe, macht ihren relativen Bezug zur Gegenwart deutlich, der über die Gleichzeitigkeit wirkt, denn noch ist sie da, nur für mich nicht mehr, weil ich längst um die Kurve entfleucht bin. In meiner fahrenden Bewegung bleibt sie Vergangenheit. Dieser relative Bezug ist eine Eigenschaft der bewegten Zeit im statischen Raum der dritten Dimension.

Und immer, wenn ich in ihre Nähe gelange, kommt sie zurück zur Gegenwart. Das ist der Effekt der Gleichzeitigkeit, der trotz Aufteilung in Vergangenheit, Gegenwart und Zukunft bestehen bleibt. Das zeigt, dass die Aufteilung ein Spiel des menschlichen Geistes ist. Eigentlich ist sie für mich doppelt existent. Ich berufe mich auf meine Vergangenheit, als ich im Zug saß und ich rufe sie über die Gleichzeitigkeit auf, in der sie real existiert. Ich kann sie auch über meine Erinnerung aufrufen und habe sie dann im Fenster des Zugabteils. Die Gleichzeitigkeit müsste sie mir in ihrem jeweiligen Zustand zeigen, also verändert, wenn sie umgebaut wurde. Das geschieht nur bei einer entsprechenden Veranlagung.

Würde ich mit Überschall an ihr vorbeifliegen, dann wäre es schon fraglich, ob ich sie noch als feste Form realisieren kann. In diesem Fall erstreckt sich die Wahrnehmung rein auf den Verlauf, der insgesamt in der Zeit der Gegenwart abläuft. Ich sehe das Land und seine Eigenart, die mich im großen Überblick aufnimmt und einbindet. Vergangenheit wäre ebenfalls definierbar, aber mangels eines individualisierten Objektes, kein Bezug mehr, es bleibt mehr oder weniger Gegenwart. Ebenso wenig, wie die Zukunft, die mir von vorne in Windeseile entgegenkommt und die ich nicht mehr analysieren kann und damit keine Wertung habe. Im Zug kommt mir die Burg als Umriss aus der Zukunft entgegen und wird in dem Moment Gegenwart, in dem ich sie erfasst und als Burg analysiert habe. Und gleich danach wird sie wieder zur festen und historischen Vergangenheit. Hohe Geschwindigkeiten führen auf die Gleichzeitigkeit zurück.

Die Zeit der Bewegung schränkt die Einheit der Gegenwart ein und macht den Bestand eines Objektes zum relativen Zeitbezug. Ab einer bestimmten Geschwindigkeit wird die Aufteilung in Gegenwart, Vergangenheit und Zukunft sinnlos. Dann kann ich mich nur auf die Gleichzeitigkeit berufen, sofern ich noch Zugang zu ihr habe. Planeten und Sterne kreisen um ihren größeren Mittelpunkt. Dabei drehen sie jeweils einen Rückweg auf dem Weg an, den sie schon begangen haben und gleichzeitig bewegen sie sich noch in Flugrichtung. Sie verlassen ihre Bahn, die ihre Heimat ist, nie. Sondern wiederholen sie ständig. Nur auf einem solchen Weg ist die Beständigkeit einer Einheit und Harmonie überhaupt möglich. Bei einem Flug, oder einer Fahrt, die immer geradeaus gehen, käme keine Harmonie als Einbindung des Vergangenen auf.

Das Keltengrab in meiner Wiese ist Gegenwart. Von seiner Errichtung bis heute wirkt es gleichzeitig in die Bewegung hinein, solange, bis es irgendwann völlig beseitigt wird. Vergangenheit ist nur der Zustand seiner Errichtung und Zukunft ist möglicherweise sein kompletter Verfall und all das, was geistig mit diesem Grab verbunden und möglicherweise daraus noch entnommen wird. Der Errichtungsvorgang ergibt sich aus der Art seiner Bebauung, den die Zeit ans Tageslicht bringt. Und die Tatsache, dass ich bei ihm bin, bringt mir die Harmonie zu dem großen Werk. Würde ich nur vorbeifahren an ihm, dann käme diese Bindung nicht zustande. Stehe ich auf ihm, dann entfaltet sich eine geheime Sehnsucht in mir. Und ich weiß da drunter liegen noch die Gebeine von ebenfalls einmaligen Wesen, die einen Teil der Basis und Fundamente meiner heutigen Welt gebildet haben. Und mit diesen wirken sie in meinen Bewegungen noch immer mit.

Nur die Bewegungen der Aktionen bleiben auf ewig in der Vergangenheit. Nur mein Geist kann die Reise vornehmen und sich in diese vergangenen Zeiten zurückversetzen, weil ich im Harmoniekreis mit ihm stehe. Allerdings nach seinen jetzigen Bedingungen. Auch die Gleichzeitigkeit wirkt von ihrem Errichtungsakt bis heute nach, weil es noch Existenz ist und dies so lange bleibt, bis es endgültig abgeräumt wird. Und dennoch wirkt ihr Anteil des Jägers und Sammlers noch immer in mir.

Der Schrei der Getöteten im Wald, macht den Mord zur Gegenwart, auch wenn ich ihn nicht sehe und nicht erkannt habe. Und er bleibt Gegenwart, weil der Schrei in mir in jedem Moment wieder vernehmbar ist, so hat er sich festgesetzt. Die relative Zeit der Bewegung hat ihn für die

Gegenwart markiert, bis er mir wieder in der Vergangenheit versinkt und ich ihn gehen lasse.

Die Zeit der Bewegung ist es, die unsere Fantasie und Träume möglich macht. Weil sie Vergangenes wiederbelebt und in die Glieder mischt und Zukünftiges hereinholt als eine Verbindung der Gleichzeitigkeit von Verläufen, die Träume zu heißen und absolut realen Begegnungen werden lassen können, die fast greifbar real sind und die Abläufe ineinander mischen, sie auf eine neue Stufe stellen. Gefühle sind Logik, allerdings mehrere logische Verläufe gekoppelt. Deshalb überspringen sie einzelne Vorgänge und gliedern sich in Abläufe ein, die logisch noch lange nicht an der Reihe wären. Liebe bedeutet die physische Übernehme eines individuellen Teils des Partners auf das eigene Gemüt, als dessen festen Teil von mir. Das sind vielseitige logische Vorgänge in einen schnellen zeitlich einheitlichen Ablauf gepackt, die zur körperlich Identität und Einheit führen. Gefühle erreichen in den meisten Fällen eine körperliche Bindung und eine entsprechende Strukturierung seiner Fähigkeiten und seines Einsatzes.

Bewegung und Zeit mischen auf diese Weise eine Einheit zusammen, die gefühlsmäßig getragen und dennoch logisch gestaltet ist, auch wenn sie heiße Gefühle unter der Haut hervorbringt, zu denen Logik alleine nie fähig wäre, mit einer räumlichen Bindung an einen bestimmten Ort. Die Zeit ist es im richtigen Moment und die Bewegung ist die Erledigung dazu. Beide müssen eine Einheit bilden, weil alles, das sich verbinden soll, in der gleichen Einheit von Zeit und Raum die gleiche Bewegung übernehmen muss.

Bewegung und Zeit öffnen den Blick auf alles, was an Farben und Formen existiert und was die Kraft hat, zu animieren, einen zur Tätigkeit anzuhalten und Ziele für jede Bewegung zu setzen. In diesen Fällen bewegt sich die Natur mit ihren Reizen und setzt Bewegungen in Gang, die von allen physischen Kräften des betroffenen Wesens unterstützt und betrieben werden. Und das ist überall in der Biomasse identisch. Denn sie müssen alle den rechten Weg finden, um weiter zu existieren. Das ist die autonome Verantwortung der Natur, auch außerhalb des Individuums, das an dieser Stelle genau das Gleiche verfolgt und sich damit in völliger und gebilligter Identität mit den natürlichen Abläufen bewegt.

Das Zusammenspiel von Zeit und Bewegung offenbart auf diese Weise die oft besten Begegnungen und die stärksten Ereignisse. Dem entsprechen alle unsere Gefühle, als die Auswirkungen unserer Beweglichkeit. Ihre Struktur und Wirkungsweise sind Naturprinzipien, die alle Wesen in ihrer individuellen Form durchwirken, wodurch eine gefühlsgebundene Einheit an einem bestimmten Ort, zu einer bestimmten Zeit unter den Wesen der Biomasse gegeben ist. Ihre Struktur hält auch den geistigen Standard einer Epoche, der wieder Basis weiterer geistiger Bewegungen und neuer Errungenschaften wird. Das Gefühl hebt das Individuum auf den Standard seiner Epoche und lässt es damit automatisch an allen Bewegungen, zu denen es Zugang hat, teilhaben. Diese Mechanik garantiert sofortige Reaktionen auf gleicher Höhe, mit Ausnahme von speziellen Besonderheiten.

Bewegungen hinterlassen Gefühle und kennzeichnen damit auch ihren physischen Verlauf in jedem Individuum. Der erreichte geistige Standard jeder Epoche ordnet diese Gefühle in ihr Gesamtsystem, das geistig die Standards festlegt und damit die gegenwärtigen Inhalte bestimmt. Das ist für alle Gesellschaften und Gemeinschaften die wichtigste Existenzgrundlage, weil sie damit den Wert und die Form des Zusammenlebens festlegt. Die Gefühlsbasis einer Gemeinschaft stellt ihre Erscheinungsform nach außen dar und macht sie damit zum Gegenstand von angepassten Überlegungen für angepasste Bewegungen. Und das gilt auf dem gesamten Globus.

Gefühle überdecken den Gesamtablauf und behalten ihre Wertigkeit während der ganzen Bewegung. Sie folgen damit der energetischen Lenkung und Leitung zum Ziel oder übernehmen sie sogar. Der Geist schreitet mit seiner Logik dann im Einzelfall ein und regelt den erforderlichen nächsten Schritt. Bewegung wird auf diese Wise direkt und unmittelbar von jedem Wesen geleitet und empfunden und sie übernimmt durch diese direkte und starke Verbindung zum Individuum, dessen innere Strukturierung und die physische Übernahme der Bewegung und ihrer Inhalte. Bewegung strukturiert den menschlichen und zumindest auch tierischen Gefühlseinsatz und seine Wirkung. Sie entscheidet darüber inwieweit das Fühlen und Denken rein Individuum bezogen, also nach subjektiven Schritten verläuft, oder nach objektiven Schritten und damit für jeden nachvollziehbar ausgeführt wird. Das ist ein Lernprozess, der zur Anpassung an die Aufgabe und an die Weite der Blickrichtung erfolgt. Jeder Bewegungsablauf hat seine räumliche Größe, die für Gefühl und Logik verschieden sind, die aber angepasst werden können. Und sie bestimmen sich gegenseitig.

Die Bewegung strukturiert den Gefühlsaufbau aller Wesen in der Biomasse. Sie schafft Ordnung auch in diesem System und ist damit die eigentliche Basis der individuellen Bildung und Entwicklung. Ihre objektive Struktur löst das Individuum aus ihrer rein subjektiven Bindung und richtet seinen Blick auf reale und objektiv mögliche Bewegungsschritte, sowohl gefühlsmäßig, wie logisch. Denn die Gefühle schalten die Logik an der erforderlichen Stelle rechtzeitig ein. Das ist der wichtigste Inhalt von Bildung, weil er den Blick in die Welt eröffnet und sich aus dem engen Kreis des Individuums herausentwickelt.

Bewegung gehört ganz wesentlich zur Bildung und zur Erfahrung der individuellen Besonderheiten, die in ein Gesamtsystem einzuordnen sind. Da Bewegung großenteils Logik ist, eröffnet es die Verbindung zum logischen Ablauf und zu dessen Form des Vorgehens, die jeder, der logisch denken will, verstanden haben muss. Und das geht nur über Bewegung und geistige Auseinandersetzung, auf der wertbezogenen Basis eines verantwortungsbewussten Verhaltens. Verantwortung und Bewegung strukturieren die Logik und bauen Gefühle in allgemeingültiger Art, weit über ihren subjektiven Inhalt hinaus.

Diese Struktur besteht in der gesamten Biomasse, allerdings auf den Bewegungsraum beschränkt. Das Tier bewegt sich in seiner Umgebung und entwickelt dementsprechend seine Koppelung von Geist und Gefühl auf diesen Radius bezogen. In diesem Kreis entwickelt es alle notwendigen Fähigkeiten, die das Tier sowohl räumlich an seine Umgebung binden, wie ihm auch darüber hinaus notwendige Fähigkeiten vermittelt, die seine Existenz garantieren. Dazu gehören auch Eigenschaften, die der Mensch nicht besitzt, wie die Ahnung gefahrvoller Entwicklungen, denen ich mich zur eigenen Rettung rechtzeitig entziehen muss. Mit dieser identischen Gefühlsbasis ist das gegenseitige Verständnis mit einem Blick möglich und gesichert. Sowohl ich, wie das Tier erkennt mit einem Blick, mit welcher Absicht ich mich ihm nähere. Ohne diesen identischen Gefühlsstandard wäre in Zusammenleben von Tier und Mensch nicht möglich.

Auch Pflanzen entwickeln individuelle und gemeinsame Reaktionen zum Eigenschutz und sind damit in diese Gefühlsstruktur mindestens zum Teil mit eingebunden. Das gibt es auch in der Kombination von Pflanzen und Tiere. Pflanzen rufen zu ihrer Hilfe Tiere herbei, die Schädlinge vernichten und die Pflanze retten. Jedenfalls ist das eine durchaus interessante und entwicklungsfähige Verbindung unter den Kreaturen, die auf jeden Fall zu aller Vorteil weiterzuentwickeln ist. Die jeweilige Art der Bewegung auf das betroffene Individuum zu ist der Auslöser seiner Reaktion. Denn die Art der Bewegung enthält ihren positiven oder negativen Charakter. Soweit ist die typische Gefühlsbindung inzwischen bei allen Wesen ausgebildet. Und sie wird immer nötiger, weil die Erhaltung der Arten nur in einer gemeinsamen Wirkungsweise noch möglich sein wird. Auch das Zusammenleben von Tier und Mensch gestaltet sich gerade neu und führt auch zu Nachteilen, wie Pandemien und anderem auf beiden Seiten. Die Beherrschung dieser Verbindungen wird für alle Teile immer wichtiger und langsam sogar existenznotwendig. Das Verbindende auf der

Gefühlsbasis muss unbedingt auch zwischen den Arten entwickelt und erkannt werden.

Bewegungen erweitern den Horizont für alle Beteiligte. Es ist wichtig diese Kräfte zu nutzen und irgendwann zu koordinieren, um negative Einflüsse aus solchen Verbindungen zu vermeiden. Die derzeitige Pandemie mit Covid ist eine Folge dieser Verbindung. Und solche folgen werden sich in Zukunft gehäuft zeigen, weil Bewegungen immer in alle Richtungen verlaufen können und so auch von allen Beteiligten genutzt werden. Die Ausdehnung des Menschen zwingt die Tierwelt und die Pflanzenwelt, enger in den Bereich des Menschen einzuwirken. Damit übernehmen beide Teile die Eigenarten des Anderen und müssen mit ihnen zurechtkommen. Nicht umsonst hat die Natur durch die gegenseitige Scheu eine hohe Barriere gesetzt, die jedem seine Eigenart belässt. Ein Überschreiten der individuellen Grenzen muss genau bewertet werden, weil es in der Natur nicht vorgesehen ist.

14. Bewegung in der vierten Dimension

Die vierte Dimension ist die der Würde und Erhabenheit. Würde und Erhabenheit bestehen nur, wenn die geistige und physische Struktur des Individuums in der Lage sind, alle solche Zustände und Verhaltensweisen zurückzuhalten und auszuschalten, die dem Raum der Würde und Erhabenheit widersprechen. Dies kann dermaßen stark in einer Person wirken, dass sie bei Nichteinhaltung der Grenzen der Würde oder Erhabenheit in Krankheitszustände verfällt und nicht mehr leben will. Denn die Würde und Erhabenheit haben eine ausschließende Wirkung in Geist und Gefühl. Wer sich in diese Position begibt, kann keine abweichende Stellung dazu mehr einnehmen. Würde und Erhabenheit schließen alles aus, was ihrer Struktur entspricht. Ihre Struktur hat fast einen ausschließlichen Charakter. Bis hin zur steifen Haltung und extremen Geradlinigkeit. Das ist kein Element unserer Zeit mehr, deshalb sind wir auch relativ weit von der Dimension entfernt.

Würde und Erhabenheit verlangen von jedem Wesen seine natürliche gerechte Haltung einzunehmen und diese auch dem Anderen gegenüber zu erhalten und von diesem zu fordern. Von mir will ich das, was ich vom anderen auch verlange. Das ist das eiserne Prinzip. Und ich will auch nur das, was ich auch von mir und jedem anderen fordern kann.

Solche Zustände wirken räumlich, sie haben Raumstrukturen, die genauso ausschließlich wirken, wie die Mauer einer Wand eines stabilen Gebäudes. Sie haben auch physische Wirkungen und gliedern sich wie ein Muskel in den Körper ein. Die Würde und die Erhabenheit können einen Menschen dermaßen erfassen, dass das gewöhnliche Leben in der dritten Dimension für ihn undenkbar geworden ist. Sie umfassen nicht nur den Vorgang des individuellen Verhaltens, sondern sie sind immer gleichzeitig ein Teil des Ziels jeder Bewegung. Dadurch wachsen sie zu einem zwingenden Zusammenhang heraus, für den es keine Alternative gibt. Und sie wirken immer auf das Individuum, das sich aber fast automatisch mit Gleichgesinnten verbindet und harmonisiert.

In diesen geistig-physischen Räumen der menschlichen Natur sind eigene Bewegungsstrukturen vorhanden, die sich selbst an Vorgaben binden und danach handeln und ihre Entscheidungen treffen. Und sie sind in eine streng logische Struktur des Verhaltens eingebettet. Diese Strukturen existieren originär in der Natur. Das schöne Blümchen, die Narzisse, am kargen, schmutzigen Wegesrand, sie blüht mit herrlichen Blüten in das Licht der Sonne hinein, obwohl bereits einige Zentimeter neben ihr stinkender Schmutz und Unrat liegen und jederzeit die Gefahr besteht, dass ein schwerer Autoreifen sie zerquetscht oder der breite Huf einer Kuh oder eines Pferdes ihm das Genick brechen. Trotz dieser Umstände stark genug zu sein, gegen diese Umgebung anzublühen und noch hervorragend zu riechen und in eine solche Welt hineinzuduften, das ist Größe und ist erhaben und das mutet sich der Mensch der dritten Dimension nicht mehr zu. Dazu muss er in die vierte Dimension gelangen.

Das Hervorragende der Größe ist, dass sie nicht egoistisch strukturiert ist. Durch ihre Ausschließlichkeit erweckt sie zwar den Eindruck des Egoismus, das ist aber deshalb nicht der Fall, weil Größe übertragbar ist und in der gleichen Form in das andere Wesen verlegt wird. Und jeder der die Größe lebt, gewährt sie auch dem Anderen. Damit kann er nicht egoistisch sein, er stellt auf diese Weise nur die gleiche Ausgangslage her. Die Ausschließlichkeit der Größe bietet auf der anderen Seite die Grundlage für eine absolute Verlässlichkeit. Die bis an den Rand der eigenen Existenz gehen kann.

Pflicht und Verantwortung sind die ersten Merkmale der Größe, deshalb haben sie die heutigen Tage auch abgeschafft. Wer in Größe und Erhabenheit lebt, für den stehen das Pflichtbewusstsein und die Verantwortung an vorderster Stelle. Sie waren aber immer in der Lage, beides richtig und intelligent einzusetzen, haben den Andersdenkenden damit in der Regel überfordert. Und, da heute eine formale Gleichheit gilt, die vor allem den Nachlässigen übermäßig schützt, kann es ein starkes Pflichtbewusstsein nicht mehr geben.

Würde und teilweise Erhabenheit war auch in den alten Ständen vorhanden, zumindest in den oberen Schichten, die es sich leisten konnten, feste Grundsätze zu haben, diese zu leben und sie auch ernst zu nehmen, mit ihnen zu leben und sie zu verlangen und vorauszusetzen und dies mit allen Konsequenzen. Eine Folge dieses Denkens in Würde war eine Vorstellung von Ehre, die teilweise überzogen, sogar so weit ging, dass man bei einer schon geringen Verletzung der Ehre bereit war, in einem Duell zu sterben, weil sich das Leben in Unehre nicht mehr lohnen sollte. Es kam das Duell mit unvorhersehbarem Ergebnis, wobei das Risiko des eigenen Untergangs tatsächlich einkalkuliert war. Ehre stand über dem eigenen Leben. Denn nach damaliger Vorstellung, war es unmöglich ohne Ehre weiterzuleben. Dies konnte sogar innere und tödliche Schmerzen bewirken. Ein ehrloser Mensch, war von der Gesellschaft geächtet und vogelfrei. Die Vorstellung von Ehre hat damals die Ausschließlichkeit der Würde zum Ausdruck gebracht und damit das Ziel erzwungen die Würde anzuerkennen und nach ihren Grundsätzen zu leben. Das Risiko eines Duells war nicht kalkulierbar.

Würde und Erhabenheit eröffnen einen eigenen individuellen Lebensraum, mit absolut festen und verbindlichen Grenzen, die nur eine gewisse Bewegung zulassen, wenn sie richtig verstanden werden. Dabei hat jede Kreatur ihre Würde, die von jedem anzuerkennen ist. Würde hat auch das Amt, das eine gewisse Position in der Gesellschaft vertreten hat und Würde haben alle Lebewesen, die entsprechend zu behandeln waren. Dazu kommt, dass die jeweiligen Gemeinschaften in den Schlössern und in den Bevölkerungsgruppen dieses Verhalten mitgetragen und sogar gefordert haben. Damit hat es seine allgemeine Verbindlichkeit erreicht. Würde bestand damals wenigstens in der Achtung des Anderen und seiner individuellen Persönlichkeit.

Würde und Erhabenheit setzen Verantwortung, Leistung, Zuverlässigkeit und Fähigkeiten voraus, die man sich durch eigene Leistung zu erwerben hat. Man musste auch bereit sein, sich für diese Vorgabe einzusetzen und seine übernommene Position mit allen Kräften zu wahren. Das waren Vorgaben, die nicht nur verpflichtet haben, sondern auch erwartet werden durften. Hat jemand eine Aufgabe übernommen, dann war man sicher, dass diese mit würdigem Ergebnis erledigt wird, ansonsten konnte ich das Angebot gar nicht machen. Würde war auch Gerechtigkeit und Anerkennung von individuellen Leistungen. Jede Anstrengung die aus Verantwortung gemacht und vielleicht verfehlt wurde, hat Würde getragen und war wertvoll, unabhängig von einem negativen Ergebnis. Der Wertmaßstab waren die Würde und Verlässlichkeit selbst.

Würde und Erhabenheit sind auch körperliche Anlagen. Das eigene dadurch vorgegebene Verhalten ist dermaßen in Fleisch und Blut übergegangen, dass es verkörpert, inkarniert war. Entsprechend haben die Folgen von Fehlern zu physischen Schmerzzuständen und Krankheiten geführt. Die gesamte Bewegung in Würde und Erhabenheit setzt Achtung und Rücksichtnahme voraus, die absolut einzuhalten war und die verbindliche Grenzen setzt. Der Mensch hat damit eine kulturelle Stufe erreicht, die in der Natur bereits vor dem Menschen üblich war und noch heute geübt wird, soweit Tiere und Pflanzen überhaupt noch den möglichen Lebensraum für solche Bewegungen haben.

Nach diesen Grundsätzen bestimmen geistig-kulturelle Inhalte alle verbindlichen Bewegungsgrenzen. Würde und Erhabenheit sind im äußeren Erscheinungsbild genauso aufgetreten, wie in dem Verhalten einer Person, gleichgültig wem gegenüber das Verhalten galt. Ähnlich zeigt sich heute noch ein würdiges Verhalten in der Treu von Tieren gegenüber ihrem Herrn. Aufopferungsbereitschaft und Zurücksetzung eigener Interessen, hat man als würdig empfunden.

Und wer die Grenzen nicht eingehalten hat, der musste sich seinem Gegenüber rechtfertigen und nicht gegenüber dem Staat. Das hatte eine direkte und absolut erzieherische Wirkung, weil keine Möglichkeit bestand, sich aus dieser Situation herauszumogeln, wie es dem Staat gegenüber immer möglich ist und heute überall geübt wird. Die Bezüge untereinander waren damit absolut fest und für jeden gültig geregelt, die auch keine Ausnahme zuließen. Solche Bezüge zwingen zur Einhaltung und zur eigenen Anstrengung in Verantwortung. Das Reglement stand wie ein Naturgesetz unveränderbar fest.

Das hat schließlich auch bewirkt, dass diese Staatsordnung immerhin einige Jahrhunderte durchgehalten hat. Erst mit der französischen Revolution sind diese Grenzen gebrochen und Zustände aufgetreten, die Würde mit Füßen getreten haben, was sich fortan fortgesetzt hat.

Als der Staat das Verhalten für alle verbindlich festgelegt hat, entstanden an allen Ecken Öffnungen, durch die man hindurchrutschen und sich den Pflichten entziehen konnte. Zudem entstand Korruption. Die Freunde der Regierung wurden anders behandelt, als der Durchschnittsbürger. Das war das Ende der Würde und Erhabenheit und an ihre Stelle traten Laschheit, Duckmäusertum und das Sichzurückziehen von allen Aufgaben, das geht mich eh nichts mehr an. Und schnell haben sich Würde und Verantwortung überall abgemeldet. Bis zum heutigen Tag, an dem ich mich nur noch anstrenge, wenn ich etwas zu meinen Gunsten will. Alles wird dermaßen umständlich geregelt, dass es mich ohnehin nicht mehr trifft. Das genaue Gegenteil von Würde und Erhabenheit ist inzwischen eingetreten. Und wer nichts tut, wird unterhalten.

Die heutige Zeit wird sich kaum mehr in solche Zwänge und Verbindlichkeiten versetzen lassen. Auf der anderen Seite wird die heutige Zeit ihr derzeitiges Verhalten nicht fortsetzen können, wenn die Menschheit tatsächlich ernsthaft die Natur und ihr gesundes Leben erhalten will. Das wird nur mit Mühe und Würde der Natur und den Mitgeschöpfen gegenüber zu bewerkstelligen sein. Eine gewisse Achtung vor den Interessen der Natur und der Mitgeschöpfe wird nicht zu umgehen sein. Der Mensch wird sich irgendwann in die Dimension der Würde einrasten müssen.

Diese legt ihre Grenzen automatisch wirksam fest, womit auch die nötige Konsequenz verbunden sein wird. Es gibt nur ein würdiges und erhabenes Verhalten oder es gibt keines. Wie weit Sanktionen festzulegen sind, müssen die Umstände ergeben. Jedenfalls benötigen wir den sachgerechten Abstand zur Natur und zu dem Nächsten. Denn Würde ist auch Abstand. Und Würde ist kein Handelsobjekt, sondern ein rein logisch strukturiertes Verhalten.

Die andere Alternative ist das Chinesische Modell der totalen Überwachung und der Bewertung nach Benehmen und Leistung. In diesem Fall regeln der Staat und der Computer alle Zustände mit Strafen und Sanktionen und bestimmen die Verhaltensweisen und nicht das eigene Gegenüber. Eine Demokratie kann dieses technische Modell mit dem Vorbehalt des Staates eigentlich nicht auf seinen Schild heben.

Die Frage bleibt jedoch, ob nicht das Verhalten der Natur auf der einen Seite und die stetig wachsende Beherrschung durch Maschinen, nicht ein solches Konzept des würdigen, offenen und verantwortungsbewussten Verhaltens allen Mitgeschöpfen gegenüber verlangen. Denn schon heute zeigt sich, was an Gefahrenpotential mit der Arbeit der Computer allein bezüglich der öffentlichen Gesundheit und Sicherheit verbunden ist. Gesellschaften und ihre Funktionen können auf einen Schlag lahmgelegt werden und das aus rein egoistischen und monetären Gründen einer kleinen Gruppe oder eines gegnerischen Staates. Aus einem Verhalten heraus, das alles andere als würdig ist.

Die Schranken der Würde ergeben sich aus diesem Prinzip von selbst. Ein schädliches und würdeloses Verhalten ist jedem automatisch bewusst, der sich auf dem Zustand dieser Dimension bewegt. Staat und Christentum haben in einem Teil des Mittelalters diesen Zustand bereits erreicht, wenn auch mit Überwachungsmethoden und einem Sanierungsverhalten, das heutigen Vorstellungen nicht entspricht. Dennoch wird es ohne einen würdevollen Abstand zur anderen Mitkreatur, zur bedeutenden Sache und vor allem zur Natur, auch in Zukunft nicht mehr gehen, wenn die Menschheit einigermaßen gerecht weiterleben will. Die chinesische Lösung der Diktatur durch vollkommene und lückenlose Überwachung, erreicht dieses Ziel nicht, weil Grundlage dort nur ein staatstreues Benehmen, aber nicht das der Würde ist.

Dieses System hat selbst keine Würde dem einzelnen Volksgenossen gegenüber, sondern behandelt ihn würdelos, wenn er nur eine andere Meinung vertritt. Würde dagegen lässt die andere Meinung zu, denn sie basiert auf Verantwortung, auch auf Verantwortung für den besseren Weg. Und dieser ist nur mit der freien Meinung erreichbar. Und davon sind auch unsre Gesellschaften meilenweit entfernt. Würde heißt besonders auch die anerkannte individuelle Leistung des Anderen, die auf verantwortungsbewussten Verhalten beruht, zu schätzen.

Der Hauptgegenstand der Würde ist das würdevolle Verhalten auch dem gegenüber, der mit Würde handeln soll. Die technische Überwachung erbringt das nicht, weil sie ihn in ein vorgegebenes System von Daten zwingt, die ihm keine Luft zur eigenen Kreativität und zur Verbesserung jeder Situation belässt belassen. Würde ist nur möglich, wenn jeder nach seinen optimalen individuellen Bedingungen und der ihm übertragenen Verantwortung gesehen und gewertet wird und auch in der Lage ist, kreative Verbesserungen beizutragen und das System permanent zu neuen Anforderungen zu bringen.

Das war bislang Europas Stärke, man hat alles ständig hinterfragt und optimiert. Eine solche Wertung, ob diese Bedingungen gegeben sind, zeigt sich in der Regel mit einem Blick, wobei ich mich um die individuellen Gründe bekümmern muss. Das kann der Computer nicht. Vielleicht noch nicht. Ein gesellschaftliches Leben nach der Dimension der Würde wird unumgänglich sein. Die bevorzugte Gemeinschaft trägt die Würde noch als ihr Naturprinzip in sich. Und Überwachung übernimmt der einzelne Nachbar, der mich stets auf mein würdiges Verhalten zurückführen kann.

Würde belässt auch einen Spielraum. Verantwortung legt einem auch die Suche nach der adäquaten besseren Lösung auf. Dabei ist der Spielraum der Kreativität frei. Die bessere Lösung bekomme ich nur mit dem Spielraum der kreativen Alternative, die ich ins Feld führen muss. Ist sie sachbezogen eingeführt, dann hat die Würde kein Problem damit, eine solche Leistung anzuerkennen. Eine Verbesserung eines Zustandes ist von Natur aus auch ein würdiges Verhalten.

Würde, Größe und Erhabenheit sind ständige Prozesse der Anpassung und des Ausgleichs. Sie existieren nur, wenn das gesamte Umfeld diesen Bedingungen entspricht und der interne Austausch zur gegenseitigen Befruchtung und Erhaltung gewährt ist. Würde ist kein Zustand, der einmal existiert und dann zementiert ist, es ist ein Prozess der ständigen Anpassung und Entwicklung, weil es sicherlich mehr solche Zustände gibt, die außerhalb der Würde liegen und die deshalb angepasst werden müssen.

Das ist eine der größten Aufgaben, weil es für viele ein Verzicht auf erhaltene Pfründe bedeutet, was logisch nie vermittelbar ist. Der Hauptgrund für unsere Bürgerkriege in vielen Staaten. Würde bedeutet auch, die eigene individuelle Leistung richtig einzuschätzen und die Verhältnismäßigkeit zu beachten. Ich muss mich ganz besonders in die Pflicht nehmen. Demgegenüber ist der heutige Zustand in unserer Demokratie direkt ein ständiger Urlaub, ich kümmere mich nur um meine Dinge, ansonsten schimpfe ich über alles.

Ein Verhalten in Würde bedeutet auch nicht, dass alles nur über Nachgeben und Zurücktreten erreichbar ist. Würde setzt auch den *Streit* voraus, wo er nicht auf anderem Weg vermeidbar ist. Würdig kann nur sein, wer seine Position behaupten und auch effektiv verteidigen kann. Das wirksame Eintreten für seine Würde ist das beste Regulativ, das auch den Anderen von der Position überzeugen kann. Die westlichen Demokratien zeigen überall nur ein Zurückgehen und ein Nachgeben und sie zeigen nicht, dass sie auf ihren Standpunkten stehen und diese auch wirksam durchsetzen müssen. Ein Duell konnte man nur verlangen, wenn man einigermaßen sicher war, die dazu nötige Technik wenigstens zu beherrschen und einsetzen zu können. Ein Verhalten in Würde setzt erhebliche Investitionen in die eigene Entwicklung voraus, die ich selbst erbringen muss und noch bevor ich etwas von Anderen verlange. Ich selbst benötige ein würdiges Verhalten und die nötigen Kräfte dazu.

Würde trägt auch das Recht der Gnade und Vergebung in sich. Nur wer Würde ausstrahlt, kann wirksam vergeben und Gnade üben. Das war im Ständestaat, eine immens wichtige Eigenschaft, gnädig zu sein, um kleinere Notwendigkeiten, die außerhalb des langen würdigen Weges kurz erledigt wurden, zu vergeben. Ein solches Gefühl existiert in den heutigen Gesellschaften nicht mehr. Heute drückt man ein Auge zu, egal ob verdient oder mit krummen Beziehungen. Würde ist auch deshalb herausfordernd, weil sie Gerechtigkeit voraussetzt

Dabei ist Gerechtigkeit nicht die formale Gleichheit, die alles über einen Kamm schert, sie ist die ausgewogene und sachgerechte Entscheidung über alle Umstände. Das, was der Einzelne auch empfindet. Eine solche Entscheidung kann eigentlich nur der Einzelne treffen, eine Institution nach formellen Regeln steht mehr im Zwang des Regulatives. Es ist am Einzelfall nicht maßgeblich interessiert. Und Würde zeigt sich gerade im Einzelfall, man sieht es auch an der Statur der Persönlichkeiten. Das System der Würde ist eine Gemeinschaft, die eigentlich keinen Staat verlangt, weil sie sich von selbst regelt.

Stehe ich vor einem schön gewachsenen Ährenfeld und leise weht der Wind darüber und bewegt die Köpfe der stolzen

Pflanzen hin und her, dann verstehe ich was Würde ist. Stolz stehen sie in Reih und Glied, zeigen freudig ihren guten Wuchs und halten ihre Position im Licht der Sonne, ohne den Nachbarn daneben auch nur geringfügig zu begrenzen. Man legt Wert darauf, dass er genauso seinen Bereich einnehmen kann, weil es zur Gemeinschaft gehört, die Schutz und Entwicklung in der leichten Bewegung des Windes gibt. Sie wären auch stark genug, einen Sturm auszuhalten, weil sie in einer festen Gemeinschaft stehen. Und dennoch ist jeder Halm sein eigenes Individuum, dessen Position im Gesamtverband sogar gefordert ist, weil er sonst seine Aufgabe nicht erfüllen kann.

Würde enthält auch die Absicherung der eigenen Position, sie ist eine Struktur, die Lebensrechte sichert und für jeden garantiert. Nur wenn auch der Andere neben mir unter gleichen Bedingungen mitlaufen kann, ist Würde gewährleistet. Es ist also nicht nur ein Bezug auf das eigene Verhalten, auch das der Gemeinschaft muss einbezogen sein. Würde setzt also angemessene Bewegungen in einem logischen System voraus.

Bei einem System, dessen Wirken insgesamt überschaut werden kann, weil ich sicher weiß, ich kann mich auf den Anderen verlassen. Das ist das Regulativ, das Diktatur und ein striktes demokratisches Reglement erübrigt. Die Würde begründet aus ihrer Struktur heraus, enge, zusammenhängende Gemeinschaften. Würde ist gleichzeitig ein Strukturelement der Gemeinschaft und das bewirkt sie kraft natürlicher und logischer Folge aus ihrer eigenen logischen Struktur und persönlichen Verbundenheit heraus.

Sie benötigt deshalb kein Staatssystem, das jedem alles vorschreibt. Sie trägt die nötige Verhaltensnorm in sich.

Die vierte Dimension der Würde könnte die Basis für ein System der Gemeinschaften sein, bei der auf die Bildung großer Staatssysteme mit unübersichtlichen Verwaltungsagglomeraten und mit vielen sich widersprechenden Parteiorganisationen verzichtet werden könnte. Sie bewirken eh nur Unzufriedenheit und Verdrossenheit. Und lassen im Endeffekt, trotz überwältigender Organisationen, den Bürger alleine im Regen stehen.

Die Coronakrise legt die Defizite der freien und offenen Gesellschaften geradezu auf den Tisch. Das geht sogar so weit, dass eigene Lebensinteressen aus Unverständnis und blanker Gegnerschaft und gegen alle Logik, vergessen und abgelehnt werden. Die Ablehnung dieser Gesellschaftsform ist inzwischen dermaßen groß, dass die eigenen Lebensinteressen zurückgesetzt werden. Nur darum geht es. Würde ist aber nur möglich, wenn sie das ganze Umfeld erfasst, das möglichst nicht von unverständlichen Regelungen durchseucht ist.

Ein Verhalten in Würde legt die Lösung für manches Problem von sich aus auf die Hand oder lässt das Problem schon gar nicht aufkommen, weil Würde eine zwingend logische Struktur besitzt. Im Gegensatz zu den derzeitigen demokratischen Gesellschaften, setzt das Verhalten in Würde die Position des Individuums in den Mittelpunkt, die jetzigen demokratischen Gesellschaften stellen die Regierung und ihre unüberschaubaren Verwaltungen in den Mittelpunkt, das begleitet wird von dem Bellen einzelner Mitglieder der Opposition, die aber stets nur zum Ausdruck bringen, was eh schon bis zur Übelkeit durchgekaut wurde. So entsteht kein Vertrauen.

Auch das Christentum geht von Würde aus. Und nur, weil die unwürdige damalige Gesellschaft dem Messias kein angemessenes Lager geboten hat, wurde er im Stall geboren. Die Gesellschaft war überaus korrupt und die Keime der Auflösung haben längst in ihrem Gebälk genagt. Auch wegen dieses Zustands seiner Umgebung war das Erscheinen des Messias eine direkte Notwendigkeit. Aber diese Gesellschaft war noch immer stark genug, ihre Pfründe gegen alles zu verteidigen. Deshalb hat man den, der gegen die Pfründe angetreten ist, schließlich ans Kreuz genagelt.

Er hat Würde und Einfachheit gepredigt und das ist das wahrhaftige Gegenteil von Korruption, Anhäufung von Reichtum und Machtstreben, auch in der Demokratie. Wer die Macht besitzt, setzt immer alle Mittel für deren Erhalt ein. Auch noch heute. Dabei spielen Andere keine Rolle mehr. Sie kann man im Bürgerkrieg mit Giftgasen eigene Brüder vernichten. Auch nicht besser, als das Ende am Kreuz. Dieses Bild setzt sich in die heutigen Tage hinein fort, wenn auch mit anderen und noch wirksameren Mitteln.

Gesellschaften der heutigen Prägung bedürfen direkt des heillosen Durcheinanders, um sich im Gestrüpp der Auseinandersetzungen und Unüberschaubarkeit überhaupt noch behaupten zu können. Nur unter der Bedingung der Undurchschaubarkeit ist es überhaupt noch gerechtfertigt, Gewalt einzusetzen, um Ordnung zu schaffen und sich die

Pfründe zu wahren. Man muss die internen Machtkämpfe nur richtig bewerten. Diesen Nebel des öffentlichen Lebens, kann nur ein würdiges Verhalten beseitigen. Und viele verzichten schon auf Ansprüche und Rechte, weil sie das Gestrüpp der Bürokratie fürchten. Eine Art von Würde, aber nicht unbedingt die richtige. Der Sturm auf die Parlamente in Berlin und Washington, ist der Versuch sich gegen das Monstrum der Demokratie zu wehren. Wenn auch planlos und ohne Erfolg.

Im Ernstfall, so wie bei dem G 20 Gipfel in Hamburg, bleibt nur Gewalt, auch wenn sie sinnlos und schwach war, weil alles falsch berechnet wurde und weil es Würde im öffentlichen Denken schon lange nicht mehr gibt. Würde hätte mindestens die richtige Einschätzung der Lage verlangt. Würde vertritt auch die Menschenrechte in aller Form, zu denen auch das Recht auf Versammlungsfreiheit gehört, als das trojanische Pferd zur effektiven Gewalteinwirkung. Aber auch Gerichte kennen die Würde nicht mehr. Sie hängen sich an einen falschen Formalismus.

Würde und Erhabenheit haben die Menschenrechte und alle Grundrechte zum Inhalt. Diese sind Strukturelement der Würde und der Erhabenheit und müssten gar nicht ausdrücklich erwähnt zu werden. In Zeiten, die eine Würde nur zum Einsatz bringen, wenn es zu ihrem Vorteil ist, bedarf es der Regelung und Einhaltung in Gesetzen und Recht und mit Gewalt und Macht. Unabhängig davon, bestehen beide, Würde und Erhabenheit, als echte und natürliche Lebensstrukturen, man muss sich nur zu ihnen bekennen und sie wirklich wollen.

Tierwelt und Pflanzen können gar nicht anders, als Würde in ihr Leben aufzunehmen. Nur so halten sie den notwendigen und würdigen Abstand voneinander und können ihre Bewegungsmöglichkeiten ohne Bestimmungen aller Art nutzen und verwenden. Würde ist ein Naturprivileg, das seine eigene Struktur schafft und bei allen Wesen in deren Fleisch und Blut übergegangen ist, das also automatische Geltung beansprucht und von jedem beachtet wird. Rangkämpfe unter Tieren erfolgen stets nur zur Messung der Kräfte und Erhaltung ihres würdigen Abstands, ohne die Absicht den anderen ernstlich zu verletzen.

Auch Pflanzen folgen einer festen Lebensordnung, nicht nur für sich, sondern auch für den Nachbarn, der seinen unbeweglichen Platz neben mir eingenommen hat. Er wird anerkannt und geachtet, sein Lebensrecht ist akzeptiert. Nur der Mensch lebt in seiner dritten Dimension des Raumes mit eigenen egoistischen Vorstellungen, mit dem Bestreben sein Recht stets über das der anderen zu stellen.

Zur Würde ist jeder fähig. Es erfordert nur die Vorstellung von eigenem achtenswertem Verhalten, mit der Gleichstellung des Anderen, aber auch mit dem Verlangen, alles nach bestem Wissen und Gewissen und mit höchster Verantwortung zu erledigen, verbunden mit dem Willen, sich danach zu richten. Das gab es hierzulande bereits einmal und zwar als Folge des alten abgeschafften Ständestaats. Seine Nachwirkungen haben sich bei uns allerdings längst völlig verflüchtigt.

Würdiges Verhalten und das der Erhabenheit schaffen keine Rangordnung, mit dem Anspruch, in Würde der Bessere zu sein und alle anderen unterzuordnen. Würde ist Verantwortung und wer sich daranhält, bekommt automatisch Anerkennung und Achtung und hat nicht das geringste Verlangen, sich über andere zu erheben. Auch der andere kann es nicht als Hochmut verstehen, sondern eher als Hilfe und Entgegenkommen, in dem Bestreben auf gerechte Beurteilung.

Denn komme ich ihm in Würde entgegen, dann achte ich ihn mit der gleichen Wertung, wie mich selbst. Und das bemerkt er schon mit der ersten Begegnung, weil ihn die Würde automatisch in ihre gelebte Struktur übernimmt. Das bewirkt bei ihm zwingend ein ebensolches Verhalten, weil er der Würde nichts Anderes entgegensetzen kann, wenn es sinnvoll sein soll. Würde ist auch allseits verständlich, weil sie ein logisches Verhalten ist und in ihrer Auswirkung nur logische Verhaltensmuster hervorbringt. Und daran kann sich jeder messen, der ein gewisses logisches Verständnis aufbringt. Man hat würdiges Verhalten lächerlich gemacht, weil es teilweise auf Vorgänge verzichtet hat, mit denen man einen erheblichen Vorteil hätte erreichen können, was die Träger der Würde aber nicht wollten.

Eine Produktion nach den Grundsätzen der Würde, könnte von positiven Eigenschaften des Impfserums gegen Corona ausgehen. Denn bei ihr geht es nicht primär um Umsatz und Gewinn, sondern um Hilfe für den Mitmenschen und das bisherige Prüfverfahren hat gezeigt, dass große Mängel an den Medikamenten ebenfalls nicht erkannt und negative Folgen deswegen auch durch Prüfung nicht zu verhindern waren. Ein Vorgang in Würde, könnte solche langwierigen

Prüfungsinstanzen erübrigen und die dadurch verlorene Zeit einsparen. Die Coronakrise zeigt auch das mit aller Deutlichkeit. Bürokratie kostet Menschenleben.

Das kapitalistische Wirtschaftssystem ist nicht unbedingt der Würde entsprechend, zumal es primär auf Gewinn gerichtet ist und dabei gelegentlich extreme Auswüchse zeigt. Nach dieser Ansicht spielen Belastungen von Natur und Gemeinschaft keine Rolle, da diese von den anderen zu tragen sind. Man sieht nur seinen eigenen speziellen Vorgang und teilt alle Konsequenzen daraus immer dem Anderen zu. Würdig wäre es, das, was ich verursache, muss ich auch beseitigen. Dieser Bezug folgt auch dem allgemeinen Verantwortungsgrundsatz, der auch absolut zur Würde gehört. Auf der anderen Seite verpflichtet mich die Würde nicht zu Sozialleistungen, für solche, die sich keine Mühe geben wollen.

Der Zustand der Würde ist in einer Gesellschaft, die in sich alle diametralen Interessen vereinigen muss, nicht denkbar. Denn der Zustand der Würde setzt voraus, dass das, was sich aus der Würde ergibt, keiner weiteren und vor allem keiner zerpflückenden Diskussion offensteht. Würde errichtet einen systematischen und klaren Zusammenhang der Zustände und Abläufe und ihr Wertgehalt ist es gerade, dass ein solcher Sachzusammenhang Geltung haben muss. Diskussionen sind dort möglich, wo eine eindeutige Sachaufklärung nicht möglich ist. Bei klaren Verhältnissen kann Diskussion nur zu Zweifeln führen, die dann auch alle sinnvollen und notwendigen Vorhaben unmöglich macht.

Würde baut in sich eine Reihenfolge der Bedeutungen und Wichtigkeiten auf, die nicht davon ausgeht, dass alles aus einer formellen Gleichheit heraus zu betrachten ist. Jede Bewegung hat ihre eigene Wertigkeit und so wirkt sie sich auch auf das Individuum und die Gemeinschaft aus. Kein Vorgang ist dem anderen gleich, überall ist der individuelle Anteil enthalten und wirkt sich aus. Auch das zeitliche Moment ist von Bedeutung, ein Vorgang steht dem Ereignis näher, als ein anderer, weshalb sein Einsatz, trotz der Gegensätze, vorrangig sein kann. Das gehört zur Würde, dies anzuerkennen und dennoch die Lösung herbeizuführen, ist ihre Aufgabe. Diese streng logische Struktur gehört zum Wesen der Würde und bestimmt ihren festen Ablauf. Deshalb wird sie primär auch nur in homogenen Gemeinschaften wirksam werden können. Sich im Inneren uneinigen und sich ständig widersprechende Gesellschaften sind dafür nicht der optimale Boden.

Die Dimension der Größe und Würde zeigt auch die Bereitschaft zur Ahnung von etwas. Ahnung ist eigentlich das Staunen über eine Größe, die gerade undefinierbar und unbegreiflich als Ganzes auf einen einwirkt und dabei keine genauen Konturen abgibt. Dieses Phänomen ist eigentlich in jeder Dimension vertreten, aber in allen andren, außer der Würde, wird es nicht in der richtigen Wertigkeit eingeordnet. Ich stehe vor einem beeindruckenden Bauwerk oder einer überwältigenden Naturerscheinung und fühle die Große und Erhabenheit dieser Wirkung. Eine Tausendjährige Douglasie im kanadischen Westen, lässt in meinem Geist die Hälfte der Zeit, zurück zu dem Erscheinen des Messias in mir ablaufen und alles, was damit an Ereignissen verbunden war. Und sie steht mit einer harten und festen Rinde, als ihre schützende Haut und hat alles miterlebt, alles, was an großen und kleinen Ereignissen auf diesem Planeten abgelaufen ist. Allein die Abläufe in Europa sind bereits umfangreich genug, um den geistigen Blick zu sprengen.

Und ich stehe unter den Tausend Jahren in einer kühlen Wiese und die Sonne küsst den Wipfel diese zeitlichen Riesen, weich und liebevoll und lässt ihn strahlend lächeln und weit in die Zeit hineinblicken, ganz so, als wolle er noch einmal tausend Jahre hier die Umgebung beherrschen. Er steht in einer Umgebung, in der nichts geschieht, in der absolute Ruhe herrscht und in der vielleicht nach Laune und Zufall täglich einmal Wolf und Bär vorbeimarschieren und nach ihrer Zukunft schielen. Und wäre die Hochachtung vor diesem Wesen nicht, dann würde mich meine Zeit und mein Bewegungsdrang bereits weiter auf meine Wege schicken. Und ich frage mich, wie kann es ein solch großes Leben, wie dieser Baum, tausend Jahre an diesem Platz aushalten. Wie kann sein Geist alles, was sich in dieser Zeit getan hat, still und leise einfach unterbuttern und nichts Anderes tun, als seine Rinde zu verstärken. In dieser Wiese war vor Tausend Jahren nicht ein Jota anders, also muss ein Geist und müsse seine Gefühle längst genauso trocken sein, wie diese feste Rinde hier.

Dabei ist er der lebende Hort für die lange Zeit und alle ihre Ereignisse und Bewegungen und nimmt sie in sein Inneres auf. Denn auch ihn streifen die schnellen Winde und bringen das feine Wasser des großen Pazifik und des weiten Atlantik herbei, das auch er in sich aufnimmt und damit das Blut saugt, das Europas Streiter oder Chinas Eiferer in die weltweiten Wasser mischen. Kann man das unbewegt so einfach verdauen, so wie er es mit einem starken inneren Wesen seit Tausend Jahren macht? Oder wirft einen nicht die Tragik des Schmerzes und der laute Schrei des Todes aus den festen Wurzeln.

Offenbar nicht, denn er steht noch immer ungebeugt und aufrecht, mit einem wunderbaren stabilen Stamm, der keinerlei Beugung oder Biegung oder Auswüchse zeigt. Nichts hat ihn berührt, nicht die Pest, nicht die großen politischen Ideen eines Bismarck, oder der schmerzhafte Bau der chinesischen Mauer, völlig ruhig ist er geblieben, obwohl ihm das Wasser alles kalt und heiß vermittelt hat. Er muss der Geist der Zeit sein, in dem sich Licht und Schatten vereinen und ihre Geheimnisse in Windeseile und mit Lichtgeschwindigkeit aus der ganzen Welt vorbeibringen. Wenn es so ist, dann hat er Aufregung genug, warum soll er dann an diesem langweiligen Platz vor Unterforderung vergehen? Dann muss er eher für seinen Blutdruck sorgen, dass der bei aller Erregung nicht durch den schlanken Wipfel in die Wolken schießt.

Hier habe ich eine stille Ahnung, die mich irgendwo nach vorne führt, hinein in gewaltige Zusammenhänge, die viel interessanter sind, als die zufällige Begegnung von Wolf und Bär und die mich erfassen und mitnehmen in die Abläufe und Bewegungen, die alles aufschichten, so stark und so hoch, wie die Rocky Mountains geworden sind. Dann trage ich den Geist der Zeit und die Geheimnisse alles Werdens und Vergehens mit, dann bin ich ein Teil der Zentren der Bewegungen geworden und dann kann ich hier an diesem einmaligen Platz eigentlich gar nicht lange genug stehen. Dann ist es meine Pflicht noch lange hier zu verweilen und meinen Blick mit der Sonne in alle Welt zu drehen. Denn hier habe ich alles, das Licht, den Schatten, den Regen und die weiten Winde, wo könnte ich mehr erfahren und von dem Leben in meinen Händen halten. Und die Zeit, die muss es bei mir abladen, weil all die Anderen unter und neben mir nur Eintagsfliegen sind. Und trotzdem liebe ich ihr Farben und auch ihren Duft, auch sie geben mir an jedem Tag ein neues Leben.

Nur so kann es sein, denke ich und stehe noch lange unter diesem ewigen Denkmal, denn, soll unser ganzes Tun und Wollen irgendwo alles einfach verloren sein. Die Zusammenhänge unter der großen Materie, von Licht und Schatten mitgestaltet, von Luft und Wasser genährt, das kann nicht einfach mit meinem zufälligen körperlichen und geistig-seelischen Wesen irgendwo verblühen und sich in die kühle Erde zur ewigen Fäulnis legen. Das kann die Würde niemals zulassen, das ist ihre größte Pflicht und Schuldigkeit den großen Massen und dem Leben gegenüber. Solange noch ein kleiner Rest von Würde bleibt, lebt auch der tausendjährige Baum und trägt seine und unsere Geschichte weiter.

Dafür bürgt er mit seinem stabilen Stamm und seinen weiten Blick in die Welt des Geistes. Er muss ihn nicht besitzen, er verwahrt ihn für seinen Auftraggeber. Auch er gibt irgendwann seine Verpflichtung weiter an einen starken Nachkommen, der auch unseren Standard hält und für dessen Weiterexistenz und dessen Verbesserung sorgt. Das ist die

Kette, die den Geist dieses Planeten am Leben hält und ihn verbreitet in alle Zeiten hinein.

Denn dieser Baum ist nicht alleine, weit dahinten stehen noch einige von ihm, mit dem gleichen Schicksal und auch den Tausend Jahren auf dem breiten und festen Rücken. Sie sind die Träger und Garanten auch für unsere Existenz. Das ist der geistige Aufbau des weiten All mit seinem Zeitenlauf. Und davon haben wir im Moment die leise Ahnung nur. Nicht fest genug für einen Glauben, aber von ihm auch mitgetragen. Mit dieser Aufgabe ist es egal, wo du deine Bleibe beziehst, da ist hier sogar am besten, denn nichts und niemand beschränkt dich, du bist und bleibst die Tausend Jahr die echte Stabilität. Und in den Wäldern und in den Bergen hallt unser Echo wieder, das jeder von uns eines Tages hinterlässt. Hier ist es, wo Licht und Schatten die mitgebrachte Ladung abladen und hinterlegen. Die Licht-Schatten Relation wirkt in diesen Ästen mit. Das gibt auch ihn seine große Stärke und zu keiner Sekunde hat ihm diese Aufgabe eine Langeweile gebracht. Er trägt in Würde den Zeitenlauf ganz natürlich in sich mit.

Jetzt wird mir plötzlich klar, warum meine Gefühle in seiner Nähe so erhaben fließen. Ich bin Mitten in meiner Geschichte und die meiner menschlichen Art. Er und all die anderen hier im tiefen Wald und auf der Heide übernehmen unsere Eigenart, die die Schatten von uns aufnehmen und in alle Welt berichten. Hier ist eines der unendlich vielen Lager, die alle zusammen die große Bibliothek unserer Abläufe und unserer Geschichte sind, die der Geist der Gemeinschaft dieses All zu seinem weiteren Betrieb benötigt. Und es sieht tatsächlich so aus, als würde das alles über diesen Planeten verlaufen. Er ist das Zentrum der Mechanik und Qualität jeder Bewegung des großen All. Und er hält den Zeitenlauf und seine Leistungen zusammen.

Und von diesem Zentrum, von dem Zusammenwirken all der vielen Tausend Bäumen und anderen Wesen, hängt die Qualität und Dauer der gesamten Rotation mit ab. Hier ist die Achse des Geistes und seiner Neustrukturierung, die ständig und überall abläuft und eine Mitte benötigt. Hier in diesen Wesen muss sie sein. Denn nur wir haben den Geist und die Logik, die das alles bewegen. Geht sie in die glückliche Höhe oder schlagen sie sich die Köpfe ein und alles geht nach unten, einem finsteren Ende entgegen. Das ist das Gleichnis von Himmel und Hölle, das der Messias hergebracht und erläutert hat. Und hier ist es gespeichert und geht auf den Nachfolger über.

15. Bewegung und Logik

Die Bewegung hat für Ordnung aus dem im Urknall entstandenen Chaos gesorgt. Ohne diese Ordnung wäre das ganze System irgendwann kollabiert und wieder in ein starkes schwarzes Loch zurückgefallen. Die Bewegung muss also ein Ordnungsprinzip mitgebracht haben, das sie seither auch mit sich führt. Bewegung verlangt ein Ziel und dieses muss entsprechend den wirkenden Kräften vollständig erreicht werden, zumindest erreicht werden können. Denn zwischen dem Punkt a als Bewegungsanfang und dem Punkt b als Ziel, muss eine zwingende Verbindung bestehen, die so stark ist, dass der Ablauf sichergestellt und die Erreichung des Ziels real ist.

Dieses starke Ordnungsprinzip der Bewegung ist die Logik, die sie überall mitführt, wo sich Bewegung nachhaltig bilden konnte. Die Bewegung selbst folgt ausschließlich der Logik und verläuft deshalb auch jeweils in logisch haltbaren Schritten. Was sich bewegen will, muss sich dieser logisch zwingenden Ordnung fügen. Die Bewegungsrichtung muss sich immer durchsetzen, sonst gibt es keine Ordnung mehr.

Logik ist aber nur die Kraft zwischen a und b, vermittelt durch die Bewegung. Das entspricht auch unserer Zeit, die von dieser Bewegung von a nach b abgeleitet ist. **Sie ist es aber nicht,** die in der Wurzel und dem starken Stamm der Tausend Jahre unseres Baumes hängen, das ist mehr, das sind die Inhalte dieser Zeit, hervorgebracht von Logik und Gefühlen, die noch immer Leben sind, solange sie ihre Wurzeln in den lebenden Nachfolgern belassen können und den langen Lauf der Dinge sichern. Logik hat die Inhalte mitgestaltet. Logik kennt weder Freuden noch Schmerzen. Bewegung bringt sie mit hervor und gleicht sie auch mit allen Gegenmitteln wieder aus, die aus anderen Bewegungen kommen können.

Aber alles bewegt sich gerade. Und damit läuft überall die Logik mit. Und überall berührt sie unendlich viele andere Bewegungen mit, die alle ihre Gefühle in sich tragen, weil sie lebende Wesen sind. Und diese Gefühle sind es wieder, die Leben in die Bewegung bringen. Leben und Aktionen, also gute und schlechte Taten, alles, was sich gerade aus dieser

Art Bewegung ergibt und das zeigt wieder, ob sie die Richtigen sind oder ob sie verändert werden müssen.

Dafür steht der Weltengeist, der automatisch aus diesen Inhalten seine Konsequenzen zieht. Und dabei greift er auf seine große Bibliothek zurück, von denen mein starker Baum ein Anteil war. Und Licht und Schatten versorgen ihn mit allem. Das sind die inneren Zusammenhänge in denen alles verläuft, von Bewegung und Logik angetrieben und gewogen. Und irgendwann erreicht unser System des ganzen All seine Grenze, dann schlägt das Pendel auf die andere Seite und alles dreht sich wieder nach der neuen Bewegung. Unser Geist und unsere Gefühle sind der Gradmesser für das Maß, ob es voll ist oder frei zur weiteren Bewegung. Hier ist die Achse der großen Bewegung und ihres Zieles.

Die Bewegungsrichtung kann völlig auf der Fläche verlaufen. Die Definition der Bewegung ist auch der Verlauf in der Fläche. Auch in der Fläche bestehen Kraftbeziehungen und verschiedene Wirkungen von Kräften, durch die sich die Bewegung bemühen muss und teilweise sogar mit deren Hilfe zu ihrem Ziel gelangen muss. Diese Bewegung in der Fläche deckt sich mit der reinen flachen Logik und deren Verlauf, dabei folgt sie den Urenergien, wie dem Licht und dem Schatten, dem Schall und dem schnellen Flug und allen Wellen, die sich aus Bewegungen ergeben.

Sie lassen sich immer auf die Fläche reduzieren und erhalten dadurch überschaubare und beherrschbare Größen. Das ist ein ganz wichtiges Phänomen des Fahrens, bei dem die Fläche, der Weg vor mir, von maßgeblicher Bedeutung ist.

Seine Sicherheit muss ich garantieren. Auch die Punkte zwischen a und b sind reine Fläche.

Da alles stets in Bewegung ist, muss die Grundstruktur von allem die Logik sein. Die Grundstruktur insoweit ist die zweite Dimension der Fläche, die immer und nur logisch begründbare Bezüge hervorbringt und in sich logische Strukturen enthält. Weitere Inhalte wie alle Gefühle, Farben und Lichter müssen mit dieser logischen Grundstruktur als weiteres Element verbunden sein und können von dieser Struktur aus in die Höhe und damit in den Raum gelangen, in dem sie ihrer Höhe nach nicht begrenzt sind, soweit die logische Grundstruktur dies zulässt.

Zu jeder logischen Bewegung in der Fläche, ergänzt der Raum die weitere Komponente der Höhe, die in jede Richtung verlaufen kann und die dem Ziel der Grundstruktur sogar entgegenlaufen kann. Die logische Grundstruktur und die aufgesetzte Komponente in die Höhe müssen nicht die identische Richtung verfolgen, weil es innerhalb des räumlichen Bewegungsvorgangs diverse Kräfte geben kann, die aber alle das Ziel nicht gefährden dürfen.

Wo die Bewegung hinreicht, wird eine logische Grundstruktur aufgebaut. Wo Bewegung nicht stattfindet oder nur in großen Abständen, wie in einem Bergmassiv, da herrscht die Ruhe der Größe und Erhabenheit vor und das mit seinen Formen verbundene Gesetz der Logik, das ich beachten muss, weil es sonst über mich bestimmt. Alles andere, wie das Haus und der Baum, ruhen in der logischen Struktur, die ihre letzte Bewegung erreicht hat. Dennoch können sie Freude und Lust ausstrahlen, weil sie Farbe und Form haben und mit diesen

Eigenschaften wuchern und prahlen können. In ihnen und um sie herum kann auch der Wind sein Lied singen und sie für uns zu echten spielerischen Formen machen. Auch Licht und Schatten verfangen sich gerne in ihnen und geben ihnen davon ab, was sie auf ihren Touren alles gesehen und gespeichert haben. Die mangelnde Bewegung nimmt ihnen nichts an ihrer Wertigkeit und an ihren lieblichen Farben. Denn alle kommen zu ihnen und besuchen sie beständig.

Auch das Bergmassiv erscheint mit der weißen Kappe aus Schnee und der rosaroten Morgensonne mit einem eigenen hintergründigen Glanz, der große Gefühle auf die Reise schicken kann und Sehnsüchte zu sich hochzieht. Die logische Grundstruktur ändert an diesen Gefühlen und ihren Bewegungen nichts. Denn diese Bewegungen verlaufen ausschließlich in mir und nicht am großen erhabenen Bergmassiv und seinen Höhen, obgleich es eine Farbe und die aufkommende Wärme ins Spiel bringt und sicherlich ebenfalls in sich bemerkt. Und bei mir bewegen sie sich in die innere Höhe und bringen mir anstelle der Logik etwas an heimlicher Wärme hervor. Aber das ist ausschließlich die Wirkung des Raumes. Die Basis der Fläche bleibt davon unberührt. Auch in mir hinterlassen sie eine Wirkung, die mich beeinflusst und meine Wege mitbestimmt. Damit übertragen sie sich wieder auf meine Leistung und so werden sie wieder zur echten Wirklichkeit, die den neuen Standard festlegt. Auch sie spielen mit dieser Wirkung und setzen sie gezielt ein,

Die Farbe und der Duft der Blume sind starke Motive für entstehende Bewegungen der Käfer und Insekten, die sich davon irgendwelche süßen Ereignisse erhoffen. Die Farbe und der Duft wirken nicht nur bei dem Käfer, sie sind gezielt auf diese Wirkung eingesetzt und bewirken deshalb dasselbe bei der Blume. So wie bei mir die feinen roten Bäckchen eines herrlichen Apfels am Baum oder die einer hübschen Maid. Aber beides korrespondiert in sich, es soll diese Wirkung haben, also ist sie eingeplant und vorhergesehen. Auch das können Anlässe für Bewegungen sein.

Und diejenigen, die ihre Farben und Reize hergeben, wissen um die Wirkungen die sie damit erzeugen. Das ist das räumliche Prinzip der Bewegung, die ausschließlich im Bereich der Gefühle, des Geschmacks, der Lust und der Freude stattfinden. Sie werden logisch veranlasst, haben aber mit dem logischen Zwang der Bewegung nichts zu tun, denn bei allen Reizen kann ich noch immer sagen, ich will nicht. Denn mein Gefühl lässt mir den Raum für die logische Handlung immer noch frei. Eigentlich ein toller Aufbau unserer geistig bewegten Welt. Die Bewegung braucht diese Differenzierung für ihre feste Wesensart und die Alternative der anderen Entscheidung.

Ohne diese Alternative müsste Bewegung ausschließlich in der Fläche verlaufen. Der Raum hat stets die weitere Richtung und vermittelt damit die Breite des Lebens, eröffnet auf diese Weise das Leben des Gefühls und lässt die Logik spielen. Die Alternative gibt der verlaufenden Bewegung ihren eigentlichen Wert und stellt sie als qualifiziert und einmalig heraus.

Wo Bewegung stattfindet verläuft sie auf der zweiten Dimension der Fläche, auch wenn ihr Anlass und ihr Ziel längst in freudigen oder schattigen Räumen der dritten

Dimension liegen. Bewegung zwingt zu logischen Einheiten. Deshalb ist sie immer größer, als der Punkt, denn dieser kann nie die Größe einer logischen Einheit erreichen, weil er sonst zur Fläche wird. Auf der Fläche sind unendliche Punkte angesiedelt. Dieser innere Zusammenhang rettet die Größe des Weltalls und verhindert die Entstehung des Chaos. Und mit der immer möglichen Alternative gibt sie ihrem Ablauf den individuellen Wert. Das große schwarze Loch verursacht Bewegung, aber nur auf dem Weg zur endgültigen Ruhe. Da Bewegung stets auf der Fläche operiert, kollidiert sie mit dem Inhalt des Raumes nicht.

Die Bewegung einer Sache setzt ihre logischen Bedingungen, die zwingend sind und eingehalten werden müssen und überträgt diese auf die bewegte Sache mit. Fahre ich mit meinem Auto zu schnell in die Kurve, dann übernehmen die mit der Fahrt verbundenen Fliehkräfte den weiteren Weg und entscheiden über ihr neues Ziel. Dasselbe gilt für die aufgebaute Energie und den Bremsweg oder alle anderen mit der Bewegung verbundenen Kräfte, die diese automatisch mitbringt und die ich peinlich zu beachten habe. Zwingende Bezüge, die durch Bewegung auf der Fläche auch im Raum aufgebaut werden und automatisch mit in der Bewegung sind. Der Raum unterwirft sich n diesem Punkt der Fläche. Diese Verbindungen sind zwingend und damit absolut, weil die dritte Raumkomponente, die Höhe, auch absolut mit der Fläche verbunden ist. Der Raum lässt die Bewegung zu und setzt seine zwingenden Bedingungen für diese Zulassung. Du darfst, aber nur, wenn dies und das erfüllt sind. Dadurch wirkt die Alternative. Sie akzeptiert auch die Fläche in ihrer jeweiligen Raumeinheit. Und jede Raumeinheit besteht aus

Flächenanteilen, die ihre besondere logische Gesetzlichkeit behalten. Und was der Baum davon übernimmt, das wissen wir nicht ganz genau, das bestimmen auch die Alternativen

Bewegung baut für jede bewegte Sache ihre eigenen logischen Bedingungen auf. Die Zahl der mit jeder Bewegung entstehenden und mitwirkenden Kräfte muss dabei stets so in Harmonie verbleiben, dass das gemeinsame Ziel erreichbar ist. Diese logische Harmonie der Bewegung setzt der Anlassgeber in den Bewegungsvorgang hinein. Da ist zwischen dem kleinen Wagen, der den Berg hinabrollt, kein Unterschied zu unserem Sonnensystem und die damit verbundenen Sterne und Planeten, die alle auf der Umlaufbahn sind. Alle bedürfen der klaren inneren Ordnung, um gegen alle Widerstände anzugehen und richtig zu reagieren und ihren Flächenanteil sicher zu haben. Die Bahn des Planeten kann auf dieselbe Linie zurückgeführt werden, wie die meiner kleinen Glaskugel. Es besteht Übereinstimmung im Prinzip.

Der jeweilige Veranlasser regelt die innere Harmonie der Bewegung mit seinem speziellen Bewegungsvorhaben. Diese innere Harmonie ist eine zwingende logische Struktur, gleichgültig, welchen Gehalt das Ziel in sich trägt. Das Ziel ist eine selbständige und neue Struktur, mit eigenen Lebensbedingungen. Die abgeschossene und damit bewegte Kugel kann töten oder eine sinnvolle Lösung herbeiführen. Das Ziel, seine Struktur und seine Wirkung, sind nicht Gegenstand der Bewegung. Die Bewegung verwandelt sich im Ziel in die dortige Substanz und Zustand. Der D Zug erreicht den Zielbahnhof und steht fest mit ihm verbunden. Er verändert die Fläche, stellt neue Bezüge her und verändert noch dazu den Raum. Sein logisches Verhältnis zu seiner Fläche und zu seinem Raum ist damit in Wirkung getreten. Da sein Kommen erwartet wurde, beachtet man diese Veränderungen nicht.

Bewegung ist bei Weitem nicht nur die logisch erfasste geradlinige Richtungsänderung, sie ist vielmehr ein Bündel von Energien und Kräfte, die mit jeder Bewegung geschaffen wird. Das ist notwendig, denn mit jedem Schritt greift das bewegte Objekt in andre Räume ein und schließt andere aus, die auf diesen Eingriff reagieren und eigene Auswirkungen davon haben und mitnehmen. In dem Verhältnis zu tangierten angrenzenden Nachbarräumen, entstehen relative Bezüge zur der veranlassten Bewegung, die zu wieder einem eigenen und vielleicht angepassten Verhalten führen. Dabei gelten in allen Fällen die Regeln und Gesetze der Logik. Bewegung hat in der Regel eine umfangreiche Reihe von Auswirkungen in den ganzen Raumbereich hinein. Dennoch bleibt der Bewegungsvorgang eine selbständige Einheit. Nur noch stärkere Kräfte, als die der Bewegungsrichtung übernehmen das Ziel. Ich fahre zu schnell in die Kurve, dann übernimmt die Fliehkraft die Kraft meiner Bewegungsrichtung und sie setzt das neue Ziel fest.

Auch in vielen politischen Entscheidungen verlaufen Bewegungen. Demonstranten dringen in Parlamente ein. In den USA, in Deutschland, bei dem G 20 Gipfel in Hamburg. Das ist in Demokratien möglich, weil die politischen Vertreter, die Bewegungszusammenhänge nicht mehr logisch durchdenken. Wenn Tausende Demonstranten den

Gebäuden nahekommen und dort nur eine Handvoll Polizeikräfte stehen, ist dies eine Einladung zur Stürmung der **P**arlament**e**. Zumal dieser Vorgang schon historisch als Revolution und umstürzlerisch gewerte**t wird.** Dass die Politik diese Zusammenhänge nicht erkennt, ist kein Fehler der Demonstranten. Man denkt einen Vorgang nicht mehr zu Ende durch und man erkennt die Bedeutung der Logik der Bewegung nicht mehr, sondern lässt sich von blauäugigen Gefühlen leiten.

Auf diese einfache Weise kann man seine bestehende Kultur ohne Krieg und mit schneller Wirkung beseitigen. Unfähigkeit war noch nie eine hinreichende Entschuldigung. Die Logik der Bewegung wirkt in allen Richtungen. Diese Konsequenz des Systems muss im Alltagsleben wieder eingesetzt und wirksam gemacht werden. Vor allem Demokratien leben davon. In Diktaturen wird die Logik der Bewegung in der Regel machtvoll demonstriert.

Jede Bewegung, ob geistig oder real, hat ihre logische Konsequenz und leitet eine Menge logischer Bezüge ein. Das macht das Leben immer komplizierter, weil alle Auswirkungen möglichst logisch und gerecht zu bewerten sind. Genau das ist der eigentliche Sinn, warum die Natur zur Individualität geführt hat, weil jedes Individuum nur nach seiner Nuance vorgehen muss, die automatisch eine große Kette von mitwirkenden Bewegungen und Kräften ausschließt. Die individuelle Nuance ist meine Blickrichtung, die mir auf meiner individuellen Achse meine Ziele vorgibt und die damit alle anderen Nuancen und alle anderen individuellen Verläufe ausschließt.

Dieser Trick der Natur macht das Individuum im großen Kontext erst handlungsfähig und es führt ihn mit seinem Werk und seiner Tat wieder in die allgemein geltende Wirklichkeit zurück. Denn sein Werk ist wieder gänzlich logisch und plötzlich allgemeingültig, obwohl es aus seiner beschränkten Nuance kommt. Die individuelle Nuance ist der Weg, den eigentlich nur ich gehen kann. Jederzeit kann ich anderen erlauben, meinen Weg mitzugehen, aber er ist meine Lösung, meine von der Natur gesicherte Zielgerichtetheit. Nur so kann ich ungestört agieren.

Humanität ist ein weiterer logischer Bewegungsvorgang. Er hat allerdings nur Beziehungen zwischen einzelnen Personen und ihren Vorgängen und ist an diese besonderen Bezüge gebunden. Ich kann diesen Vorgang nicht mit anderen Abläufen, wie Demonstrationen und gewaltbereiten Äußerungen in Verbindung setzen, weil das nicht die erforderlichen Tatbestände sind. Humanität ist oft der Weg und die Begegnung der Gnade, als der Logik. Dennoch ist alles Humane gleichzeitig logisch, denn es muss allen anderen gegenüber klar vertretbar sein.

Demokratien verstehen diese Zusammenhänge aus falscher Einschätzung nicht mehr. Das macht ihre inneren Zustände zwar gefühlsmäßig entgegenkommend, aber es nimmt ihnen ihre angepassten Reaktionsmöglichkeiten. Ein solches Bild von Politik muss das Vertrauen in die Handlungsfähigkeit der Politik zerstören. Die Klarheit der Abläufe ist Grundbedingung jeglicher Politik. Dazu muss lediglich ihre Bewegungsrichtung gesehen und anerkannt werden. Natürlich Abläufe gelten immer und vor jedem humanen oder kulturellen Verlauf.

Die Humanität ist dabei nur Beiwerk, der eigentliche Verlauf ist die Logik der Bewegung. Und das gilt für alle Verläufe. Ich öffne die Grenz und lasse Flüchtlinge hereinströmen. Das kann human sein, es kann auch zu deinem Untergang führen, weil du deine Verantwortung zur Prüfung der Konsequenzen missachtet hast. Und morgen stehen sie vor deiner Türe und besiegen dich. Die Humanität ist kein Argument, sie ist nur Beiwerk zum logischen Ablauf, der hier sträflich in seiner Bewegungsrichtung missachtet wurde.

In einer Gesellschaft mit gänzlich widerstreitenden Interessen und Argumenten, ist eine humane Handlung eigentlich nicht möglich. Weil die Logik der Verläufe jede plötzlich notwendige Humanität ausschließt. Denn sie gibt mir nicht die Zeit zur Prüfung aller quer verlaufenden Bewegungen. Und ein Risiko kann ich nicht eingehen. Das sichern schon die gegenläufigen Meinungen. Tritt eine querverlaufende Bewegung tatsächlich ein, dann hebt sie mich aus meinem Sattel. Hier genügt schon die einfache Feststellung, dass die Bevölkerung unseres Landes zwischenzeitlich aus mehr Moslems besteht, mit Dauerbleiberecht, als aus eingeborenen Christen. Politisch kann das allerdings nicht sein.

16. Bewegung in der Dimension der Gnade und des Glaubens

Die Dimension der Gnade ist deshalb eigenständig, weil sie dem sonstigen Verlauf der Bewegungsrichtung in der Regel entgegenwirkt. Gnade ist ein Akt zur Beseitigung, Aufhebung oder Vermeidung einer durch Bewegung erzeugten oder noch erfolgenden Auswirkung eines Bewegungsverlaufs. Der Herr hebt eine getroffene negative Entscheidung auf und setzt diese aus, oder beseitigt sie vollständig. Oder er lässt an einer bestimmten Stelle eine sonst ablaufende Wirkung nicht eintreten. Eine Bombe zerstört die Umgebung, verschont aber eine Sache oder eine Person, obwohl diese im gleichen Maße im Gefahrenbereich gestanden ist. Ein Vorgang, der nach logischer Betrachtung hätte eintreten müssen, der aber nicht erfolgt ist.

Gnade kann auch ein Ereignis sein, das durch ein plötzliches Zusammentreffen von mehreren Bewegungen wieder diejenigen Energien zuspielt, die auch die eigene, der Gnade unterliegende Entwicklung, fördern, mitreißen und wieder in die geplante Spur bringen kann. Ähnlich wie in einem Wasserfluss, der das schwimmende Tier ins Abseits gesogen hat, in dem es länger verblieb, schon aufgeben wollte, als plötzlich durch einen nicht vorhergeplanten Windstoß verursachte Wellenbewegungen zurück in den Hauptstrom führten. Möglicherweise alles logisch, aber für den betroffenen Körper ein Akt der Gnade, weil es bei ihm um mehr, als die bloße Bewegung in eine Richtung gegangen ist. Es war die Rettung seines Lebens, bei dem der Weg zum Untergang schon eingeleitet war.

Humanität ist in der Regel ein Akt der Gnade. Sie unterstellt dem zu Unterstützenden, dass er für seine Lage nicht allein und selbst verantwortlich ist und deswegen Hilfe benötigt, die sonst nicht zugänglich ist. Im Grunde stimmt diese Vorstellung mit den realen Verläufen nicht überein. Wer unbedingt unter einer Brücke schlafen will und alle anderen Angebote der Gnade ausschlägt, muss nicht gegen seinen Willen durch besondere Maßnahmen noch vor Kälte geschützt werden, indem man ihn gegen seinen Willen irgendwo unterbringt. Gnade verläuft einer bestimmten spezialisierten eingeleiteten Bewegungsrichtung entgegen und macht in diesem speziellen Fall eine Ausnahme von ihrer Wirkung. Sie ist kein Akt der Humanität.

Eigentlich liegt der Akt der Gnade in der Aufhebung eines kleinen Ablaufteils der Bewegung, die ein sonst festgelegtes und teilweise eingetretenes Ziel, wieder rückgängig macht. Ein Vorgang, der nicht in der ursprünglichen Ablaufrichtung der in die Wege geleiteten Bewegung stand. Die inneren Zusammenhänge, die solche Änderungen hervorrufen können, unterliegen gerade nicht der Logik des Bewegungsablaufs, sondern denen, die damit im Zusammenhang stehen und die gegen die Bewegungsrichtung der Logik wirken. Der Bewegungsablauf bewirkt, wie gesagt, eine Reihe von direkten und relativen Krafteinwirkungen auf die unmittelbar tangierten Berührungspunkte der Bewegungsabläufe. Der Vorgang der Gnade wird auch regelmäßig durch einen eigens eingeleiteten Bewegungsablauf bewirkt.

Eine Wirkung des relativen Bezugs könnte es sein, dass der Ablauf der eigenen Lebensgeschichte und Existenzgeschichte der bewegten Sache relativ betroffen wird und diese

Betroffenheit ihrerseits zu Abläufen führt, die der bewegten Sache zugutekommt. Weil diese Abläufe den Lebensfluss oder überhaupt den Existenzfluss der bewegten Sache betreffen, der Kraft seiner noch vorhandenen Stärke, den Fluss der gerade ablaufenden Bewegung übertrifft und damit beeinflussen kann.

Gnade wäre in diesem Fall die Konkurrenz des eigenen Existenzflusses mit der von anderer Seite gerade in die Wege geleiteten Bewegung. Das kann ein Fahren, Rennen, oder eine sonstige Ansteckung sein, die gerade als Bewegung laufen und die den verlaufenden Fluss treffen und verändern. Auch eine willentlich veranlasste Bewegung ist denkbar. Dabei ist es durchaus möglich, dass die durch die eigene Lebensführung hervorgebrachten Kräfte und Energien, die durch die derzeit verlaufende Bewegung hervorgebrachten und vielleicht negativen Kräfte, positiv überdecken und diese beseitigen. Der nötige Schritt dazu bedarf der Erkenntnis. Dann könnte diese der Akt der Gnade sen.

Neben der eingeleiteten Bewegung verlaufen parallele dazu die allgemeinen Bewegungen, wie das eigene Leben bei allen Lebewesen oder die Wirkung der speziellen Lage bei Sachen, die zumindest durch die Bewegung und von der von ihr vermittelten Kräfte relativ betroffen werden. Das bedeutet, sie müssen die Einwirkung und Auswirkung der durch die Bewegung hereinfließenden Kräfte bewerten und einbauen oder sonst in sich wirken lassen. Denn beide wirkenden Kräfte und Linien sind nun einmal vorhanden und wirken sich aus. In solchen Fällen kann die allgemeine Existenzkraft der eigeleiteten Bewegungskraft entgegenstehen, also der individuelle Lebenswille, plötzlich vor der hereinkommenden Kraft eines Unfalls mit seinen Folgen, dominieren und diese zumindest in ihrer Wirkung abändern oder auch beseitigen. In solchen Fällen entscheidet die eigene erworbene oder bereits vorhandene Konstitution über gerade existierende Abläufe. Deshalb ist die Stärke des eigenen inneren Zusammenhalts immer von Bedeutung, weil sie eine eigene Kraft ist.

Die relative Wirkung der gerade ablaufenden Bewegung kann durchaus, durch, zum Beispiel, abfallen**de Kräfte in** meinem System, deren Aktivierung bewirken. Dieser aktivierte Einsatz kann schon vorhandene Folgen im direkten **oder** in seinem zeitlich bedingten Ablauf verändern oder beseitigen. Solche Zusammenhänge liegen im Energiefeld einer jeden Bewegung eingebunden und die sich überlappenden Kräfte konkurrieren in einem relativen Bezug, der durchaus in zeitlich verschiedenen Einheiten eintreten und dann überraschende Ergebnisse hervorbringen kann. Solche Kräfte entstehen in der Regel aus eingeübter eigener Lebensführung.

Wichtig ist dabei, dass die stärkere Kraft ihre Bewegung und Form durchsetzt und damit den davor eingetretenen Zustand sogar beseitigen kann. Das hat den Effekt des Wunders, obgleich es eigentlich eine logische Folge der sich überlappenden Kräfte, die allerdings natürliche Grenzen hat, weil die Eigenkraft nur das realisiert, was sie bewirken kann. Fehlt ein Arm, dann wächst der nicht nach.

Auch das Beispiel mit der Bombe hat seine Besonderheit. Sie kann immer darin liegen, dass genau an der Bruchstelle des Metalls Besonderheiten vorlagen, die eine Ausbreitung in Richtung des Geretteten verhindert haben und zur Ablenkung der fliegenden Teile geführt hat. Denn eine außerirdische Einwirkung muss schon deswegen entfallen, weil der Herr dem Menschen den Weg der Erkenntnis übertragen hat und deswegen selbst an die Logik und ihre Wirkung gebunden ist. Das Netz der Zusammenhänge ist meistens nicht überschaubar.

Der Inhalt des Glaubens ist eng mit dem Gefühl der Gnade verbunden, das bei jeder nicht sofort erklärlichen Abweichung von gedachten oder natürlichen Bewegungsvorgang entsteht, obgleich dies mit der relativen Wirkung der Bewegung eigentlich erklärbar ist. Dennoch soll nicht ausgeschlossen werden, dass es Gnade gibt, zumindest diejenige, die unter Menschen üblich ist und die ein Absehen von eigentlichen Folgen eines Verhaltens sind, auf die verzichtet wird. Dabei ist die Motivationslage für den Verzicht oft weder erkennbar, noch vorhersehbar. Auch die eigene allgemeine Lebensführung umfasst ein Bündel von Einflüssen, die oft nicht individuell auflösbar sind.

Glauben an eine jenseitige Kraft in Verbindung mit vorgegebenen Verhaltensnormen, die in etwa noch unserem Zeitgeist entsprechen, ist durchaus positiv. Denn sie können eine sinnvolle Zwischenmenschlichkeit vermitteln, die sonst nicht überzeugend und nachhaltig zu erhalten wäre. Zudem vermittelt Glaube die fehlenden Kenntnisse der dem Menschen noch verborgenen Verläufe und dem Gefühl einer Ablaufharmonie, die jedermann für sein abgerundetes und geschlossenes Weltbild benötig. Eigentlich enthält der christliche Glaube die Anerkennung dieser Wirkungsmechanismen der Bewegungen, erklärt ihre Ursache und Wirkung aber mit der Existenz eines Gottes, der hinter allem steht und die Fäden der Abläufe in seiner Hand hält. Bei dieser Sicht ist Gnade ein einfacher Vorgang, der Herr muss lediglich seine Verbindung zu mir spielen lassen und die Abläufe zu meinen Gunsten wenden.

So stehen die Verläufe nicht, weil alle Kräfte in einer Automatik verlaufen, die von sich aus selbsttätig abläuft und ihre Wirkungen zeitigt. Dennoch stehe ich diesen Abläufen nicht machtlos gegenüber, ich kann sie beeinflussen, ich muss ihren Verlauf aber vorher erkannt und eingerichtet haben. Ich bin der Herr meiner logisch bedingten Verläufe um mich herum. Und ich muss sie in meiner Hand halten.

Der Glaube hat dieses Bündel von Energien, die in eine Bewegung hineinfließen, abgedeckt und ihn mit der Existenz einer jenseitigen Macht verbunden, einer Macht, die alle Abläufe in der Hand hält. Meine Aufgabe war es dabei stets, zu dieser Macht positive Beziehungen aufzunehmen, deren Anforderungen einzuhalten, mit der Folge meiner Erhaltung und meines Schutzes. Die verinnerlichte Bemühung des Individuums bei der Suche nach Verbindung zu dieser Macht, hat sicherlich manche verlaufende Bewegungsrichtung beeinflusst und deren Verlauf geändert. Das hat sowohl dem bisherigen Glauben, als auch der Gnade großen Auftrieb gegeben. Schon allein die feste Konzentration auf das gewünschte Ziel kann seine Wirkung im Ablauf zeigen.

Die Geschichten der Bibel unterstützen diese Vorstellung durch Bilder, wie die Teilung der Wasser, die brennenden Dornbüsche und die Erscheinung des Herrn vom hohen Himmel herab, nebst den lieblichen Engeln, die Menschen stets zur Hilfe sind. Die Herrlichkeit dieser Bilder zeigt sich in überzeugender Form in allen Kirchen alter kunstvoller Prägung, die künstlerisch dermaßen wertvoll sind, dass sie fast vom Himmel kommen müssen. Himmel und das himmlische Paradies müssen aber unter uns und nicht hinter den Wolken sein.

Denn die Kräfte der Bewegung verlaufen hier und sind von hier vermittelt. Dennoch ist der Glaube positiv, weil er mir dieses eigentlich unüberschaubare Bündel von zusammenwirkenden Kräften und Energien einfach zusammenfasst in eine wirkende Kraft, wobei ich aber wissen muss, ich selbst bin der Initiator aller meiner Bewegungen und ich muss sie in meiner Hand halten, ihre Abläufe überdenken und verfolgen und ich darf dies nicht einem Wesen hinter den Wolken überlassen. Und der Herr will gerade meine Mitwirkung.

Der Wirkungsmechanismus aller wirkenden Kräfte im All ist die Harmonie jeder Bewegung, die sich automatisch mit jeder anderen einspielen muss, damit der große und stabile Ablauf der großen Massen erhalten bleibt. Ein Durcheinander hätte gravierende Folgen für das ganze System, deswegen sind Eingriffe in das System eigentlich nur im internen Ablauf möglich. Das System sorgt selbst für störende Kräfte, die es mit ihren Mitteln absorbiert. Schwarze Löcher saugen explodierende und vagabundierende Planeten auf und beseitigen sie, die Gravitation versorgt fliegende Objekte und bindet sie an andere Körper. Die Harmonie des Ablaufs hat ihre festen Regeln. Es muss penibel darum besorgt sein, die Harmonie der Abläufe zu erhalten, um alle nötigen

Bewegungen und Abläufe reibungslos am Leben zu halten. Die nötigen Kräfte und Gegenkräfte haben sich längst eingespielt. Diesen für uns komplexen Betrieb mit einem Gott zu vergleichen, mag gar nicht so falsch sein, zumal es das Bündel von Kräften und Gegenkräften in einen Glauben fasst, aber es trifft den tatsächlichen Ablauf nicht. Als dieser Glaube ist es logisch zu fassen und einzukalkulieren.

Aber niemand kann mir verbieten, meinen Glauben an die Harmonie dieser Verläufe zu binden, zumal ich mich ohnehin darauf verlassen muss, dass dieses Spiel ewig seine harmonischen Regeln einhalten wird. Stelle ich mir dafür einen Hohen Herrn im Himmel vor, der das alles regelt, dann gibt mir das über die Natur und ihre Zuverlässigkeit hinaus, noch eine zusätzliche Garantie, die mir inneren Frieden gewährt. Denn die Natur habe ich kennengelernt und ich sehe wie sie sich verhält. Zuverlässigkeit spricht da, rein gefühlsmäßig gesehen, nicht unbedingt mit. Denn sie zerstört mir mein Haus. Wiewohl ich weiß, wir alle sind schuld daran und was sie macht ist nichts anderes als ihre Reaktion auf meines und unser aller Verhalten. Aber die Gefühle kümmern sich um die Bewegung der Logik nicht und geben die Schuld der Natur. Ob der Glaube da weiterhilft, wenn die Logik schon auf ihrem Weg ist?

Ich habe Verantwortung und das ist das richtige Gefühl, lebe ich diese Verantwortung und übe sie in Würde aus, dann kann auch der Glaube eine ruhige Bettstatt finden. Glaube kann allerdings ein gefährliches Werkzeug werden, wenn er Anlass für Kriege entwickelt. Und wenn das Ziel ein Gottesstaat sein sollte, dann ist die logische Basis für eine derartige

Entwicklung absolut zu dünn und nur mit Gewalt lebensfähig. Ein solcher Staat muss notgedrungen eine Diktatur sein, weil ihm die Struktur und das Regelwerk für eine logische und freiheitliche Demokratie in jeder Richtung abgeht. Und da der Herr auch im Falle des Gottesstaates selbst nicht erscheint, denn eigentlich müsste er auf dem Thron sitzen, bestimmen seine träumenden Vertreter alle Bewegungen ihrer Gesellschaft und das kann nur im Fiasko enden.

In diesem Fall herrscht Glaubenswillkür, weil alle Gebote der heiligen Schriften immer auch in ihr Gegenteil gewendet werden können. Demokratien sind klare logische Strukturen oder sie sind es nicht. Für sie gibt es nur einen Weg des Überlebens, die Überzeugung durch Klarheit, Nachvollziehbarkeit und Gerechtigkeit, also durch Logik. Fehlt diese Basis, dann ist die Demokratie bereist an der Schwelle der Diktatur oder des Untergangs. Wobei es schon immens schwierig werden kann, den Bereich der Einzelfallgerechtigkeit von der einer Gemeinschaft oder Gesellschaft abzugrenzen und richtig zu etablieren, ohne ungerecht zu werden. Ein Gottesstaat auf der Basis einer Bibel oder dem Koran, kann dies niemals erreichen. Man muss sich die lebenden Beispiele nur vor Augen führen.

Der Glaube kann nur die individuelle Vorstellung davon sein, wie das Individuum die großen und kleinen Zusammenhänge aller Abläufe versteht und einordnet. Das Bündel der gesamten Verläufe lässt sich im Glauben auf eine Erscheinung übersichtlich und handhabbar zusammenfassen. Die Sicht darüber kann aber bei jedem Individuum verschieden sein. Alles andere ist der Glaube an die Geschichte, an die damals mit der Erscheinung des Messias verbundenen Ereignisse und Aussagen. Das ist Vergangenheit, an die ich mich gerne oder weniger gerne erinnern kann. Eine solche Erinnerung kann aber niemals die Grundlage eines Staates sein.

Zudem wendet es sich vornehmlich an das Individuum und nicht an Gemeinschaften und Gesellschaften, das sind ganz andere Strukturen, auf die es sich nicht ausdehnen lässt. Der Glaube ist eine in sich abgegrenzte Vorstellung, die geeignet ist, die komplexen Bewegungsverläufe in eine Hand des Allmächtigen zu konzentrieren, sie darf aber nie dazu verwendet werden, mir die eigene Verantwortung für meine Verläufe und Bewegungen wegzunehmen und diese auf den Allmächtigen zu delegieren. Für den Hausgebrauch ist Glaube die ideale Verbindung der unüberschaubaren Zusammenhänge der einzelnen Bewegungsverläufe.

Dies umso mehr, umso höher die Position des Herrn gestellt wird. Erreicht er in meiner Vorstellung sogar die Position, die mir etwas abverlangt, also zum Beispiel ein verantwortungsbewusster Umgang mit meinen Fähigkeiten, mit dem Mitkreaturen und der Natur, dann bleibt der Herr immer optimal. Und die tägliche Erinnerung an ihn kann tatsächlich meine innere Haltung zu andren Verläufen ändern, weil sie mich, wenn auch nur für eine Minute, an die eigene Position und Verantwortung erinnert.

Diese Rückwirkung des eigenen Erinnerns an sich und seine Verantwortung macht das Gebet wirksam und kann das Individuum tatsächlich auch beeinflussen. Die Kenntnis der historischen Abläufe kann insoweit Bedeutung bekommen, als sie die Möglichkeit der eigenen inneren Beeinflussung meiner Person demonstrieren und durch Beispiele dokumentieren. Sie geben Verhaltensregeln vor, die das Individuum selbst an seine Zeit anpassen muss.

Überzeugend sind sie aber nur, wenn sie nicht zu Regeln einer Gesellschaft werden. In diesem Fall würde alles ausschließlich auf unterster Stufe verweltlicht und würde seinen Zauber und seine Verbindung zur jenseitigen Kraft verlieren. Deswegen muss ein Gottesstaat immer zur Diktatur werden. Die Kraft des Glaubens steckt aber vor allem darin, dass er zu meiner individuellen Angelegenheit geworden ist, die gesamte Organisation der Kirche hilft mir bei der Vorstellung der Wirksamkeit des Glaubens. Meine eigene Verinnerlichung hat die stärkende Wirkung meiner mich stärkenden Selbstbestätigung.

Glaube in der dritten Dimension, in der alles verläuft, von List und Korruption begonnen, bis hin zur echten Wahrheit, ist tatsächlich ein gewagtes bis gefährliches Spiel. Denn auf dieser Schiene kann der Glaube zum politischen Machtmittel werden, um ihn für gewisse Zwecke der Führung oder auch von anderen Individuen einzusetzen. Glaube ist strukturgemäß nur mit der vierten Dimension der Würde vereinbar, die dem Individuum, den ihm zustehenden Eigenwert belässt und es danach auch bewertet. Nur Würde bietet dem Individuum den nötigen und logisch strukturierten Freiraum, in dem auch der Glaube als Bündelung der mit dem Individuum gekoppelten vielseitigen Verläufe, sinnvoll koordiniert werden kann. Glaube fordert Würde und Achtung des Nächsten und schließt als individuelle Anlage, jede vorbestimmte Gültigkeit und ganz besonders eine staatliche

Diktatur völlig aus. Glaube ist das individuelle Mittel, die eigene Vielseitigkeit der individuellen Bewegungen auf einem Bündel zu koordinieren und entsprechend auch zu handhaben. Nur der freie und offene Glauben kann sich dem großen All gerecht widmen und seine Größe und Vielgestaltigkeit auch insgesamt sehen und einigermaßen einordnen.

Im Gegensatz zur Logik, hat der Glaube immer eine Ganzheit im Blick. Er ist die Bündelung der vielfältigen Verläufe zu einem festen Vorgang und er formt deshalb auch ein Gefühl einer geschlossenen Ganzheit heraus. Das ist das Gegenteil zur Logik, die ihre Vorgänge spezifiziert und zerlegt, um auf die wirkenden Verläufe zu kommen und auf diese einzuwirken. Glauben deckt sich insoweit mit einem Großteil der Gefühle, die ebenfalls auf eine Gesamtbetrachtung von Verläufen und Zusammenhängen wertlegen.

Damit bleibt der Glauben rein individuell, weil er nur meinen Ablauf betrifft. Ein Hochstilisieren zu einer Staatsdoktrin vernichtet seine Individualität und zerstört damit das Individuum. Genau das wollen Diktaturen auch erreichen, schon deswegen setzen sie an diesem neuralgischen Punkt auch verbindlich und mit Gewalt an. Über diesen Stand unserer Entwicklung sind wir seit dem Erscheinen des Messias hinweg. Das Christentum lebt von der Freiheit des Individuums und muss sich deshalb gegen jeden Gottesstaat zur wehrsetzen. Der Glauben betrifft die individuellen Verläufe nur meines Lebens, angepasst an meine gesamte Lebensführung und kann nicht auf ein Gesellschaftssystem herabtransformiert werden, ohne alles auf nur eine Bewegung zu zwingen.

Kirchenorganisationen beschränken sich bei der Glaubenslehre auf historische Vorgänge und allgemein **humane** Gebote, die jeweils entsprechend ausgelegt werden. Man hat inzwischen gemerkt, dass derjenige, der andere Ideen hat, nicht unbedingt eine Hexe sein muss und hat deshalb dieses Dogma geändert. Je genereller die Kirche ihre Lehre darbietet, umso weniger verbindlich wird sie. Deshalb müsste sie jeweils versuchen, an den individuellen Glauben des einzelnen Mitglieds anzubinden und diesen auf jeden Fall zu ermöglichen. Wo dieser schließlich stattfindet, ob im stillen Kämmerlein oder in einem der wirklich schönen Kirchengebäude, spielt dabei keine Rolle.

Glaube bekommt in der Gemeinschaft natürlich eine gewisse gesellschaftliche Verbundenheit, was den Glauben damit auch zu einem öffentlichen Anliegen machen kann. Nur politisch darf er nicht werden, sonst endet er automatisch am Kreuz, weil er in die Pfründe der Mächtigen und Besserwissenden eingreift, was keiner von ihnen zulassen wird. Noch immer ist die Kraft des Egoismus der des Glaubens bei weitem überlegen.

Glauben ist ein intensives Insichgehen und ein eigenes Bemühen um seine Angelegenheiten. Dieser Schritt, der auch bei einem kurzen Stoßgebet zur inneren Konzentration führt, verbessert die eigene Ausgangslage, weil es Kraft reserviert für einen kommenden Vorgang, eine eigene Bewegung und in einem gewissen Rahmen Sicherheit gibt, du stehst nicht alleine da. Das schafft schon rein psychologisch, günstige

Ausgangsbedingungen für die durchzuführende Aufgabe und für die eigene Stimulierung für den eigen körperlichen oder geistigen Einsatz. Schon deshalb ist Glaube als Konzentrationsübung und als gefühlsgetragene Stütze für jeden Betroffenen immer eine gute Ausgangslage, die er aber auch durch eine exakte Spezifizierung seiner kommenden Aufgabe genauso gut lösen kann. Denn niemand wird ihn auf den Glauben ansprechen. Aber er leitet eine Bewegung in Gang, die Kraft verleiht und zukünftige Belastungen besser tragen lässt. Von daher hat Glaube stets positive Wirkungen, zumal er noch dazu immer einen positiven Inhalt vermittelt.

Der Glaube kann nur auf eine positive Veränderung gerichtet sein. Erwarte ich die Hilfe des Herren und glaube daran, dann kann ich sie, bei einiger Redlichkeit wenigstens, nicht für den nächsten Bankraub anfordern. Ein solcher Widerspruch in sich müsste eigentlich jedem einigermaßen normal denkenden Menschen klar sein. Bei vielen Zeitgenossen überwiegt der Egoismus in einem Maße, dass er auch den Glauben ins Negative drücken kann. In der Regel trägt der Glaube nur human angepasste Vorstellungen und Wünsche, geht also immer von einem positiven Gehalt aus, das macht Ihn zu einem achtenswerten Träger von Werten. Wenn er auch immer darauf aus ist, meine Situation zu verbessern. Aber, ich habe gelernt, der Herr sei gerecht.

Der Glaube hat bislang eine große philosophische Bedeutung. Er schließt das geistige Weltbild, indem er hilft, alle unbekannten und noch nicht erklärlichen Phänomene einer höheren Macht zuzuordnen. Damit waren die Zusammenhänge gewahrt und gleichzeitig dem Glauben eine wichtige Position zugewiesen. Das individuelle philosophische Weltbild hat damit seine geschlossene Harmonie erreicht und gleichzeitig das Gefühl dafür gestützt, dass zwischen Allem ein unbekannter innerer Zusammenhang besteht, der sich sogar kräftemäßig und gefühlsmäßig ausdrückt. Der Wunsch zur Harmonie, der in jedem Individuum fühlbar vorhanden ist, wird von dem Glauben, als dessen eigentlicher Kraft, erfüllt. Und da es immer unbekannte Bereiche des Lebens geben wird, kann man um Glauben nicht herumkommen, denn er ist eine philosophische Notwendigkeit zur Abrundung der geistig-seelischen Harmonie.

Dabei setzt der Glaube noch nicht einen personifizierten Ansprechpartner voraus, es genügt ihm die Ansprache an eine wirkende und immer vorhandene Kraft, die allerdings die Macht und Möglichkeit besitzen muss, mein Schicksal anzunehmen und auch zu beeinflussen. Die Allwissenheit und Allmacht dieser zentralen Macht ist mir dabei gewiss. Sie bestätigt sich auch täglich mit der Größe und Schönheit des Himmels und seiner ewigen Existenz. Das ist mir im Rahmen des Glaubens auch Gewissheit genug. Und davon kann ich mich auch täglich überzeugen, ohne dabei eine personifizierte Erscheinung wahrzunehmen und dennoch wirkt es. Das Gewölbe des Firmaments ist auch nicht personifiziert und zeigt mir trotzdem seine Größe.

Eine ins Detail personifizierte Erscheinung käme zu nahe an das Menschenbild heran, von dem ich weiß, es leistet mir keine Hilfe, ohne dafür eine Gegenleistung zu bekommen. Genau diese Beziehung will der Glaube ausschließen, obgleich ich meiner Kraft irgendwann wenigstens ein Wohlwollen

193

dokumentieren muss. Eine persönliche Beziehung zu ihr, in der Form einer menschenähnlichen Personifizierung muss gegeben sein. Auch zur Gegenleistung in irgendeiner Form bin ich bereit. Die Personifizierung, die mir allenthalben in Kirchen und Bildern gezeigt wird, akzeptiere ich und übernehme sie als gegeben, denn sie unterstützt meine Vorhaben. Unser Glauben trägt den breiten und alten Standard unserer biblischen Geschichte und da sind durchaus Götter auch in Personen vorhanden, obwohl sie eigentlich überall wirksam und gegenwärtig sein müssten. Und mit Sicherheit nicht die alten Männer mit großen Bärten sind.

17. Bewegung und Jenseitigkeit

Die Jenseitigkeit ist diejenige Dimension nach der des Glaubens, die einen völlig neuen Bereich des Lebens der Natur, der Existenz von Sachen und der Lebewesen allgemein betrifft und die etwas völlig Anderes zu alledem, was die anderen Dimensionen umfassen, beinhaltet. Zudem ist es ein gänzlich ungeklärter Bereich, der teilweise dem Glauben zugehört, sämtliche Wissenschaften betrifft und dabei noch ein großes Unbekanntes verbirgt, an das sich die Menschheit seit Urzeiten versucht, heranzumachen. Es soll der Sitz der allmächtigen Urkräfte sein. Das individuelle Gefühl der inneren Harmonie erzwingt die Vorstellung einer zentralen Macht, die in der Lage ist, diese gewaltigen und immer ordentlich ablaufenden Zusammenhänge zu leiten und zu lenken. Da ein irdisches Wirkungsfeld bislang nicht ermittelt und auch kein Sitz der immensen Kraft ausgemacht wurde, muss diese Kraft im Jenseits liegen. Auf diese Weise personifiziert und lokalisiert man diese wirkende Kraft und geht damit erheblich über den Glauben hinaus, der von dieser zentralen Position, primär als einer nicht unbedingt personifizierten Macht, ausgeht und diese als seinen Partner annimmt. Lokalisiere ich den Sitz, dann verbinde ich damit auch die räumliche Form der Erscheinung.

Die Jenseitigkeit umfasst den Gesamtbereich, der hinter unserem Ableben liegt, der also ein Feld umfasst, das nach der Schwelle des Todes kommt, einem Feld, aus dem bislang noch niemand in der alten Konstitution und mit dem alten Geist zurückgekehrt ist und hätte Bericht erstatten können. Andererseits fühlt jedes Wesen das Verlangen nach der großen weiten Einheit und Harmonie, die zumindest aus dem großartigen Bild des geschlossenen leuchtenden Horizontes vermittelt wird. Ein Blick in den Sternenhimmel vermittelt die Größe eines Seins, das den Eindruck hinterlässt, dass es nicht nur eine Ansammlung von Materie und Energie sein kann, sondern mit seinem Geist und seinen allmächtigen Händen dazwischen greift.

Der gesamte scheinbar wohldurchdachte und unablässig harmonisch funktionierende Ablauf dieser gut funktionierenden Riesensysteme, kann nach unseren Vorstellungen weder zufällig noch willkürlich, noch sich selbst überlassen sein. Also liegt der Schluss auf den Allwissenden Herrn und gütigen Vater sehr nahe und unmittelbar auch auf der Hand. Und einen Schritt weiter ist schon die Erkenntnis, dass ich ein Teil dieses großen Ganzen bin und auch dieser Mächtigkeit unterliege. Diese Vorstellung befriedet mein Bild, das ich im Blick in das farbige Firmament erhalte. Diese Sicht der Zusammenhänge erfüllt auch die Forderungen der Logik, denn ich sehe täglich, wie die Sonne aufgeht und alles wieder reibungslos in den Tag verläuft. Das und die immense Größe sind Bestätigung genug.

Zudem gibt es die Glaubenslehre und ihre großen bürokratischen Organisationen, die Kirchen, die es in vielen Bereichen sogar geschafft haben, anstelle von weltlichen Gesellschaften reine Gottesstaaten zu errichten, die der Herr selbst regiert und führt, obgleich ihn noch niemand gesehen hat und er sich auch nicht offenbart. Die geistige Welt steht derzeit in einer Auseinandersetzung der kulturellen weltlichen Kräfte, die auf Fortschritt und Wissenschaft und damit auf Logik und Beweisbarkeit bauen und den Gottesstaaten, für die das alte Wort des Herrn gilt, gleichgültig, was sich Abweichendes längst beweisen und errichten lässt.

Ganz auf Gott, ihren Herrn, vertrauen aber selbst die Gottesstaaten nicht, denn ihr Militärwesen ist in der Regel besser und moderner, als das der weltlichen liberalen Einheiten. Zumindest was die moderne Verteidigung oder das Angriffsgehabe angeht, da ist die Atombombe und die Fernrakete noch immer besser, als das Wort des Herrn, das sonst zählt, soweit es den Regenten ins Konzept passt. Das Wort des Herrn lässt sich trefflich für alles einsetzen, was ihnen gerade guttut und dabei die scheinbare Wirkung des Glaubens und die Freuden des Jenseits herausstellen, die einen für *ein besonders heroisches Verhalten auf den irdischen Breiten, dann im Jenseits, also nicht hier, als Lohn gewährt wird.* Und einen Platz neben dem Herrn soll jeden Helden zu großzügigen Leistungen bringen. Dafür ist es wichtig, in diesem Leben der Prüfung alle Entbehrungen auf sich zu nehmen und seine gesamte Habe und sein Wesen den Verwaltern des Herrn zu übertragen. Was der allwissende und allmächtige Herr mit den geschenkten Sachen oder einer Heldentat anfangen soll, interessiert eh niemand, solange es den irdischen Stadthaltern nützt. Das Jenseits als lohnendes Ziel, das alles rechtfertigt.

Damit kann man sogar Bürgerkriege gegen den eigenen Bruder und den Einsatz von Giftgas gegen den eigenen Nachbarn und bisherigen Freund begründen, wenn er etwa daran denken sollte, die eigene Pfründe anzuzweifeln und auch etwas davon haben will. Der Herr deckt mit seiner großen Güte das alles mit dem großen schwarzen Leichentuch vortrefflich ab und er schweigt und lässt es nachhaltig geschehen. Und die Drohung mit der Hölle, die auch im Jenseits liegen müsste, entfaltet noch immer ihre Gehorsam stiftende Wirkung. Götter in diesen Gottesstaaten sind nur die herrschenden Regenten und ihre weiteren weltlichen Vollstrecker, die alles besitzen, nur nichts Göttliches.

Demgegenüber steht, dass der Herr dem Menschen die Welt übergeben und ihn aufgefordert hat, diese sich untertan zu machen. Damit hat der Herr das Regiment für diese Welt an den Menschen und seine Wissenschaft abgegeben. Also nicht im Sinne eines Gottesstaates, sondern zur Erforschung der Zusammenhänge und ihrer Verbesserung und Mehrung. Er hat das Gesetz der Logik etabliert an das sich fortan alle, auch er, halten müssen. Was logisch abläuft, ist verbindlich und unwiderruflich, auch für den Herrn, das ist die vertragliche Abmachung. Nur die Gnade hat er sich vorbehalten, denn, wem er etwas und wie übergeben will, das ist seine endgültige und weise Entscheidung und das soll sie für alle Zeiten auch bleiben.

Und der Herr hat sich stets und fest darangehalten. Er ist absolut vertragstreu. Alles was logisch gebaut und verwirklicht wurde, hat er stets seinem Vertragspartner, dem Menschen, überlassen. Er hat dafür gesorgt, dass die logische Konsequenz besteht und ihre Wirkung zeitigt. Und das gilt bis heute. Pacta sund servanda, Seither haftet der Herr nur noch für den logischen Ablauf und seinen Vollzug, all der Anlässe, die wir als seine aktiven Vertragspartner eingeleitet haben. Und wenn ihr euch abschlachten wollt, ich sorge dafür, dass die Bomben auch explodieren.

Der Herr ist weitaus konsequenter, als unsere Gesellschaften. Denn, dass er als Allwissender und Allmächtiger seinen Sohn ohne hinreichenden Grund an das Kreuz nageln lässt, ist eigentlich ein Mord in mittelbarer Täterschaft, nach unserer weltlichen Sicht. Er ist nicht der alte humane Menschenfreund, er verlangt das Hinstehen und Kämpfen und die Übernahme der eigenen Verantwortung. Er ist nicht der brave Opa, der einem über das Haupt streicht, er zieht auch das Schwert und lässt Dresden niederbomben und vieles andere mehr.

Und wenn ihr unbedingt Bomben auf Dresden und Beirut werfen wollt, sagt der Herr, dann tut es. Ich sorge dafür, dass sie richtig explodieren. Und auch daran hat sich der Herr stets und vollumfänglich gehalten Und die Bomben wurden geworfen, noch unendlich viele mehr, sogar in seinem Namen. Und alle haben ihre Wirkung entfaltet, genau wie versprochen und vereinbart. Also, an die Logik, meine Herren, da halten wir uns beide. Und daran gibt es bis heute keine Zweifel, und so wird es verbleiben, bis der Herr den Vertrag mit der Menschheit kündigt, dann wird es nichts mehr an Sicherheit und Recht in den Bewegungen des All mehr geben. Also, verhöhnt den Herren nicht als einen buckligen altersschwachen Opa. Er ist ein Streiter und will Einsatz, Verantwortung und Gerechtigkeit. Und er opfert jeden, so auch wie seinen eigenen Sohn.

Und sollte man ihn als allgegenwärtige Energie und Macht verstehen, die sich in Energieform und in Personalität verwandeln kann, dann nehmt euch ein Beispiel an den reinigenden Gewittern. Sie sind nicht unbedingt die feinsten und edelsten Vertreter, sie schlagen auch zu und zünden Wälder und Häuser an und vernichten Menschen und wahllos auch Tiere. So reinigen sie die Luft und die Stürme wieder. Das ist die klare Mechanik der Natur und ihre nicht zu verändernde Wirkung.

Eigentlich müsste diese Verehrung dem Herrn gegenüber unserer Natur gegenüber erfolgen. Das geschieht aber nicht, weil man die Natur greifbar kennengelernt hat und von ihr zur Genüge weiß, dass sie keine Lorbeeren und Streicheleinheiten verteilt, weshalb sie nicht unser treusorgender Opa sein kann. Man kennt sie als Kämpfer und gerechten Vertreter ihre Sache und damit teilweise als Gegner unserer eigenen

Wünsche und Begierden, ein Gegner, den man nicht unbedingt verehren muss. Deshalb stellt man ihr den Herrn gegenüber und verklärt ihn zu einem altersschwachen und halbsenilen Opa, der uns alles vergibt. Man verschweigt, dass auch seine Bibel davon Zeugnis ablegt, wie unser Herr durchaus das Schwert erheben und für eine gerechte Sache streiten kann.

Die Schwelle ins Jenseits ist der Tod. Die Auflösung unseres körperlichen Verbundes. Das ist aber nur ein Teil. Ich gebe euch die Gene, in der ist euer Wesen und eure Existenz notiert, programmiert und auf ewig festgeschrieben. Aber ihr ward schon einmal da und ich will Entwicklung, wenn möglich eine positive Entwicklung haben, also gestalte ich die Gene um und gebe sie in jede neue körperliche Existenz, damit sie sich vermehre und mit neuem Inhalt, aber unter altem Bezug stets neu bilde. Ich muss wenigsten das bisher Gewesene sichern, denn ich weiß nicht, was ihr hinbekommt. Und wenigstens das Gewesene muss erhalten bleiben. Nur ihr müsst es verbessern und ausbauen, dazu gebe ich euch auch den Geist und die Gefühle. Und die bekommt ihr hier und nicht im Jenseits.

Leben im Originalzustand gibt es nicht mehr, das habe ich einmal in die Welt gesetzt und so verbleibt es, es wird stetig nur weitergegeben, spricht der Herr und so geschieht es. Der heutige Akt der Lebenswerdung ist nur noch eine Vervielfältigung des ursprünglichen Vorgangs der Lebensidee und Lebenswerdung. Deshalb ist die Gene immer anpassungsfähig und entwickelbar. Und das ist eure Aufgabe und eure Verantwortung, macht, alles was euch nicht gefällt, besser und funktionstüchtiger, damit ihr irgendwann das Paradies erreicht.

Und euch gebe ich den Geist und die Seele mit, damit jeder in seinem Bereich neue Ideen entwickeln kann und am Ende vielleicht eine noch bessere Konstruktion von dem an mich abliefert, wie die, die ich schon übergeben habe. Aber dazu muss man sich Mühe geben und versuchen, hinter die Geheimnisse zu gelangen, sie auszubauen und sie noch zu verbessern. Das ist unsere Abmachung. Und das ist eure Aufgabe in diesem zeitlich befristeten großen All. Und ich hätte nichts dagegen, wenn ihr mir eine ganz andere Konstruktion, ohne den großen Aufwand über alle innere Organe, bieten würdet. Vielleicht einen kleinen Computer, der das gleiche erreicht, wie euer schwerer und anfälliger Körper. Macht es geschickt und nicht mehr anfällig und ihr habt das ewige Leben, wenigstens so lange, wie dieser Planet sich dreht.

Die vererbten Anlagen werden weitergegeben und angepasst. Die geistige und kulturelle Leistung einer Epoche werden durch Bildung und Erziehung unter Lebenden weiter übertragen. Und das stelle ich euch völlig frei. Ihr könnt euch umbringen oder euch zu Göttern verbessern. Dazu dienen Geist und Gefühle. Damit sind die Leistungen des Individuums bewirkt. In welcher Qualität, darüber reden wir später, spricht der Herr. Und die Anpassung der Gene und ihre Programmierung für die neue Zeit, die entnehme ich den bisherigen Leistungen und Zuständen aller verblichenen Wesen, die ich von meinen Boten einsammeln lasse und genau bewerte. Damit habe ich eure Leistungen festgelegt. Und wieder ist der Herr die Mechanik der Natur.

Und dazu habe ich meine leistungsfähigen und unbeeinflussbaren Boten. Für das, was jedes Individuum zeitlebens erbracht hat, übermittelt mir die Licht-Schatten Relation jedes Detail zu jeder Zeit in einem exakten Bericht, den ich für alle Zeiten gespeichert habe. Wenn ihr das Verhältnis von Licht und Schatten schon einmal durchdacht habt, dann stellt ihr fest, dass mein Schatten wie ein treuer Hund jeder Bewegung jedes Wesens, sogar der Bergwelt im Licht genau und zu jedem Detail folgt. Und diese Feststellung übermittelt er mir detailgenau und zur Jetztzeit sogar mit Lichtgeschwindigkeit. Das ist alles bei mir vernetzt und es sagt mir ganz exakt, wohin die Entwicklung verläuft und wo ich gegensteuern muss. Die Nacht gibt dem Schatten ein großes und besonderes Wirkungsfeld. Da spielt sich alles ab, was am Tag abgelaufen ist und du kannst es noch zurechtrücken, wenn du willst, bevor es bei mir gebucht wird.

Und das gebe ich in eure Gene ein. In der Nacht steht der längste Schatten, der alles nochmals ablaufen lässt und einigermaßen ins richtige Lot rücken kann, wobei immer deine individuelle Anlage und deine Sprache erhalten bleibt. Und so bekomme ich es geliefert, von jedem Einzelnen und von jedem, der in dem Licht und Schatten lebt und keiner kann ihnen entgehen. Ihr braucht euch nicht hinter eurer Heuchelei verstecken, ich weiß es schon vorher und ohne die süße Leier eurer List und Verführung. Meine Boten mit Licht und Schatten übersehen nichts. Spricht der Herr und das ist die Mechanik der Natur, die von sich aus wirksam ist. Sie wirkt alleine und ohne Anleitung und Korrektur.

Daneben habe ich die Sonne, die dir täglich wieder mein Licht sendet und den Schatten mit verbindet und meine Elemente in die Gene aller Wesen überträgt. Und auch das geht unbeeinflussbar in Lichtgeschwindigkeit und mit der absoluten Klarheit des Lichtes, das alles durchflutet und jeden erwischt. Und ich habe die Nacht, in der mein Schatten alles ermitteln kann, schnell, lautlos, umfassend, ruhig und eindeutig. Wie willst du aus diesem Netz der Erkenntnis und Klarheit herauskommen. Und beide ermitteln nicht nur, sie übergeben auch, was zur Ergänzung und Weiterbildung erforderlich ist. Sie übertragen die Fähigkeiten und könnten euch zu Königen machen. Nur ihr müsst es nutzen. Daneben wirken Wasser und Luft in jedes feine Härchen und lassen es aufblühen und zu Riesen werden, wenn ihr wollt.

Ich habe euch das Großhirn vermittelt, einen tollen Vollautomaten, was habt ihr daraus gemacht, lächerlich muss man konstatieren. Mit dieser Anlage wäre alles geregelt, alles vollautomatisch und mit bestem Ergebnis, in dieser Phase könntet ihr längst sein und den Sonnentag genießen. Längst könntet ihr die Freuden des Lebens gestaltet, wäre das Großhirn für alles Wichtige zum Einsatz gelangt. Mit meinen Elementen von Licht, Schatten, Wasser und Luft zusammen, habt ihr alles, was an Bewegung überhaupt denkbar ist. Schließt euch denen an und ihr habt alles, sogar mit Lichtgeschwindigkeit, acht Minuten zur Sonne, ist das nichts.

Dann gibt es da noch mein Wasser. Ihr in eurer Verbohrtheit habt euch noch nie klare Gedanken zu dem Wasser gemacht.

Ihr nehmt es hin wie es ist, missbraucht es als Müllkippe, dabei enthält es alles, was Leben, Natur und das All benötigen. Wasser hat normative Kraft, besitzt die Flüssigkeit, kann heute Luft, Morgen schweres Eis und Übermorgen wieder flüssiger Geist sein. Ein besseres Element, das überall existieren kann und ohne das ihr nicht eine Sekunde leben könnt, gibt es gar nicht. Flüssigkeit ist beweglicher Geist. Und alles ist zum großen Teil Wasser, das immer wieder zu seiner Einheit zurückfindet und dort Bericht erstattet. Wasser ist wie Luft, eine enge Verbindung und beide durchdringen euer Wesen wie Licht und Schatten und das kleinste Detail entgeht ihnen nicht. Wasser ist in Materie verwandelter Geist, der alles durchfließt, berührt, feststellt und gestaltet. Er ist eine der Voraussetzungen für euer Großhirn, der Rest ist eure Mühe, mehr braucht ihr nicht zum Laufen der Maschine.

Dazu vergebe ich jedem neuen Individuum seine eigene vererbte Nuance, nach der es einen gewissen Ausschnitt aus der Wirklichkeit sieht und empfängt, mit der Pflicht, ihn weiterzuentwickeln und mit den ererbten Fähigkeiten zu wuchern. Natürlich im positiven Sinne. Die Summe der vergebenen Nuancen ergibt die gesamte Wirklichkeit. Ich kann jedes Individuum aus jeder beliebigen Zeit zu jeder beliebigen Sekunde aufrufen und geistig wieder entstehen lassen.

Also habe ich den geistig-seelischen Fundus des Planeten bei mir, der sich gerade und ständig weiterentwickelt. Er muss es, weil die Zeit weitergeht und ihn antreibt. Wie er es macht, ob positiv oder negativ im menschlich-natürlichem Sinne, ist eine andere Sache. Selbst wenn er nichts tut, entwickelt er sich weiter. Das könntet ihr alles längst wissen und erfahren haben, das Großhirn hat die nötigen Anlagen dazu. Und manche Gemeinschaften geben sich echte Mühe. Schaut nach China und deren Entwicklung. Und oft ist die Anleitung der Masse wichtiger, als sie diffus auseinanderlaufen zu lassen, weil sie nicht wissen, wo es langgeht.

Natürlich muss ich das Ganze in Elemente teilen. In Individuen, denn nur sie können Leistungen erbringen, weil sie die Spannung unter ihnen zu Energie und Arbeit umwandeln und gleichzeitig jedes Anliegen aus ihrer Nuance, ihrer Perspektive, sehen und beurteilen können. Und genauso habe ich die Materie geteilt, die jetzt mit ihrer eigenen Kraft und den Energien in sich und untereinander ohne Kreise dreht und auf lange Dauer einen sicheren Bestand hat. Nur ihr könnt dies alles beeinflussen, wenn ihr euer Großhirn ausbaut und die nötigen Entwicklungen gestaltet. Dann wird es ein neues Zusammenspiel geben können, vielleicht ein besseres, bei dem wirklich alles um den geistigen Mittelpunkt verläuft, der sich hier befindet, oder besser befinden soll. Irgendwann braucht ihr ohnehin eine neue Residenz draußen im All. Also sorgt euch bereits jetzt dafür und baut es in Ruhe und mit guter Überlegung ordentlich aus. Ihr müsst eure Mittel dafür nur richtig einsetzen.

Die notwendige Gene für die Weiterentwicklung übergebe ich jedem Individuum. Sie bleibt also im Diesseits und wird nicht im Jenseits verwaltet. Das hat den Vorteil, ihr verfügt über die Verteilung der Gene, ich setze nur das aus der Summe der übertragenen Leistungen erbrachte neue Element dazu ein, spricht der Herr. Das ist unsere Abmachung und alles ist von unserer gemeinsamen Logik gelenkt. Es läuft automatisch und nach diesen großartigen Gesetzen ab, ich muss dazu nichts beitragen, nicht einen Fingerzeig. Hälst du die Tulpenzwiebel in der Hand, dann hast du schon das neue Tulpenleben der folgenden Generation in deinen Fingern. Und alles, was dieses Leben betrifft, ist darin enthalten. Das ganze Individuum Tulpe und zwar das der neusten Generation, hälst du in deiner Hand und du kannst es an jeder Stelle in die Erde legen und sie beginnt, ihr tolles Leben zu entfalten. Das Leben ist in deiner Hand, du musst es nur versorgen.

Was sie noch immer brauchen ist das Licht, den Boden, das Wasser, die Luft. Meine Vermittler aller neuer Erkenntnisse. Und automatisch wissen sie, wie ihr Zukunft in neuer Blüte verläuft und wie sie die neue Zwiebel für die folgende Genration zu bilden haben und wie sie ihr die nötigen Zukunftspläne beigeben können. Und sie kennen eure Verunstaltungen und stellen sich darauf ein. Einen erheblichen Teil dieser Zukunft entnehmen sie ihrer jeweiligen Umgebung, dafür haben sie ihre Helfer, die täglich um sie herum sind. Und vergesse die Wirkung der Nacht nicht. Meines wichtigen Helfers im Schatten. Und die kleine Tierwelt, die auch stets weitersagen, was um sie herum gerade läuft. Sie schaffen die Bedingungen für alles, denn auch der Funke Leben ist vernetzt in diesem Boden und nur hier blüht er auch. Teile dieser großen Idee Leben, habe ich überall hin verlegt und nur die Kombination von allen hat die tolle Wirkung der geistig-seelischen Bewegungen in einem festen und herrlichen Körper.

Und das ist alles automatisch vernetzt und getaktet und wirkt sich über diese schnelle Mechanik direkt aus. Und euch habe ich nur die kleinen Handreichungen überlassen, ihr könnt die Tulpenzwiebel und den Apfelkern wenigstens da in den Boden pflanzen, wo ihr wollt. Das ist eure Freiheit, lacht der Herr, zu mehr an Verantwortung kann man euch noch nicht heranziehen, es wäre die allergröbste Fahrlässigkeit, euch mehr zu übertragen. Denn selbst die Kleinigkeiten, die ihr noch bewegt könnt, reichen fast zur Vernichtung des Planeten und seines edlen Lebens. Und derweil schlummert das Großhirn vor sich hin. Ich habe alles so geregelt, dass es bei gutem normalen Verbrauch immer selbst wieder regeneriert und nachwächst. Der Planet wäre eure dauernde Versorgung, wenn ihr seine Funktionen nicht völlig durcheinanderbringt. Denn alles läuft harmonisch und nach geregelten Bedingungen und Proportionen ab.

Ich benötige den Tod, um die körperliche Bindung von Geist und Seele zu überwinden, sie zu lösen und neu auszustatten und zu gestalten. Sie sind die Hauptachsen in allem, die allweit wirken und tätig sein können, die aber wegen der Zeit, dem Raum und der Relativität zwischen ihnen einen Körper und eine Persönlichkeit haben müssen, weil sie anders nicht wirken und agieren können. Nur das Wasser ist mit seinem Geist und seiner Seele zeitlos und flexibel genug, alle Zustände gleichermaßen zu bedienen und auch zur reinen Energie zu wechseln. Der Moment des Todes löst nur die Bindung an das Jetzt und hier, also an Raum und Zeit, setzt aber die entstandene Entwicklung die sie in sich tragen und während ihres Lebens erreicht haben, unverzüglich wieder in die geeignete Nuance ein. Auch das wieder mit Wasser,

Körper, Licht und Schatten, um den Verlauf zu verewigen. Die Bindung zum Körper hat nur den Sinn, dass ich euch die Verwirklichung eurer Vorstellung gleich mitliefere. Euer Geist kann sich über euren Körper sachlich in Werke verewigen und diese realisieren. Dann werden sie fest wie der Berg da drüben. Was ihr leistet, ist immer Realität. So ist es gestaltet.

Und die Körper brauche ich deshalb, weil jeder, der selbständig agieren kann, eine Erweiterung des sonst nur der unbeweglichen Materie übertragenen Fähigkeiten darstellt. Jeder Körper vergrößert die vorhandene Materie, er kann sie in jeder Richtung neu bilden umgestalten und erweitern. Über die selbständigen Körper und Formen, gewinne ich eine gewaltige Erhöhung meiner Aktionsfläche, die auch für das zeitlich begrenzte All und dessen Erneuerung verwendbar ist und von großer Bedeutung sind. Die Logik ist überall identisch. Damit sind auch alle Folgen der Logik überall verwertbar. Ein großes Forschungszentrum auf diesem Planeten löst Probleme im ganzen All. Und diesem hier stelle ich noch ein paar anderer Stellen hinzu. Möglichst mit anderen Eigenschaften und einer größeren Effizienz. Der Forscherdrang hat bei euch zu Streitsucht und Egoismus geführt. Das muss ich abstellen, meint der Herr, denn ihr seid dazu nicht in der Lage. Ihr müsst immer sehen, was zwischen euch in kleinen Rahmen gilt und festgelegt wurde, das gilt im gleichen Maße auf einem großen Planeten ganz weit da draußen. Also strengt euch an und macht mir die Bedingungen der Materie und des Lebens nicht kaputt.

Die Bildung von Körpern geht vom hohen Baum herunter bis zum kleinsten Wurm und Käfer und jeder ist ein

Vervielfältiger seiner Wirkung, die ich mit der bloßen Energie, die Seele und Geist sonst wären, niemals erreicht hätte. Also brauche ich die vielen kleinen und großen Körper. Ihr werdet noch sehen, was euch abgeht, wenn die kleinen Käfer eure Erde verlassen haben. Dann macht ihr es selbst oder auch ihr zieht in die hohen Wolken. Deshalb veranstalte ich doch diesen großen Aufwand. Und alle muss ich bei der Stange halten. Dafür sorgen wieder meine treuen Helfer, auch vermittelt von Seele und Geist. Auf die kann ich mich verlassen. Sie haben die ihnen übertragene Verantwortung voll ernstgenommen und vollumfänglich erfüllt. Nur ihr macht ihnen das Leben schwer und meint alles besser zu wissen. Davon sind wir noch weit entfernt, darum kann ich nur raten, lasst die Funktionen der Natur am Leben und in Wirkung.

Auch bei den großen Körpern im weiten All findet derselbe Anpassungsprozess statt. Mit anderen Mitteln und Kräften, die den notwendigen Ablauf garantieren und auch an der ständigen Erneuerung des Systems beschäftigt sind. Kleine Kräfte wie Geist und Seele, die bei euch in die enge, runde Schädeldecke passen, reichen dafür aus. Die echten Steuerungsmechanismen und die gesamte Lenkung unterliegt überall dem gleichen Prinzip und bedarf deshalb nicht der immensen Größe. Ein kleines wirksames Modul genügt dafür bereits. Und das System lenkt sich komplett alleine. Schert einer der Sterne aus, dann kommt das große schwarze Loch und nimmt ihn solange auf, bis am Ende das echte schwarze Loch wieder alles zu einem Punkt vereinigt. Dann beginnt das Spiel erneut, diesesmal nur mit geläuterten Figuren, soweit ihr die Läuterung noch erreichen solltet. Ansonsten mit einem neuen Modell. Also schaut, dass ihr den Geist in Köpern bringt, die technisch einwandfrei laufen und keinen hohen Blutdruck bekommen können, die das ganze All bereisen und dabei mit der Geschwindigkeit der Anpassung und der geistigen Übernahme reisen und nicht mit der des Lichts.

Die Körper sollen meine Multiplikatoren sein. Dazu müssen sie dieser Erde und Materie angehören, die ich natürlich immer wieder brauche. Deshalb kann ich nur die Steuerungsmodule übernehmen, der Rest geht in den Kreislauf zurück und dient den neuen Figuren, die mit neuer Inhaltsgebung die nächsten Schritte der Erneuerung mit großer Verantwortung übernehmen. Und solltet ihr die Weltensteuerung ausschließlich über neue Module entwickeln, dann lassen wir diese auf den Bäumen wachsen und brauchen den Aufwand für Köperbildung, seine Gesunderhaltung und die Loslösung von ihm nicht mehr betreiben. Dafür soll das Großhirn sein.

Dein Ich ist die Mischung von Körper, Geist und Seele. In dieser Einheit ist lediglich der Körper hinfällig und unterliegt stetiger Veränderung. Deshalb muss dein Bewusstsein auch deinen Körper betreffen, denn du musst seinen Schmerz und seine Freuden fühlen, um ihm zu helfen und ihn zu stützen. Deshalb geht dein Ich mit dem Körper dahin, während das Bild oder der Abdruck von deinem Ich in deinem Geist und der Seele gespeichert bleiben. Ich habe sie, meint der Herr, auch wenn deines Körpers Säfte längst in andren Wesen schweben. Es entgeht mir also nichts, besonders deine positive Leistung geht in das große Getriebe ein und verändert dieses in Zukunft mit. Und die negative Leistung baut immerhin Barrieren gegen ihr weiteres Vordringen.

Denn alles, was verlaufen kann, mag sich auch vermehren. Deshalb ist Achtung geboten.

Und Geist und Seele sind nicht dein Eigentum, sie gehören zwar zu deinem Körper in dem sie sich aufhalten kurzzeitig, bleiben aber selbständig. Deinem Körper schaffen sie die Verbindung zur übrigen Welt, aber sie sind vornehmlich Wesen der großen Einheit des ganzen All, zu dem sie gehören. Über sie hast du Anteil am ganzen All, du musst sie nur frei zu dir reden lassen und nicht alles mit deinem Egoismus und deiner Besserwisserei zuschütten. Sie reden mit dir und zeigen auch ihre Meinung an. Und ich habe die Zahl festgelegt, sie können sich verdoppeln, wenn ihr das wollt und sie abruft. Dabei gehe ich davon aus, ihr braucht sie, ihr ruft sie nicht deshalb ab, weil ihr gerade zu blöd gewesen seid, darauf zu achten. Nur ihr habt schließlich ein Großhirn.

Seele und Geist sind Elemente der allgemeinen Energien. Sie durchfluten dich, stehen zu deiner Verfügung, zeigen dir echte Verläufe, bilden dein Gewissen und prägen dein Abbild, bleiben aber Bestandteile der Ganzheit und messen dich nur an dieser Ganzheit. An diesen feinen Unterschieden ist dein Wesen gespeichert und verewigt, als Element der gesamten Entwicklung dieses Körpers des großen All. Für uns bleibt er eine große Einheit, die den gleichen Bewegungen und Veränderungen unterliegt und die sich auch stets neu erfindet. Deine kleinen Anteile, ergänzen sich im großen All und sind überall identisch. Großhirn, vergiss es nicht.

Ein autonomes System, das aber nicht technisch formal in großen Einheiten verläuft, sondern auf humane individuell angepasste Entwicklungen Wert legt. Das macht das Ganze komplex und vielschichtig, Aber das müsst ihr erst noch begreifen und übernehmen. Die individuelle Aufteilung ist die Stärke meiner Entwicklung. Sowohl in der kleinen Welt, wie im großen All. Deshalb habe ich auch Wert auf die kleinen Bestandteile gelegt. Die vielen Lebewesen, von denen man in der Oberfläche kaum etwas bemerkt. Auch sie tragen Logik und Gefühl für ihre Größe und Standards.

Im tiefen Inneren der Planeten brodelt die Hitze der Entstehungsprozesse noch, außen wirken sie mit großer Inbrunst an der gesunden Gestaltung der Oberfläche mit Licht, Schatten, Luft und Regen mit. Und irgendwann wird alles zu diesem Boden. Diesen Ablauf habe ich angestoßen, weil ich sehen will, wo er hingeht, wenn er freie Bewegung bekommt. Euer Großhirn, das unter eurer Schädeldecke, könnte das Stellwerk des ganzen großen Ablaufs sein, wenn ihr es dazu einsetzen und entwickeln würdet. Die Fähigkeit ist da, ihr müsst sie nur in Funktion setzen, sie einschalten und das große Werk könnte beginnen.

Geist, Seele, Wasser, Licht, Schatten und Luft hat jeder dieser Sterne in mehr oder weniger Anteilen. Sie halten die Einheitlichkeit der Bewegungen, von denen die Struktur des All lebt. Bewegung ist die Voraussetzung für die Aufteilung in Wesen jeder Größe und die Bildung der Körper, denen man angepasst die gleichen Kräfte zuteilt, wie den großen Massen überall. Die Strukturen sind identisch und kompatibel, sie lassen sich deshalb in jede Größe transformieren und ableiten. Und das lässt sich alles mit der Energie der Bewegungen kombinieren und gestalten. Das alles habt ihr in euren Händen und Hirnen Und ihr könnt alles neu richten,

Bewegungen veranlassen, Materie gestalten, neue Elemente bilden, die eure Zukunft tragen, aber ihr müsst es tun.

Bewegung ist ein Element des großen Geistes, der hinter allem steckt und die intelligenten Verbindungen der Kräfte, Sachen und des Lebens, sie regeln alle Entscheidungen aus der Bewegung heraus. Dieser Geist ergibt sich aus dem Gesamtverlauf, man könnte ihn Gott nennen, aber er ist permanent unter uns und zeigt seine Folgen, wenn man sich nicht an die Bedingungen hält. Denn jede Erscheinung, sei sie eine Sache, ein Wesen, Wasser, Sonne, Energie oder sonst eine abgeschlossene Form, hat ihre Bedingungen, die es zu wahren gilt und die genauso diesen Normen unterliegt. Überschreitet man die Grenze des darin enthaltenen Spielraums, dann schlägt sie in ihrer Form zurück, denn das System muss erhalten werden. Ein harmonisch abgerundetes System, läuft nur automatisch weiter, wenn seine Bedingungen stimmen.

Und alles spielt sich bei euch ab. An den Bereich hinter euren Tod könnt ihr im Moment nicht gelangen, weil ihr für alles noch euren schweren Körper benötigt und mit der Trennung von ihm, jede Reaktion und Bewegung, zu der das Bewusstsein zählt, abgeschaltet ist. Ihr könnt es ändern, wenn ihr die Funktion eures Körpers reduziert und Bewegung kein körperlich bewirktes Phänomen mehr wäre. Solang bleibt euch die Jenseitigkeit verschlossen, obwohl sie auf eurem Planeten liegt. Das Großhirn gewährt euch den Weg, wenn er bis dahin, bis ihr soweit seid, nicht gänzlich verkümmert ist. Gebt euch Mühe und nutzt die Fähigkeiten. Denn allem habe ich eine individuelle Zeit gegeben und alles bildet sich selbst nach dem wirksamsten Prinzip. Was man nicht braucht, bildet sich zurück und verschwindet. So auch das Großhirn. Denn effektiv ist nur, was in Bewegung und im Ablauf gefordert ist. Das ist das raum-zeitliche Prinzip aller Bewegungen.

Die Erde als Planet ist so ausgestaltet, dass sie bei angepasster Behandlung flexibel genug ist, alles, also jede Bewegung., mitzumachen. Sie schwebt in einem eigenen Kreislauf mit der Sonne, die ihre Substanz für euch verbraucht und sie in Wellen verschiedener Art verwandelt, die in das gesamte All verlaufen und sich nicht mehr in einem eigenen Körper der Sonne verbinden. Ihre individuelle Zeit ist in diesen Ablauf eingebaut. Und irgendwann wird sie diesen Punkt erreicht haben. Dann ändert sich ihr ganzes eingependeltes System und zwar zu dem Zeitpunkt, an dem ihre Masse nicht mehr genügt, die jetzigen Verläufe zusammenzuhalten. Berechnet es, denn bis dahin benötigt auch ihr entweder andere Strukturen oder eine andre Heimat. Falls ihr das nicht erreicht, dann ist euer Untergang auch kein großer Schaden. Denn so ist es kalkuliert.

Alles wirkt auch in seiner individuellen Zeit zusammen. Denn ab dem Zeitpunkt, ab dem der Körper im jetzigen Umfang nicht mehr nötig ist, weil ihr ein anderes geistig-körperliches Verhältnis entwickelt habt, ab dem Zeitpunkt, ist die Grenze von Diesseitigkeit zur Jenseitigkeit aufgehoben und beide Räume bilden eine Einheit. Wobei zu hoffen ist, dass dann der Raum der Jenseitigkeit überwiegt. Ansonsten gibt es kein Zusammenwirken. Alles hält die Idee der Harmonie zusammen, die auch für euch das geistige Prinzip sein muss. Die verschiedenen Sprachen der Menschheit dürfen kein

Hinderungsgrund für ihre Einheit sein, sie können die Basis für die jeweils verbundenen Gemeinschaften werden, die in friedlicher Konkurrenz zu einander, das Großhirn einsetzen und unser System weiterentwickeln.

Ihr habt viele Möglichkeiten, ihr könnt die Übertragbarkeit des Wissens von einem Hirn und dessen Verbindungen auf einen anderen erreichen und damit verhindern, dass das Ganze Lebenswerk und diese wertvolle Substanz mit in den Boden aufgeht, in den der Körper gelegt wird, das wäre ein erheblicher Gewinn an Kraft und Zeit, weil es das Lernen beschränken würde. ihr könntet Gehirne und Wissen und Anstrengungen kurzschließen, um die Effekte der Gemeinsamkeit zu bündeln und um abseitige Bewegungen zu vermeiden und ihr könntet Bewegungen in ihrem Zusammenhang energiemäßig aufnehmen und damit eure Zukunft festlegen, denn Bewegungen sind eure Zukunft, sie werden veranlasst und laufen direkt in die neue Zeit hinein. Und, da Geist und Bewegung unsterblich sind, wisst ihr was das heißen kann, wenn ihr mehr Geistwesen als Körperwesen wäret, spricht der Herr. Wendet das Großhirn an, bevor es verrottet und seine individuelle Zeit abgelaufen ist. Noch habt ihr die geheimen Wirkungen all der genannten Kräfte, die in Raum und Zeit aktiv sind noch nicht ermittelt und aktiviert.

Gerade die Zeit habt ihr noch gar nicht erkannt. Ihr steht mit dürren Beinchen in eurer Gegenwart und sie rennt an euch vorbei, mit den gewaltigen Kräften der Vergangenheit und gestaltet direkt eure Zukunft. Besonders die negativen Verläufe treten in der Regel mit großen Wirkungen auf. Hochwässer, Feuersbrünste, Dürren, das sind alles

Erscheinungen, die euch regelmäßig gänzlich unvorbereitet zu treffen scheinen. Die Bewegungen, die ihr auch selbst veranlasst, laufen mit zwingender Logik ab und sind eigentlich berechenbar und vorhersehbar. Das ist ein großes Feld, für das alle Kräfte gebündelt werden müssen. Die zusammenhängenden Kräfte sind doch alle vorhanden und wirksam, ihr müsst sie nur nutzen und könnt euch damit vieles an Energie und Arbeit ersparen. Aber aktiviert eure Gefühle für solche Leistungen, statt auf Kampf und sinnlosen Egoismus zu setzen. Fortschritt braucht eine starke geistige Masse als seine Basis und Wirkung. Ihr müsst sie schaffen.

Die Dimension des Jenseits gibt es nur wegen der Schwere des Körpers. Die geist-seelische Kombination ist bei der derzeitigen Gestaltung nur über den Körper wirksam. Diese Verbindung muss bestehen, weil der Körper der Kraftlieferant und der Energieträger für alle geistigen und auch seelischen Reaktionen und Einsätze ist. Die eigenen Kräfte der geistseelischen Kombination sind nicht aktiviert und noch nicht gefunden. Deshalb bleiben wir, solange wir unsere Konstruktion aufrechterhalten, von diesem Dreiklang abhangig und müssen den schweren Körper permanent, solang wir leben wollen, mit uns tragen. Aber beides wirkt auch alleine und tut es bereits draußen im All.

Das könnte völlig anders sein, wenn unser Leben auf der Basis der Geist-Seele Verbindung funktionieren würde und die immensen Kräfte dieser Verbindung nutzen könnte. Die gesamte Natur ist derzeit noch auf der Mitwirkung des Körpers aufgebaut. Deshalb brauchen wir die Pflanzen und die Tiere, die zu ihrer und unserer Ernährung und Erhaltung da sein müssen. Sie haben die Funktion der Nahrungskette für die unendlich vielen Körper von Pflanzen, Tieren und Menschen. Auch Pflanzen und Tiere hängen von unserem Körpersystem ab. Solange dieses besteht, ist das Jenseits für uns hinter der Schwelle der Trennung von Körper auf der einen Seite und Geist und Seele auf der anderen Seite. Aber sie sind auch notwendig als eure geistige Masse, die Basis eurer Entwicklung.

Könnten wir den Weg schaffen und Geist und Seele, so wie sie von der Natur konstruiert sind, körperunabhängig machen, dann entfiele die notwendige und umfangreiche Nahrungskette und auch Pflanzen und Tiere würden nicht mehr von dieser Nahrungskette abhängen. Sie wären trotzdem vorhanden und könnten für ein paradiesisches und harmonisches Zusammenleben und für die großen Künste zur Verfügung stehen.

Tiere und Pflanzen wären dann Objekte der großen edlen Künste und der Ausübung seelischer Aktionen, die nicht nur auf diesen Planeten beschränkt da sein müssten, weil sie nicht mehr körpergebunden sind und deshalb nicht von dem Körper dieses Planeten leben müssten, sondern sie würden direkt in die Zusammenhänge des All einwirken und mit diesen korrespondieren. Im Augenblick lebt unser Körper von dem dieses Planeten und kann sich davon nicht ohne weiteres trennen.

Geist und Seele benötigen Bewegung und das bedeutet, sie brauchen den Anstoß durch die Körper, wenn sie auf körperliche Bewegungen antworten und reagieren wollen. Sie könnten auch unabhängig davon leben, wenn wir die

Reaktionen von Geist und Seele aufnehmen und aktivieren würden. Alle Probleme, die die vielen Körper produzieren und hervorbringen, gäbe es dann nicht mehr. Es würde allein gelten, was der Geist und die Seele für ihre Bewegungen hervorbringen. Und da haben wir bereits die Intuition, die Annäherung im Geiste und die Instinkte, sowie manche Paraerscheinung, die von Geist und Seele kommen und nicht unbedingt körperliche Reaktionen sind. Entfiele alles, was der Körper benötigt und anfordert und damit an Reibflächen und Problemen bereitet, dann wäre das Bewegungsfeld für Geist und Seele so klein, dass es in die Jenseitigkeit als Annex der Würde passen könnte. So müssen eigentlich das Paradies und die Jenseitigkeit konstruiert sein. Die veganen Bestrebungen sind vielleicht intuitiv, ein Weg in diese Richtung.

Mit dem Körper würde alles Negative mit verschwinden. Der Egoismus führt zur Ansammlung von Möglichkeiten, die vornehmlich dem Körper dienen, körperliche Wohlgefühle sind die Hauptursache für unsere Bewegungen, auch die unserer Tiere, die damit obsolet werden könnten. Und genau in diesen Bereichen stecken List und Betrug und Macht und Missbrauch. Das alles haben weder der Geist noch die Seele nötig. Bei ihnen geht es um logische Abläufe und Bewegungen, die in den Verhältnissen entstehen, in denen sich beide bewegen. Und da kommt es auf Reichtum und Macht nicht an. Da zählen bestenfalls Veränderungen der ohnehin guten Bedingungen in andere Richtungen. In diese körpergelöste Richtung sollten wir unsere Zukunft legen.

218

18. Bewegung und absoluter Raum

Dem logischen Denken und Empfinden zufolge muss der große Raum, in den sich diese fast unendliche Masse des All hineinbewegt, eigentlich vor dem All existieren. Denn ein bloßes Nichts, eine absolute Leere kann der freie Raum nicht sein. Denn alles, was sich hineinbewegt, muss sich in Strukturen mit großer raumerhaltender Kraft hineinbewegen, sonst würde es sich in ein Nichts auflösen. Raum ist vorgegeben mit seinen drei Elementen. Dabei spielt die Größe keine Rolle. Denn in ihm wirken raumerhaltende Energien. Auf diesen Energien können Bewegungen verlaufen und ihre Richtung einhalten. Weil sie selbst einen eigenen Raum bilden, denn der absolute Raum ist mit seinen Energien in jede Größe ableitbar und er behält angepasst seine Eigenschaften. Im Nichts könnten Bewegungen nicht sein, weil sie eine Struktur benötigen, die ihnen zur Grundlage ihres Verlaufes dient. Alle wirkenden Kräfte wirken nur relativ, im Verhältnis zu anderen Kräften.

Diesen Raum gestalte ich mir, ich bilde ihn und forme ihn aus, übernehme ihn und leite ihn deshalb aus einer größeren übergeordneten Einheit ab. Ich kann einen kleinen Raum, ein Haus für mich bauen, einen Stall für meinen Hasen, damit leite ich jeweils eine kleine Einheit aus dem großen Bestand herunter. Und ich bin frei in der Gestaltung, aber ich muss ihn irgendwie begrenzen und von dem übrigen Rest abtrennen. Das verlangt die Bildung der Formen und Individuen, die gewollt ist. Sei diese Grenze sachlich oder energetisch. Und Raum existiert nur mit mehreren verbundenen Ebenen und

Flächen. Ein Nichts verschluckt mich und löst meine Formen auf.

In dem Moment, indem die großen Massen in den vorhandenen Raum rasen, bilden sie ihren eigenen Raum nach dem geistigen Raumbedürfnis der Abtrennung zu dem Nachbarn und den übrigen Teilen. Dieses Element ist raumnotwendig und es liegt nicht in der sich bewegenden Sache, sondern es liegt im Raum, denn, das was ich gestalten kann, muss da sein und schon deshalb kann der Raum keine Leere sein. Es liegt deshalb vorgegeben im Raum, weil die hereinrasende Masse noch in Bewegung ist und von daher kein Abgrenzungsbedürfnis haben kann. Denn Bewegung spricht gegen Abgrenzung und dennoch braucht Bewegung auch Raum, um sich zu bewegen. Ansonsten fällt sie ins Leere, sie fällt aus den Flächen des Raumes.

Bewegung wäre sonst von Vorwärtsstreben und abgrenzender Statik geprägt. Ein Widerspruch in sich, der Bewegung blockieren müsste. Die Abgrenzung ist sonach ein Element des Raumes und vor dem sich Hineinbewegen in den Raum vorhanden. Es ist also auch nicht das gleiche Problem, wie das mit der Henne und dem Ei. Bewegung geht immer zu einem Ziel, zu der Stelle, an der Bewegung zu Ende ist. Und das muss etwas sein, es kann nicht eine undefinierte Leere sein.

Bewegt sich die Masse in den absoluten Raum, zum Beispiel veranlasst durch den Anfangsimpuls, so bringt Bewegung auch die Logik und ihre sonstigen Bestandteile mit. Diese benötigt die Materie, weil sie irgendwann zur Ruhe und Abgrenzung kommt und sich danach ein nachhaltiges und ein lange Zeiten wirksames System eigener Existenzen aufbauen muss. Der Raum gewährt ihr diese Möglichkeit und sichert die von seiner Größe abgeleiteten neuen Raumgrenzen gegenüber allen sonstigen Bestandteilen des Raumes. Denn Raum existiert nur mit seinen Raumgrenzen. Er lässt es auch zu, dass diese neue Raumeinheit nach wie vor in Bewegung ist und eigene harmonische Systeme dafür entwickeln muss. Für diese Maßnahmen gelten die Gesetze der Bewegung, insbesondere ihr Element der Logik, die diese neuen und bewegten Zusammenhänge erhält. Aber ihr Raumteil, in dem sie sich bewegen, bleibt ihr individueller Bereich, mit seiner individuellen Zeit.

Die Bewegung im freien und großen Raum ist nur durch den Bedarf an Abgrenzung beschränkt und solange andere Bestandteile nicht im Raum vorhanden sind, unbegrenzt. Irgendwo hat auch der große und absolute Raum seine Grenzen, an denen jede Bewegung angehalten wird. Das unterscheidet ihn weiter von einer Leere, die keinerlei Begrenzung besitzen kann, weil sie sonst zum Raum wird. Die durch Bewegung mitgebrachten Grenzen bestehen raumbedingt immer. So hemmt die Oberflächenspannung das Wasser daran, seiner Flüssigkeit freien Lauf zu lassen und sich überall zu verkriechen.

Die Dimension des Absoluten Raumes steht neben der unserer Jenseitigkeit. Die Jenseitigkeit befindet sich im abgeleiteten Raum, dort wo die Kräfte des Lebens und der allgemeinen Bewegung effektiv und in allen Richtungen wirken. Das Jenseits müsste eigentlich ein Raumteil der vierten Dimension sein, allerdings hinter dem Bereich in dem die Verbindung Körper, Geist und Seele nicht mehr besteht. An dieser Stelle ist diese Verbindung bereits unterbrochen und gelöst, weil ihm der Körper genommen ist, weshalb keine Wahrnehmung in diesem Raum hinein mehr möglich ist. Wahrnehmung besteht nur in der Einigkeit von Körper, Geist und Seele. Der Raum ist ein Teil des Körpers, er enthält aber genauso die Einigkeit von Geist und Seele. Die Jenseitigkeit ist der Raum des Geistes und der Seele, jenseits der vierten Dimension der Würde und Erhabenheit.

Wo diese Einigkeit von Körper, Geist und Seele fehlt, gibt es keine bewusste Wahrnehmung mehr. Der Körper ist tot und vielleicht schon in Auflösung, Geist und Seele haben ihren individuellen Anteil vom Körper übernommen und stoppen damit den weiteren Verlauf des Individuums, denn es existiert nicht mehr. Also entfällt auch die Wahrnehmung. Dies ist nur noch in der Verbindung der drei Teile denkbar, solange diese gerade noch besteht, also vielleicht noch in einer Nahtoterscheinung, in der die Harmonie gerade noch funktioniert und die Aufzeichnung gerade noch erfolgt, weil die Verbindung zum Körper noch nachwirkt, obwohl die Trennung schon real ist.

Die Jenseitigkeit ist die Fortsetzung der vierten Dimension, ohne die Basis, das körperlich bestehende Individuum. An die Jenseitigkeit gelange ich erst nach meiner körperlichen Auflösung, dann aber geistig und seelisch und mit den Attributen meines vergangenen Lebens. Der Zugang in die Jenseitigkeit ist nur dem geistseelischen Wesen möglich, die Körper als solche gelangen nicht in den Himmel. Deshalb spielt es auch keine Rolle, ob sie zerfetzt oder noch wohlbehalten das Paradies erreichen, es ist ohne hin nur ihre geistseelische Verbindung zugelassen. Diese vertritt das Individuum vollständig und umfassend. Der Körper könnte ohnehin nur seine blutenden Wunden offenbaren. Im Leben ist er aber notwendig, weil er jede Regung speichert und damit die Identität des Lebens und ihre Kontinuität erhält. Damit macht er Geist und Seele zu ihrem Einsatz bereit. Nach seinem Ableben ist die Kontinuität ohnehin unterbrochen und nicht mehr nötig.

Will ich das Jenseits gewinnen, dann muss ich dies als körperloses aber geit-seelisches Wesen tun. Sollte es mir gelingen, diesen Teil meines Lebens durch lange Übung vorübergehend körperfrei zu stellen, dann hätte ich das Paradies gewonnen. Vielleicht gelingt es einer späteren Menschheit, die in Würde nach der Dimension der Erhabenheit lebt und den Schritt in die Geist-Seligkeit schafft, das Paradies zu gewinnen. Das wäre das kurze Moment der Erhabenheit über den Körper und die Berührung des reinen Glücks. Und wer behauptet, das gäbe es nicht schon heute, wenigsten einen kleinen intensiven Augenblick lang, der glaubt auch nicht an die größten Stunden des Glücks. Die Bedingungen dafür scheinen zu Zeiten der Klassik und Romantik günstiger gewesen zu sein, als heute. Das zeigen ihre Werke.

Der Absolute Raum ist nicht der Ort des jenseits. Er ist vielmehr frei und offen und auch bereit, jede Bewegung, auch von körperlichen Objekten, die in ihn hineinstürmt auch zu übernehmen. Das würde die Jenseitigkeit total durchkreuzen. Deshalb muss sie an anderer Stelle leben, dort wo sie geachtet und in Würde geschützt und gesichert ist. Das kann nur der Raum hinter der vierten Dimension der Würde sein. Im Augenblick scheint die Jenseitigkeit gar kein Interesse an den Menschen und seinem Benehmen zu haben, denn es würde alsbald, wie auch hier auf Erden, in den guten Sitten völlig verderben.

Die Gnade dagegen steht vor der Jenseitigkeit, denn sie will gerade dem Körper die großen Schmerzen und den erheblichen Verlust vermeiden. Es ist ein Akt der Gnade, wenn der Messerangriff so an mir vorbeigeht, dass ich überleben kann. Schon deshalb ist das Feld der Gnade eines in den finsteren Tiefen der menschlichen Seele, die den Schmerz des Körpers absolut voraussetzt und seine Linderung spürbar macht. Gnade kann ein Akt glücklicher Umstände sein, die weder der Täter noch das Opfer in der Hand haben, die aber ein Charakteristikum der Tat ist und die primär meinen Körper betreffen.

Bewegung im großen Absoluten Raum ist mit Masse oder Energie möglich, allerdings außerhalb des derzeitigen Raumes, den wir bewohnen. Dieser ist eine Ableitung des Absoluten Raumes und damit sein wesentlicher Bestandteil. Aber neben unserem genutzten Raum bestehen sicherlich noch ungenutzte Teile, weit draußen im Absoluten Raum und für jede Expansion nutzbar.

Der Punkt, als abstrahierter Raumteil, ist das kleinste Element des Absoluten Raues und steht seiner Größe mit gleichen Eigenschaften gegenüber. Nur dass der Punkt nicht genutzt werden kann, weil er sonst automatisch zur Fläche oder zum Raum wird und dabei völlig neue Eigenschaften hervorbringt.

Der Absolute Raum ist Fläche und Raum, deshalb wäre es der reinen Bewegung möglich, sich in ihn hinein auszudehnen. Die Strecke vom Punkt zum Absoluten Raum ist der Kreisbogen, der weit über die große Materie des ganzen All hinüberreicht.

Der Punkt ist ein geistiger Raumteil, der real kaum existiert, weil er zumindest Flächencharakter übernimmt. Aber er muss im Geiste sein. Weil über den Punkt alles an Bewegungen beginnt und auch sein Ende findet und geistig berechenbar geworden ist. Der Punkt ist der Beweis, dass der Absolute Raum keine Leere sein kann. Denn zumindest ist er Punkt, auch wenn er real nicht existiert. Der Punkt ist ein Geistwesen, auch der Absolute Raum ist es, solange er leer ist. Aber er existiert als kleinste Grenze und Ableitung des Absoluten Raumes und als Gegenstand der Logik und des Geistes. Und er ist immer denknotwendig vorhanden, auch im Absoluten Raum., deshalb kann er keine Leere sein.

Der Punkt hat wie der Raum auch seine Struktur. Er hält den Anfang und das Ende der Bewegung, von der aus es logisch kalkulierbar ist, fest, weil von da ab ihre Bewegungsenergien eingesetzt und am Ende beendet werden. Der Zug erreicht seinen Zielbahnhof. Für die Berechnung seines Fahrplanes ist er dort ein Punkt, genauso wie an seinem neuen Ziel. Auch sein Verlauf wird als dieser Punkt kalkuliert und geistig übernommen. Der Denkvorgang als Abstraktion oder Ableitung aus dem Raum, sieht ihn als Punkt verlaufen. Nur so ist seine Bewegung in der Fläche kalkulierbar geworden, obwohl sie keine Fläche, sondern Raum ist. Der setzt seine Elemente als seinen Wirkungsbereich voraus.

Der Geist steigt bei seiner Kalkulation aus dem Körper, der Raum ist und verläuft als Punkt. Er abstrahiert seine Umgebung auf die kleinste Einheit und vollzieht damit die Bewegung nach. Die Seele dagegen bleibt der Raum ihres Körpers. Deshalb übernimmt sie diejenigen Bewegungen, die Raum benötigen und nicht als Punkt vorangehen können. Benötige ich Gefühle, für einen Bereich, der nicht logisch voranschreitet, dann operiert die Seele im Raum und übernimmt dieses Voranschreiten. Ich zerstöre aus Liebe oder großem Hass eine Tasse, dann kann dies völlig unlogisch und geistlos sein, aber es ist abgelaufen und geschehen und damit ein seelisches Anliegen geworden, das außerhalb der Logik ist. Logisch ist allein der Einsatz der Kraft und ihre zerstörerische Wirkung. Das enthält aber keine Aussage, auf die es ankommen kann. Neben der punktartigen Bewegung, die kalkulierbar ist, verlaufen in solchen Fällen weitere Kräfte und Energien der Bewegungen, die nur seelisch gefasst werden können, die aber für den Raum neue Inhalte setzen und darüber hinaus wirksam sind.

19. Bewegung und Seele

Bewegung ist Logik und damit zumindest Geist. Geist ist die Wirkungsweise der Fläche. Es ist der Zusammenhang der effektiven Wirkung der Punkte. Also der Abstraktion und Raumableitung. Seele dagegen ist die Wirkungsweise der Kräfte und Energien und deren raumhaften, nicht körperlichen, Zusammenhänge. Seele ist stets die Veranlassung des Geistes. Es sind stets gefühlsgetragene Wünsche und Notwendigkeiten, die den Punkt a in irgendeine Richtung in Bewegung setzen und dessen Verlauf oder Ziel räumlich erfassen und bewerten. Aus dieser gefühlsgetragenen Bewertung heraus, erfolgt die Veranlassung der Bewegung, weil da Gefühl an einer Stelle eine Ungleichheit der Harmonie ermittelt, die nach individuellen Wünschen ausgeglichen werden muss und deshalb Bewegung veranlasst.

Derzeit ist der Raum von allem ausgefüllt, von einer großen Menge von Materie und einer ebenso großen von Energien. Der geist-seelische Bezug wäre allerdings körperlos. Bei der Menge von existierenden Körpern, scheint das Hauptziel des All nicht unbedingt eine geist-seelische Existenz zu sein, die der Jenseitigkeit gleichkäme und ihr entsprechen würde. Entweder ist das derzeitige All ein Zwischenstadium zum geist-seelischen Leben, oder die vorhandenen großen Massen sind Bedingung für Geist und Seele, die dann nicht die primäre Bedeutung hätten. Stimmt es, dass das ganze All aus einem großen Schlag entstand, dann war der vorherige Zustand auch nicht der von großen und schweren Massen. Diese mussten vielmehr in einem immens komprimierten Zustand von Energie existiert haben, die sich erst durch den Raum zu Materie konkretisiert und individualisiert hat.

Wenn Bewegung Logik ist, dann muss die Logik eigentlich erst entstehen, sobald Bewegung abläuft. Logik verlangt eine beständige und funktionale Ordnung, die jede Bewegung störungsfrei verlaufen lässt. Also muss sie freischwebende und vakabundierende Energie und Kraft in beständige Formen binden. Aus der gewaltigen Konzentration von Energien ist das sich bewegende All entstanden und hat sich in gewaltigen, aber in sich gebundenen, Energieformen in den Raum ausgedehnt. Diese Energiebündel sind die Sterne, Sonnen und Planeten, noch umgeben von freischwebenden, aber möglicherweise ebenfalls gebundenen, Energien. Geist und Seele sind demnach als Strukturelemente des Absoluten Raumes, dessen energetische Partner, die ihn von der absoluten Leere unterscheiden. Sie entstehen mit jeder Bewegung in den Raum hinein, müssen also schon bei Beginn der Bewegung parat stehen. Schwarze Löcher, als Beispiel, komprimieren in einem Maße, dass Materie eigentlich nur noch in einer bewegungslosen Energieform bestehen kann. Die Bedeutung des Raumes ist in diesem Fall auf den Punkt reduziert. Der Raum und seine Eigenschaften mit Bewegung, Geist und Seele sind auf Null reduziert. Demgegenüber steht das Jenseits als köperloser Zustand, das es nicht erreicht hat, Energien in einer Form zu ordnen, die körperlos und massenlos sind.

Die Frage bleibt, will das Jenseits diesen Zustand überhaupt erreichen. Von der Logik aus kann es das nicht wollen. Denn die Energien sind als Energie oder als Masse und Bewegung vorhanden und sie bleiben es auch nur, unter einem gestrengen Ordnungsprinzip. Ein denkbarer Ausweg aus diesem Dilemma könnte das Prinzip Leben sein, dem es irgendwann gelänge, eine andere Ordnung zu schaffen, das die großen Energien in geist-seelischen Formen und Raumstrukturen bindet. Wasser kann ich einfach auflösen in seine Elemente H und O. Wer sagt, sie müssen als Ozeane mit entsprechendem Klima um Geist und Seele sein, um wieder Einheit zu werden. Also Großhirn, mache dich an die Arbeit. Im Augenblick geht es um die beste Form des Lebens, unter Beibehaltung des Meeresstrandes, der mich zum Wohlgefühl einlädt.

Dann müssen wir die Strukturen beibehalten und ihre Bestandteile definieren. Demnach wirken Gefühle räumlich und sie nehmen deshalb die verschiedenartige Auswirkung der Bewegungspunkte an jeder Berührungsstelle auf und bewerten diese. So prägt sich Bewegung ein, nicht als gesamte verlaufende Linie, sondern als Berührung von Punkten. Von netten Begegnungen im Zug oder von einer interessanten Lektüre, die genau den Teil der Umgebung mit aufnimmt, in dem das Erlebnis geschah. Das ist die räumliche Wirkung der Gefühle, die auch die gerade vorhandenen Umgebung deshalb aufnimmt, weil sie durch das Erlebnis in einem besonderen Licht auftritt und dadurch speicherfähig wurde.

Raum, Fläche, Bewegung und Punkt wirken nicht nur auf dem Planeten Erde, sie gelten für das gesamte All. Genauso gelten und wirken im gesamten All ihre Initiatoren für Bewegung, Der Geist und die Seele. Und wenn es stimmt, dann wirkt der Anfangsbewegungsimpuls des big bang noch immer in den Bewegungen des All mit. Der big bang ist zumindest eine logische Angelegenheit. Denn der Punkt, an dem die Kräfte der Expansion diejenigen des Zusammenhalts, also die der Gravitation, überboten haben, ist zunächst ein rein logischer Vorgang.

Lediglich der Zeitpunkt, wann die Expansion die Gravitation überwunden hat und wie, mit welcher Mechanik und Gewalt dies geschah, ist seelischer Anteil gewesen. Denn auch die Expansion hat irgendwie die Harmonie der Verläufe sichern müssen und damit einen seelischen Anteil übernommen der seither in der ganzen Bewegung als Kraft der Harmonie und des geregelten harmonischen Ablaufs fortwirkt. Ohne diese Kraft wäre das sich bewegende Modell längst zusammengestoßen und wieder kollabiert. Denn diese Kraft ist in jedem Körper existent und damit in Potenzen wirksam.

Wenn das die geistig- seelische Struktur des gesamten Ablaufs darstellt und so sieht es bei rein geistiger Betrachtung tatsächlich aus, dann kann man feststellen, die Bildungsstelle für Geist und Seele sitzt hier auf unserem Planeten Erde. Die gesamten Verläufe der großen Massen, gleichgültig an welcher Stelle des All sie sich bewegen, werden von hier aus konzentriert und könnten von hier aus als Zentrum des Geistes und der Seele, gesteuert werden. Wenn Geist und Seele überall identisch auftreten, erscheinen und auch wirken, dann haben sie hier ein echtes Zentrum, von dem aus sie ihre neuen Impulse empfangen könnten, sofern wir die notwendige Erkenntnis und Klarheit aufbringen würden.

Bewegung bringt die Logik hervor, weil sich Bewegung nur in ganz bestimmten Formen und Bedingungen ausdehnen kann. Das bildet den Geist und seine Beweglichkeit aus. Solange Bewegung besteht, sind mindestens die Strukturen des Geistes vorhanden, soweit sie die Fläche bedienen. Für alle Auswirkungen in den Raum bedarf es der Gefühle, die auch die Verbindung zu dritten Komponente abdecken und die wieder den effektiven Impulsgeber für den Geist ergeben. Die Gefühle entstehen nicht ausschließlich aus der Bewegung, sie folgen einem darüberhinausgehenden Element, das sie aus dem Bezug der Fläche erhebt und das objektive Bestandteile enthält. Die Bewegung in die Raumkomponente enthält einen schwer definierbaren seelischen Bezug, der Umfang und Tragweite der Raumbewegung festlegt. Der auf jedem Weg zu einem Ziel begleitet und eine leise Bewertung abgibt und sich im Falle einer Abweichung vom angepassten Weg kundtut und leise meldet, intuitiv. Das ist Seele.

Dazu hat uns die große Natur auf diesem ganz besonderen Planeten das Großhirn verliehen, das, wie man leicht feststellen kann, für den Umfang diese relativ kleinen Planeten allein, weitaus zu mächtig ist. Also hat es uns eine darüberhinausgehende Aufgabe zugeteilt. Zumindest insoweit, die objektiv überall gültigen Normen anzugehen und auszubauen. Bei Hirn ist es wie bei der Muskulatur, es verkümmert, wenn sie nicht in seiner Zeit intensiv gebraucht wird. Die Gefahr besteht, dass die exzellenten Fähigkeiten des Großhirns längst mangels anstrengendem Gebrauch zurückgebildet sind. Also benötigen wir Bildungseinrichtungen zur sportlichen und intensiven Betätigung des Großhirns. Insbesondere muss ich die eigenen inneren Blockaden, die sich bei Nichtgebrauch bilden, überwinden können.

Es könnte also gestimmt haben, was die christlichen Urväter anfangs an Behauptungen aufgestellt und verbreitet haben. Geistig und seelisch betrachtet, kreist das All um die einzige Erde. Das schließt nicht aus, dass irgendwo in dem großen All ein weiterer Planet von ähnlichen Wesen bevölkert ist, wie unser Planet Erde. Aus dem Ordnungsprinzip heraus, müsste sich allerdings zwingend ergeben, dass deren geistige Veranlagung auf anderem Gebiet liegen muss. Denn die Natur der großen Massen vermeidet penibel sich widersprechende Meinungen, weil sie den Ablauf durcheinanderbringen und am Ende zerstören. Das beste Ablaufmodel der dissenting opinions ist die deutsche Demokratie. Bei ihr ist nichts garantiert und festgeschrieben und erst im letzten Moment erfährt man, was in Coronazeiten gilt, dürfen die Kinder zur Schule oder muss ich für einen Betreuer suchen, die zu solchen Zeiten natürlich dünn gesät sind, weil sie sich auch nicht mehr bewegen dürfen. Und dann für jeden kleinen Staat im Lande eine eigene Regelung. Stadtstaaten mit über hunderttausend Einwohner regeln alles anders, wie der angrenzende Teil. Das übertrage man auf das All, keine halbe Sekunde könnte es weiterverlaufen. Der Geist hat mit seinen Gefühlen die falschen Ziele gesetzt, weil er das natürliche Ordnungsprinzip missachtet.

Wenn dieser Planet das Zentrum für Geist und Seele sein soll, dann braucht er sicherlich eine dafür geeignete Organisation und innere Ordnung. Für den Geist spricht die Logik, für die Seele das Gefühl. Beide sollten dann mindestens in einem geordneten Ablauf zueinanderstehen, wenigsten einer solchen inneren Ordnung, die den Ablauf harmonisiert, aber die dennoch genug Raum belässt für kreative Ideen und Einfälle. Denn das ist zur Entwicklung und zur ständigen Läuterung beider Bereiche unerlässlich. Auch Geist und Seele haben ihre eigenen Bedingungen.

Geist und Logik stehen fest. Das sind Elemente der Bewegung, die der Mensch nur in ihrer vielgestaltigen Wirkung ans Licht fördern und zur Wirkung bringen kann. Hier ist permanente Entdeckungsarbeit über die verschiedenen Einsatzarten und Wirkungsarten der Logik nötig. Die Gefühle ergeben sich aus der eigenen inneren Ordnung, der Wirkung des dritten Elements des Raums. Und diese muss naturbezogen, individuell aber nach einem festen Ablaufsystem organsiert sein, die jedem die nötige Freiheit belässt, seine, von der Natur mitbekommenen Anlagen frei und höchst verantwortungsvoll für sich, den Nachbarn, die Natur und das Weltall zu entwickeln. Und dabei muss ihn seine individuelle Nuance leiten und ihm gewisse Wege weisen, die er auch intuitiv erfühlen muss.

Das ist sicherlich die Demokratie, aber nach einer inneren Ordnung gestaltet, die das verantwortliche Wirken und schnelle Gestalten aus der Sache heraus ergibt. Das müsste zumindest für den Anfang ein Modell der Gemeinschaft sein, in der jeder für sich, den Anderen, für seine Natur und besonders für seine Aufgabe zuständig und eingesetzt ist, um seine spezielle Veranlagung zu verwirklichen und seine Nuance zu leben.

Dabei hat jeder die Aufgabe für den reibungslosen Ablauf in der Gemeinschaft zu sorgen und eine innerordentliche schnelle Kooperation und einen entsprechenden, sachbezogenen Gedankenaustausch sicherzustellen. Keine Verwaltungsagglomeration, die einen den Schock in die Glieder treibt. Dabei ist das Gebot der inneren harmonischen Ordnung zwingend. An dieser Stelle hat die Demokratie ihren

Knackpunkt. Ein Sturm des Reichstages oder des Kapitols, wäre so aufgrund eigener Selbstverantwortung jeden Individuums überhaupt nicht denkbar, weil man alle Mißstände schon längst vorher beseitigt und einer nicht geeigneten Regierung oder Leitung längst den Laufpass gegeben hätte.

Die innere Ordnung zum Aufbau des eigenen Lebensraums, müsste relativ zwingend sein. Das ist dann kein Problem, wenn alle Mitbürger selbst für diese Ordnung sorgen und das nötige Verantwortungsgefühl dafür aufbringen. Dann fügt sich jede individuelle Tätigkeit reibungslos in die des anderen Individuums und die Ordnung existiert. Dieses Modell spielen uns doch täglich unsere Mitkreaturen wunderbar vor. Wie soll ein großer Vogelschwarm ohne festes Schwarmverhalten seine Ordnung aufrechterhalten. In Deutschland käme man keinen Meter in die Luft, weil das Schwarmverhalten längst verpönt, abgetötet und vergessen ist. Ameisen, Bienen und eine Vielzahl von Tierwelten leben nach diesen Ordnungssystemen mit einem überzeugenden inneren Ordnungsprinzip. Es wäre gelacht, sollte der Mensch ein solches, ohne starke Diktatur, nicht hinbekommen. Wir haben es uns abgetötet und diese natürlichen Fähigkeiten verkümmern lassen. Also züchten wir dieses, einst auch bei uns vorhandene Naturprinzip, erneut zum aktiven Leben. Benutzt das Großhirn, auch wenn es zu großen Teilen schon vergammelt und verrostet ist. Es kann wiederaufgebaut werden.

Den Gesellschaften unseres Planeten fehlt, mit wenigen Ausnahmen vielleicht, das natürliche Schwarmverhalten als innerer Ordnungsgeber aller Verläufe. Ein solches Verhalten ist bei allen Bewegungen von Mehreren, erforderlich. Dieses Naturprinzip hat der Mensch sich abgewöhnt, weil er zum Beispiel, im Kampf nicht nach vorgegebenen Mustern operieren wollte, sondern den Feind immer listig nach eigener erfundenen Taktik zu besiegen trachtete. Und dieses Gefühl der Überlegenheit kraft besserer Taktik, hat bereits frühzeitig begonnen, denn das Einzige, das der Mensch permanent geübt hat, waren dauernde Kämpfe und Kriege gegen sich selbst. Möglicherweise ist diese Zeit, vielleicht durch höhere Erkenntnis oder weil es bessere Waffen gibt, die für den Menschen kämpfen, erledigt. Jetzt käme die Zeit der neuen globalen Gesellschaftsordnung. Bei primitiver oder einfacher Betrachtung wird sofort die Frage aufkommen, welche Ordnung ist die beste und keiner wird von seinen Pfründen Abstand nehmen wollen. Also verbleibt nur ein großes Naturereignis, das irgendwann geschieht und den geistigen Wandel für ein globales Weltsystem einleitet. Die Natur wird es richten, weil der Mensch sein Hirn blockiert. Pandemien sind ein Weg dazu.

Das Gesellschaftssystem beeinflusst und bestimmt auch das gesamte Fühlen und Denken einer Gesellschaft oder Gemeinschaft maßgeblich. Bin ich nur auf den Egoismus gestellt, muss ich alles vorbestimmen und mit Maschinen überwachen oder kann ich ein bestimmtes Maß von Freiheit gewähren, das dann auch den Inhalt der eigenen Vorstellungen Raum und Kraft gibt und Inhalte hervorbringt. In diesem Rahmen läuft die Entwicklung ab. Und das Individuum passt sich ein, entweder egoistisch oder in einem geistigen Schwarmverhalten. Und dieser Zwischenraum zur inneren Freiheit und äußeren Harmonie, das ist Seele aber nicht Egoismus.

Das heutige Denken und Fühlen ist noch geprägt von rein irdischen Zusammenhängen und Bewegungen. Jäger und Sammler. Es bestimmen darüber hinaus, neben dieser engen räumlichen Begrenzung, die Elemente des Jägers und Sammlers. Das befördert stets den eigenen Vorteil und baut weltweit einen gewaltigen Egoismus auf, der in einem Maße auf die Spitze getrieben wird, dass man sich nur wundern kann. Jedes größere Land entwickelt die Technik zur Mondlandung und Flüge im Orbit nach eigenen Forschungen, obwohl diese mit einem riesigen Aufwand im anderen Land schon perfekt vorhanden sind. Ein Verbrauch von Ressourcen, den sich die Menschheit angesichts ihrer großen Aufgaben gar nicht leisten kann. Und das ist nur ein Feld. Auf allen anderen Feldern der Forschung verläuft es genauso gegeneinander und sinnlos ohne jede Koordination. Eine sinnvolle *Koordination könnte erhebliche Energien einsparen und Entwicklungen längst auf andere Stufen des Weiterkommens heben. Auch die derzeitige Pandemie hat noch zu keiner Erkenntnis gemeinsamer Abwehr geführt. Es muss offenbar noch schlimmer kommen.*

Man hat tatsächlich den Eindruck, als sei die Erde der einzige Planet mit dieser Mischung einer geist-seelischen Kombination, als geistige Mechanik der Bewegung. Im übertragenen Sinne würde sich dann tatsächlich alles um die Erde bewegen. Dies wäre auch dann der Fall, wenn an einer anderen Stelle des All, möglicherweise so weit entfernt, dass die bisher bekannten Wellen ewig benötigen, um hierher zu finden, ein weiterer Planet mit ähnlich begabten Wesen für die Ordnung des All mit zu sorgen hätte. Dann wären wir mit unserem System dennoch die Einzigen und alles würde sich zu diesen Punkten um diesen Planeten drehen. Dessen sollte man sich bewusst sein und das allgemeine Denken auf diesem Planeten darauf einstellen.

Dennoch bleibt von Bedeutung, dass sowohl der Geist wie auch die Seele einmalige Kräfte und Energien in unseren Wesen sind, die über das gesamte All Gültigkeit haben. Unser Denken und Fühlen ist also allumspannend und damit überall dort einsatzfähig, wo sich die natürlichen Bedingungen danach gestalten. Das heißt, auch Geist und Seele sind keine Errungenschaften der Menschheit oder des Planeten Erde, sondern sie sind mit der Bewegung automatisch vorhanden und einsatzfähig, wo überall Bewegung ist. Überall, wo Bewegung erfolgt, verläuft sie nach geistig-logischen Grundsätzen. Dort, wo in dem Rahmen der Bewegung Raum für Gefühle ist, verläuft die Seele mit und wirkt über den Planeten hinaus. Rollt der Stein den Hang hinunter, rollt er auf einem Teil des Körpers der Oberfläche einer Welt, zum Beispiel des Jupiter. Inwieweit diese durch solche Bewegungen Reize empfängt, in der Form möglicher Gefühle, ist sicherlich zu bejahen, denn jede Bewegung führt zu Einflüssen, nur die Art und Wirkung kann der Mensch im jetzigen Bildungsstand nicht definieren. Dass solche vorhanden sind, wird er nicht bestreiten können. Noch definieren wir alles über den Körper und lassen die geist-seelische Automatik noch völlig außer Betracht.

Seele und Geist sind universelle Prinzipien und Verläufe, die jede Bewegung begleiten. Bestimmte Organismen nehmen sich dieser Energien an und entwickeln sie weiter. Dazu gehören Tiere und der Mensch. Ähnliche Wesen kann es sonst noch im großen Universum geben. Aber alles muss im Verlauf koordiniert sein, weil nur eine einheitliche und koordinierte Entwicklung möglich ist. Das gilt sicher nicht für alle Bewegungen, die im System des einzelnen Planeten verlaufen. Dort besteht ein Freiraum für Versuch und Irrtum. Im Gesamtverlauf ist die Richtung aber stets einzuhalten. Und der Körper mit seiner unverhältnismäßig großen Maschinerie, im Vergleich zum Geist, muss überall mit.

Geist und Seele scheinen eine Einwirkung in alle Objekte zu haben, die bewegt werden können und die sich von Bewegungen berühren lassen. Das ist nahezu alles an der Oberfläche und im Innern der Planeten. Ganz tote Sterne wird es nicht geben, da sie in ganz anderen Zeiten leben und den Bedingungen der Bewegung unterliegen. Diese Bedingungen stehen überall, solange das große All in seiner Bewegung ist. Und diese wird sich nicht stoppen lassen, weil es sonst eine gänzlich andere Struktur bekommen muss. Es würde ähnlich einem schwarzen Loch in einer großen Masse zusammensinken und über seine übergroße Gravitation alles an sich heranziehen. Der Raum wäre dann eine einheitliche, große Masse, soweit diese durch Aufprallkräfte nicht wieder explosionsartig auseinanderstreben würden. Und Geist und Seele würden die restlichen Energien einsetzen und mit ihnen leben. Vielleicht ein paradiesischer Zustand. Aber unsere Aufgabe kann nur sein, diesen Zustand mit den Massen und dem Körper zu erreichen.

Der Geist lässt sich immer auf einen Punkt abstrahieren und von dem Raumgebilde ableiten. Die Seele dagegen entzieht sich dieser Technik und ist deshalb nicht ohne weiteres von der Logik fassbar. Ein Gefühlsvorgang verläuft ganz im räumlichen Umfeld und seinem Gebilde, das sich nicht auf einen Punkt reduzieren lässt, weil es dann seine energetische Bindung verlieren würde und nicht mehr als auslösende Energie erscheinen könnte, die auch dem Geist Bewegungsimpulse vermittelt. Ohne diesen Einfluss müsste der Geist auf seinem Punkt verharren. Die Entwicklung der Bewegung geht immer in die Zukunft. Und Zukunft ist nicht logisch, sondern nur gefühlsmäßig zu erfassen. Aber vielleicht ist der Punkt der Einstieg, die Vorherrschaft des Körpers zu überwinden, denn er wirkt geistig und das ohne Masse. Das Problem bleibt immer noch das Gefühl.

Ohne Einwirkung der seelischen Kräfte wäre die Zielbestimmung der Bewegung schwierig bis unmöglich. Denn sie verläuft immer in die Zukunft und in den Raum. Da Bewegung immer nach einem Ziel verlaufen muss, ist Seele immer beteiligt, wenn auch nur mit minimaler Einwirkung. Das Ziel einer Bewegung kann auch eine rein logische Folge sein, wenn die Bedingungen keine andere Richtung und kein anderes Ende der Bewegung zulassen. Sie lassen auf jeden Fall immer das Ende der Bewegung offen. Dieses richtet sich nach der Kraft der energetischen Veranlassung. Der Punkt als Anfang und Ziel mit der Bewegung der Gleichzeitigkeit, das wäre ein Weg, aber ohne Gefühl.

Das Ziel enthält deshalb notgedrungen ein Quantum Seele, das sich nicht auf einen Punkt abstrahieren lässt. Der Raum lässt im Falle der Seele die Ableitung auf einen Punkt nicht zu, weil die innere Orientierung immer erhalten bleiben muss, um die drei Dimensionen zu erhalten. Die Seele transformiert die Bewegung und ihre Wirkung in einen Charakter der Bewegung, sie hat positive oder negative Wirkungen, die mit jeder Bewegung damit automatisch verbunden sind. Sie verbessert oder verschlechtert die Situation des Bewegungsendes oder des Bewegungsziels. Und dies kann seinerseits wieder eine Ursache für neue Bewegungen werden. Auf diese Weise wird der systematische Zusammenhang durch die energetische Verteilung gewahrt, um damit möglichst das übergeordnete Harmonieprinzip zur Wirkung zu bringen. Diesen Inhalt muss jede Bewegung der Materie in sich tragen, die dann von fühlenden Wesen übernommen und an die angedockt werden kann. Ein besonders intensives Gefühl in Richtung der allgemein wirkenden Seele hat die Menschheit auf unserem Planeten erhalten, weshalb unser Planet auch eine gewisse Zentralposition im ganzen All innehat. Hier, bei uns, könnte sich die Zentralkraft der Harmonie bilden, sofern wir die Wirkung dieser Zusammenhänge verstehen und fördern würden.

Wenn ein Quantum Seele bei jeder Bewegung schon wegen der Wirkung des Zieles verbunden sein muss, dann umspannt die Seele mit ihrer einheitlichen Wirkung den ganzen Bewegungsverlauf des All. Sie wäre damit das die Gesamtmaterie umspannende Verbindungsfeld, allerdings nur verbunden mit den Bewegungsimpulsen.

Das könnte die Grundlage einer großen Sinngebung des Gesamtsystems sein, die auf den Menschen zurückwirkt und die er im gewissen Bereichen und Gefühlsstärken auch fühlen kann. Von daher könnte auch die Grundlage des Glaubens ausgehen, der noch mit dem Gefühl einer gewissen Zentralposition und Mittelpunktposition unseres Planeten und unserer Individuen verbunden werden muss. Die geist-seelische Wirkung digital und ohne Körper, von der Maschine geleitet, wäre ein Ausweg, wenn der Mensch versagt.

Der Glaube war unter den frühen Menschen weitaus stärker ausgeprägt, als zur heutigen Zeit. Dies rührt sicherlich auch daher, dass damals eine wesentlich intensivere Empfindung mit allen Verläufen der Natur gegeben war, weil man sich unmittelbar auf die Natur verlassen musste. Dass diese Glaubensbindung damals nichts mit Logik oder spezifizierten Gefühlen zu tun hatte, müsste klar sein. Es war eine natürliche Bildung an natürliche Verläufe und Naturerscheinungen über die das Erscheinungsbild von Göttern abgeleitet wurde. Die Tatsache dieser intensiven Bindung lässt Rückschlüsse zu, die mit dem Phänomen der Seele zu tun haben könnten. Eine Beschäftigung mit diesen Phänomenen muss dringlich erfolgen, schon wegen der Zentralposition unseres Planeten im All. Hätte man die mentale Wirkung des Gottesbildes ernstgenommen, dann hätte es die Lösung vom Körper bewirken und ein eigenes Ablaufsystem, getragen vom oder mit dem Herrn, bilden können. Der Messias ist möglicherweise auch deshalb erschienen, um uns diesen Weg, der Loslösung von unserem Körper, aufzuzeigen. Denn der Herr ist sicherlich primär nur Geist und Seele und nicht Körper. Das wäre bereits vor zweitausend Jahren eine Lösung für das ganze All gewesen, mit dem echten Mittelpunkt auf diesem Planeten. Dieses Vorhaben hat man aber bis heute nicht verstanden.

20. Bewegung und Gefühl

Gefühle entstehen aus der kleinsten Veränderung des derzeitigen Zustandes in einen, wenn auch kleinen anderen Zustand hinein. Das kann eine kleine Berührung oder geringe Veränderung sein. Auf jeden Fall ist es eine Bewegung, die den Körper in irgendeiner Form berührt und eine Reaktion hervorruft. Das kann auf physischer Basis oder auf geistig-seelischer sein, wobei eine direkte körperliche Berührung nicht vorliegen muss. Immer ist der Körper, wie euch der Geist auf eine bestimmte Reaktion eingespielt, die sein muss, um die Art der Annäherung unverzüglich festzustellen.

Jede Bewegung hat eine Gefühlsreaktion zur Folge, die das Gefühlsmuster auf eine bestimmte Ebene stellt, von der aus der Organismus angepasst reagieren Kann. Jede kleine Bewegung, sowohl im körperlichen, also realen Bereich, wie auch im geistig-seelischen Feld, schiebt die Gefühle schnell und automatisch auf ein eigenes, individuelles Gefühlsniveau, eine bestimmte Gefühlshöhe, von der aus reagiert wird. Diese Gefühlshöhe richtet die individuelle Situation komplett ein, die nur über eine geistige Erkenntnis wieder geändert werden kann. Bis zu ihrer Änderung bestimmt diese Gefühlshöhe das individuelle Gesamtverhalten.

Jede noch so kleine Berührung oder Empfindung stellen die Gefühlshöhe ein, die nur im geistig-seelischen Feld wieder ausgelöst und verändert werden kann. Diese Gefühlshöhe bestimmt vorübergehend das individuelle Gefühlsmuster, das dann nur bestimmte Inhalte zulässt und andere negiert. Von der Annäherung und damit von dem Inhalt der Bewegung, hängt die Art der jeweiligen Reaktion ab, und zwar in einem logischen Sach- und Gefühlszusammenhang. Das Individuum kann nur in diesem Bezug richtig beurteilt werden.

Nach unserer Ansicht enthält mindestens der Bewegungsimpuls und damit die Zielangabe eine Gefühlsreaktion, die seelisch vermittelt ist. Während die Logik und damit der Geist, der Gleichzeitigkeit unterliegen, womit ihr vorbestimmter Ablauf zwingend gesichert ist, ermöglicht das Gefühl die Herausnahme des Bewegungsvorgangs aus der Gleichzeitigkeit und deren Aufspaltung in Gegenwart, in der ich immer bin, Vergangenheit und Zukunft, in der ich war und in der ich sein werde. Mein individuelles Gefühlsmuster wird immer nur von dem Anteil Gegenwart bestimmt, weil beide andere logisch motiviert sind.

Ziel ist genauso, wie der Bewegungsimpuls eine gewisse Orientierung im Raum, die nicht logisch veranlasst werden kann, weil sie eine Vielzahl von Vorgängen und Zuständen kombinieren muss. Das ist Angelegenheit des Gefühls. Das damit den Beginn der Bewegung festlegt, weil es eben jetzt sein muss und damit zwingend die Richtung und das Ziel verbindet. Es muss sein, weil im Ziel ein bestimmtes Ereignis eintreten muss. Diese Verbindungslinie liegt außerhalb der Bewegung, die nur den Vorgang von a nach b umfasst. Es muss also noch etwas vorhanden sein, das den Anfangsimpuls setzt und gleichzeitig eine gewisse Verbindung zum Ziel hat. Aber dieser Vorgang spielt sich auf der Ebene des Punktes, also der ersten Dimension ab, den es eigentlich nicht gibt und der deshalb eine reine Geisteswelt ist. Das, was unser Ziel sein könnte. Dazu müssen alle fühlbaren Querverläufe einbezogen und bewertet werden, Die Einbeziehung kommt vom Gefühl, die Bewertung von der Logik.

Diese übergeordnete Verbindung wird von Gefühlen gelenkt, soweit es die Reaktion des Menschen betrifft. Es wird eine Angelegenheit der Seele, soweit es über den Menschen hinausgeht und Abläufe ohne sein Zutun geschehen. Ein Bergrutsch verschüttet ein Dorf, In diesem Fall lässt sich alles konstruieren. Man hat bereits beim Bau der Straße unter dem Berg die nötige Absicherung unterlassen und damit die Ursache gesetzt oder die Abwasserführung falsch geplant. Selbst wenn der Bergrutsch ohne jede Veranlassung geschieht, dann ist das zwar ein plötzlicher Vorgang, dessen Ablösungsprozess aber schon elnige Zelt davor Intern begonnen hat, der sicherlich auch Gefühlsverläufe mitbewirkt hat. Es ist nicht ausgeschlossen, dass man bei einer intensiveren Verbindung zur Natur solche Verläufe ·hätte erfühlen können. Manche Tiere vermögen diese Gefühlsaufnahme ebenfalls, um sich zu retten. Der Fehler lag dann in der mangelnden Empfindsamkeit natürlichen Vorgängen gegenüber.

Jede Bewegung verbindet somit ein Gefühlsquantum für den Impuls des Beginns und für den des Ziels. Beides muss nicht identisch sein oder intensiv zusammenhängen. Aber es müsste dennoch im Rahmen einer intensiven Verbundenheit erfühlbar sein und damit auch logisch gestaltbar werden. Dies ganz besonders im Zentrum dieser Bindungen, das sich scheinbar auf diesem Planeten konzentriert, hier müssten diese gefühlsbezogenen Zusammenhänge intensiv ausgebaut werden. In der heutigen Zeit entgeht ihm das Gefühl für seine Aufgabe und ihre internen Zusammenhänge. Deshalb setzt sich die Natur bereits auch zur Wehr.

Mit diesem Gefühl wäre auch ein gewisser Blick in unsere Zukunft und in alles möglich, was sich um uns herum an Bewegungen gerade anschickt. Damit wäre der unmittelbare Ablauf von Dingen in unserem Griff und könnte möglicherweise beeinflusst und gesteuert werden. Das hat die Natur sicherlich mit der Einrichtung des Großhirns alles bewerkstelligt. Die Anlagen sind da, sich darum zu mühen, sie im Alltag anzuwenden und auszubauen oder gar auf moderne technische Geräte zu übertragen, das wäre Angelegenheit des Geistes und mit Sicherheit eine der revolutionärsten Aufgaben. Seismographen nehmen längst ganz kleine Erschütterungen auf diesem Planeten auf. Dasselbige müsste über die Registrierung der Gefühle geschehen können. China hat den Einstieg gerade begonnen, sofern es nicht nur ideologisch motiviert ist. Vielleicht ist die digitale Entwicklung ein Zwischenschritt dazu. Eine Aufgabe, die eigentlich in Europa zu lösen wäre.

Mit dem beginnenden Ablauf wäre die Gestaltung der Zukunft, zumindest derjenigen, die auch die unmittelbaren Verläufe betrifft, möglich. Das ist der eigentlich interessante Bereich von Zukunft, weil alle fernerliegenden Bewegungen sich erst durch neue Verbindungen ergeben und formieren müssen und die erst vom Ausführungsimpuls der Bewegung an, mit der nötigen Sicherheit vorhergesehen werden können. Das Netz von Gefühlsstrukturen, das den Erdball und das All umspannen, ermöglicht auch die Annäherung an ein fernes Objekt, bei dem ich keine Geschwindigkeit benötige und damit die Entfernung auch kein Thema ist. Die gefühlsmäßige Annäherung überbrückt jede Entfernung, sie ist keine eigentliche Bewegung, sondern die Übernahme der Gefühlsstruktur eines anderen Zustandes. Ich muss erreichen, mein individuelles Gefühlsmuster an das der Natur anzukoppeln.

Jedes Individuum kann seine einmal aufgenommenen Gefühle speichern und damit immer wieder in sich ablaufen lassen. Es wiederholt damit real gewesene Bewegungsvorgänge, um daraus eigene neue Anlässe zu ziehen. Diese Fähigkeit ist eine wesentliche Voraussetzung für den Aufbau eines Gefühlsmusters, mit dem individuell wichtige Abläufe wiederholbar, erweitert und verändert werden. Das ist die eigentliche Grundlage für das Zentrum der Gefühlsverläufe, das sich auf unserem Planeten bilden müsste, weil sonst mit fast einmaliger Sicherheit keine weiteren Existenzen mit dieser gleichgelagerten Fähigkeit existieren. Mit dem System der Annäherung wären sie für uns übernehmbar und verständlich zu machen, gleichgültig an welcher Stelle im All sie lokalisiert sind. Die Seele bietet uns über unsere

Gefühlswelt bereits jetzt jede vorstellbare Möglichkeit der Kontaktaufnahme und Verbindung, weil sie ein, das All umspannendes Netz, enthält. Das Großhirn verlangt nach Aktivität, noch bevor es vergammelt und zurückgebildet ist. Diese Strukturen haben mit Sicherheit die gleiche Enge und Stabilität wie die realen Strukturen der großen Massen.

Die Bewegung im geistigen Raum der eigenen Vorstellung ist nichts anderes, als der Bildschirm des Computers, nur mit einer körperlichen Verbindung, die das Gefühlserlebnis jederzeit real werden lassen kann. Das schafft der Computer nicht. Der Dreiklang Körper, Geist, Seele, bekommt von dieser Sicht eine völlig andere Bedeutung. Wir können die Gefühlsreaktion übernehmen, geistig auf unsere Größe anpassen und sie gefühlsmäßig über den Körper zu einer realen Bewegung werden lassen. Diese Verbindung ist eigentlich die Bedingung für den realen Gefühlseinsatz, der hier sein kreatives Zentrum des All haben soll und der hier gleichzeitig seine Einsatzwerkstatt entwickelt, um Verläufe zu verändern, sie anzupassen oder gar zu verbessern. Auf unserem Planeten müsste das Zentrum der Gefühlswelt und der Welt der Seele sitzen, das die Möglichkeit bietet, darauf gestalterischen Einfluss zu nehmen. Hier müsste der Kreuzungspunkt der Seele und ihrer Bewegungen verlaufen und vielleicht würde es so auch gelingen, den Blick in die Grenze der Dimension des Jenseits zu werfen.

Und vorallem wichtig wäre dieser Kreuzpunkt, weil er die Richtungen von Bewegungen bestimmen und beeinflussen kann. Er könnte den Bewegungsimpuls mit seinen Zielen verbinden und damit derzeit geradlinige Bewegungen in andere Ziele zu richten. Ein entscheidender Faktor für alles Geschehen der großen Massen. Das alles hat der Mensch auf unserem Planeten in seiner Hand, er nützt es nur nicht. Die Ablaufschiene auf der sich alle Massen bewegen, läge in seiner Hand.

Die Seele und ihre Verläufe machen zusammen mit der Licht – Schatten Relation alles Abgelaufene wieder realisierbar, im Moment im Bereich der Dimension des Jenseits, Das alles hängt aber so eng miteinander zusammen, dass diese Schwelle der Grenze zur Körperlosigkeit, also zum reinen Geist und zur reinen Seele, über die Gefühlsverläufe zu überwinden wäre. Dann wäre das Paradies unter uns und zwar mit dem Körper, den wir für alles Reale benötigen, nur gelockert zur Bindung von Geist und Seele. Er wäre einsetzbar, wenn er gebraucht würde.

Unser Körper ist der Anteil der Realität. Für ihn gelten nicht nur die Bedingungen von Geist und Seele, es gelten auch die, die seine Funktionen benötigen, um gemeinsam nach ihrem Plan wirken zu können. Auch insoweit unterliegt das System der Flexibilität. Denn längst ersetzen wir einzelne Organe mit Kunstprodukten, die andere Lebensbedingungen haben und möglicherweise eine längere Lebensdauer und Dauer der Funktion. Auch das steht der Seele und ihrem Geist zur Disposition. Dazu muss der menschliche Geist nur die Funktionen und ihre umfassende Wirkungsweise erkannt haben und real wiederspiegeln können. Denn nur der Körper hat seine individuelle Zeit und ist sterblich.

Alles ist im Überfluss vorhanden und mit immer besseren Lösungen ersetzbar. Genau das ist unsere Verantwortung.

Nachforschen, erfassen und verbessern. Bis zu einem Endprodukt, an dem eine Verbesserung ohne Verlust des Ablaufs nicht mehr geht. Vielleicht hätten wir Gottes Angebot, die Körperlichkeit zu überschreiten und als Geistwesen, mit oder ohne Körper, weiter zu existieren, annehmen sollen. Aber der Egoismus und die Bindung an die eigene Pfründe und die Lust, haben diese Idee schließlich am Kreuz vernichtet.

Das Ende dieser Bewegung wäre die Grenze zur Jenseitigkeit, die hinter der Dimension der Würde liegt, zu überschreiten. Dann wäre das Paradies neben unserer Werkstatt des Lebens und der für das All, vereint auf diesem Planeten, wo es eigentlich hingehört. Dann hätte der Planet Erde ein echtes und wirksames Zentrum im weiten All gewonnen. Eigentlich eine faszinierende Perspektive, die aber sicherlich nur global funktionieren kann, weil bei diesem Prozess keine menschliche Gruppe ausgeschlossen werden darf. Zudem soll das Jenseits auch von andren Göttern und Herren besetzt sein, die ebenfalls erhebliche und bedeutende Gebietsansprüche besitzen dürften.

Auch da scheint Streitpotential zu liegen, was sich heute bereits in unserer traurigen Welt schon zeigt. Noch ist der IS nicht vergessen und immer noch aktiv und der gewollte Gottesstaat im mittelalterlichen Sinn noch immer real. Die nötige Gewalt und Brutalität für dieses Ziel, haben sie schon bewiesen. So verläuft die Zukunft nicht und auch nicht die Idee des Herrn zu einem überwiegenden Geistwesen zu werden. Solche Bestrebungen sind in Zukunft nicht mehr denkbar, allerdings, wenn es um Götter geht, vielleicht nicht auszuschließen. Vielleicht kommt diese Auseinandersetzung zwischen den Göttern gerade jetzt, weil die Idee der geist-seelischen Lenkung immer mehr an raum gewinnt.

Das lässt den Schluss zu, dass wir auch einen Teil des Paradieses und der Jenseitigkeit bereits mitverwalten. Denn Streitigkeiten unter den weltlichen Vertretern der Herren im Jenseits, wirken sich über die Gefühlsachse sicherlich genauso intensiv im Jenseits aus und produzieren auch dort Spannungen und Auseinandersetzungen. Nur mit dem Unterschied, dass es bei uns um Leben und Tod geht und dass der Rückhalt eines jeden der streitenden Herren hier unter seinen irdischen Mitstreitern besteht. Einen anderen Rückhalt haben sie nicht, also liegt der Kampf auch hier auf unserem Boden und mit unseren Körpern. Deshalb erhalten bei gewissen Gruppen die Kämpfer, die sich hier von ihrem Körper lösen und freiwillig trennen, im Jenseits eine bevorzugte Position. Das deckt sich mit der hiesigen Philosophie und ist deshalb gar nicht so abwegig. Ob allerdings 72 Jungfrauen für jeden Geist und seine Seele bereitstehen, da mag Allah über sein Ziel hinausgeschossen sein.

Aber mit Speck fängt man Mäuse und das offensichtlich auch im Paradies. Das wirft einen bestimmten menschlichen Blick hinter die Wolken der Jenseitigkeit, die alles so trefflich verhüllen. Der mögliche Streit zwischen den Herren der Dimension der Jenseitigkeit wird von den Leibern der hiesigen Ebenbilder oder Abbilder vollzogen, solange diese nicht über ihre eigene geist-seelische Ausrichtung verfügen.

Deswegen kann es eilen. Denn die Allwissenden und Allmächtigen können nicht miteinander den Degen erheben, weil jeder vom anderen schon weiß, wie er zuschlagen will und mit welchem Kampfstil er kämpft. In einem solchen Fall heben sich Allmacht und Allwissenheit gegenseitig auf, sodass sie uns gleichstehen und wahrscheinlich da unterliegen müssen, weil sie keine körperliche Übung im Streiten mit Waffen haben. Also den Kampf besser nach unten delegieren. Also, haben wir Ruhe hier, dann gibt es Ruhe auch im Jenseits. Deshalb kämpfen wir für eine doppelte Aufgabe, hier und im Jenseits und endlich für unsere eigene geist-seelische Ausrichtung.

Die Seele könnte die Grenze zur Dimension der Jenseitigkeit überwinden, wenn es dem Menschen gelingt, sein geistiges und Gefühlszentrum über alle Materie auf dem Planeten Erde zu konzentrieren. Das Endziel müsste die freie Bewegung in einen paradiesischen Zustand sein, weil dann alle Bewegungsabläufe über Geist und Seele und nicht über Hände und Füße ablaufen würden. Die Massen von Materie könnte daneben verbleiben. Denn sie folgen dem Geist und der Seele auf das Wort. Also Großhirn, mach dich auf den Weg, bevor der Streit der Götter zu unserem Untergang führt.

21. Bewegung und Annäherung

Die Bewegung ist ein zielgerichteter Ablauf, der einen Ausgangspunkt a und ein Ziel b besitzt. Sowohl mit dem Ausgangspunkt, wie mit dem Zielpunkt, ist die Bewegung spezialisiert und vertritt einen individuellen Vorgang. Dieser Vorgang will zunächst, verursacht vom Impulsgeber, ein bestimmtes Ziel zu erreichen. Er hat aber dennoch danach, schon wegen seiner räumlichen Wirkung, eine ganz allgemeine Geltung und ist von allen anzuerkennen, weil er einen neuen Zustand schafft. Und dieser Zustand hat wieder seinen festen und verbindlichen Raum, den er in Anspruch nimmt. Und das wirkt sich auf den räumlichen Bezug aus. Die individuellen Bewegungselemente realisieren sich auf diese Weise und werden real und objektiv. Und ihre Kräfte wirken sich auf die Umgebung aus.

Jeder Bewegungsbeginn führt zu einem eigenen individuellen Gefühlsmuster auf einem bestimmten Niveau, das dann das Individuum in seinem Verhalten prägt, bis es diesen Zustand bewusst ändert. Es bleibt solange stabil bestehen, bis es verändert wird. Diese Automatik sichert ein festes Gefühlsniveau, bis die gewollte Reaktion erscheint. Das garantiert eine feste Kontinuität der Abläufe.

Die Annäherung ist in der Regel ein gefühlsmäßiger Versuch ein anderes Objekt umfassend intuitiv zu erfassen und in das eigene Gefühlsplateau aufzunehmen. Dabei kann es insgesamt auch fantasievollen Bezügen unterliegen, oder ebenfalls real in speziellen differenzierten Bezügen verlaufen. Es entwickelt sich eine Vorstellung von einem unbekannten Objekt oder Zustand, den ich über Gefühlskontakt erfassen will. Bei jeder Begegnung mit einem anderen Wesen trete ich diesem in einer Art gegenüber, die sein Gesamtwesen mit einem Blick umfassen und begreifen will. Meine Form nähert sich der seinigen an und erfährt dabei eine bestimmte Reaktion, die mich sofort auf sein Wesen und seine Grundstimmung einstimmt und hinführt, genauso wie umgedreht, seine Wirkung auf mich. Es schafft mein Gefühlsniveau. Damit ist der erste Kontakt entstanden, der in der Regel eine Bewertung erstellt, die meistens zutrifft und tragfähig ist, ohne Einzelheiten der anderen Struktur zu kennen. Unser Gefühlsmuster ist zu einer schnellen und objektiven Einordnung in der Lage, ohne dass einzelne Eigenschaften logisch erkannt und bewertet werden müssen. Ich weiß sofort, ich muss mich in Acht geben oder ich kann mich offen äußern. Das erbringt der Effekt der Annäherung.

Es ist also kein logisch differenzierter Vorgang, sondern die Wirkung seiner Form und seines Eindrucks. Diese gefühlsgetragene Empfindung zeigt mir seine Grundstruktur. Diese fliegt ihm als Bild von ihm voraus. Dasselbe kann ich gegenüber Sachen durchführen. Man kann sich Sachen, also Objekten, in der gleichen Art annähern und stellt dabei ihre Struktur und ihr Reaktionsverhalten fest, das für mich und meine Reaktion von entscheidender Bedeutung wird. Ich kann mich auf die gleiche Weise auch einem entfernten Objekt annähern, das mir dann sofort seine. in mir vorgestellten, Eigenschaften offenbart. Inwieweit diese der Realität entsprechen, hängt von der Kenntnis gewisser Details ab. Grundsätzlich ist es dabei möglich, sich einem unbekannten und weit entfernten Objekt anzunähern, dessen räumlicher Charakter in gewisser Größe bekannt ist. Annäherung ist auf diese Weise in jeder Richtung möglich, es genügt die gefühlsmäßig erstellbare Wirkung und der Bezug zu einem Objekt, gleichgültig, wo es sich befindet. Mein Gefühlsniveau, in das mich jede Bewegung versetzt, sagt mir sofort, wie ich reagieren muss.

Die Annäherung sagt etwas über das Wesen des anderen Objektes aus und hat den großen Vorteil, dass sie von keiner Geschwindigkeit oder Entfernung anhängig ist. Es genügen dazu geringe Kenntnisse seiner räumlichen Struktur, die dann als eine Art Wesenssignal auftritt, mir Zugang zu seiner Struktur zu gewähren und seine Eignung für meine Bedingungen zu zeigen. Da alles in Bewegung ist und Bewegung immer den gleichen Grundsätzen unterliegt, die ich gefühlsmäßig aufnehmen und übertragen kann, schafft Annäherung einen gewissen umgreifenden Blick, der mir seine Eignung für meine Ziele darlegt. Dazu muss ich nur gewisse Kenntnisse von dem Objekt besitzen. Jedem Objekt geht sein Gesamteindruck voraus. Aufgrund der Wirkung der Bewegung hat Annäherung auch stets einen Mindestinhalt von Logik und Realität.

Die Annäherung an ein entferntes Objekt erweckt mir Gefühle der Zuneigung oder Ablehnung, die umso konkreter werden, je mehr ich von dem Objekt und seiner Struktur kenne, weil daraus das Bild des Gesamteindrucks entsteht. Besteht sogar eine Erinnerung daran, dann kann ich schon in der nächsten Sekunde so an den Ort oder das Wesen angenähert sein, als sei es neben mir. Habe ich räumliche Kenntnis von der anderen Struktur, dann ist Annäherung das Mittel, unmittelbar bei ihn zu sein, seine Veränderung zu bemerken und alle Abläufe mitzuerleben, obgleich eine große Distanz besteht.

In solchen Fällen der Erinnerung ist Annäherung unabhängig von Raum und Zeit und der Geschwindigkeit der Bewegung, sie kann sogar schneller sein, als die Lichtgeschwindigkeit. Jede Annäherung ist ein besonderer Bewegungsvorgang in mir, der den Gesamteindruck des Anderen übernimmt. Dabei ist die Fantasie mit beteiligt. Sie transformiert Gefühle, auch aus Strukturen, die ich nicht kenne, die dann von der Fantasie in bekannte Strukturen transformiert werden. Dadurch entsteht eine angepasste Erscheinung des angenäherten Objektes, die mich in die Lage versetzt, dieses einzuordnen und mit ihm zu handeln. Die Fantasie hat gute Bedingungen, denn die Verläufe der Bewegungen sind überall identisch und das seelische Gefühlsnetz umspannt sie alle, egal, wo sie sind.

Die Annäherung wäre das Mittel der großen Entfernungen, die umso konkreter wirken könnte, je mehr Details damit verbunden werden. Annäherung als schnelles Mittel der Reise, die jede Bewegung und Entfernung unnötig machen und ersparen würde. Die seelischen Kräfte der Übernahme der anderen Struktur müsste forciert, ausgebaut und optimal eingesetzt werden. Die seelische Verbindung zu allen Strukturen und Formen im All müsste die Basis werden, über die Annäherung den Kontakt und die Übernahme der Struktur anzunehmen. Der Eindruck der unveränderbaren Gesamterscheinung geht jedem Wesen und jeder Struktur voraus. Denn jede Erscheinung offenbart ein gefühlsgetragenes Bild von sich. Dann wäre es gleichgültig, wo sich das Zentrum aller Bewegungen befindet. Denn die allgemein geltende und wirksame Gefühlsstruktur der Massen könnte jede Reaktion erreichen.

Jeder Ort an den man ankommt, überträgt einem ein bestimmtes Gefühl seiner Struktur, an die man sich erinnert und die seine spezielle Eigenart ausmacht, die ihn von allen anderen Unterscheidet. Dieses Gefühl entwickelt Sympathie oder Antipathie und davon hängt die Lust, weiter zu verbleiben, ab. Man hat dieses Gefühl bei seinem Eintreffen und ergänzt es im weiteren Verlauf. Es wirkt fein und leicht zerstörbar, wenn man es nicht pflegt und auf sein Erscheinen mit starkem Wert bedacht ist. Das ist der Anknüpfungspunkt jeder späteren Annäherung daran und auch einer besonderen Erinnerung und der zukünftigen Reaktion. Davon wird der Level der Begegnung und der Erinnerung bestimmt.

Erinnerung setzt eine vorausgegangene Erfahrung voraus, die ich wieder im Geiste und in den Gefühlen aufleben lassen kann. Erinnern kann ich mich nur an das, was bereits abgelaufen ist und mich betroffen oder mich daran beteiligt hat. Die Annäherung erschafft den Punkt, an dem die Erinnerung aufgehängt ist. Die Annäherung dagegen betrifft in der Regel die ganze Struktur, die ich nicht sehe, an die ich nur angenähert sein kann und die mir als Ganzheit wichtig ist. Der Punkt der ersten Begegnung, real oder im Geiste, ist dazu ausbaufähig. Annäherung kann Erinnerung ergänzen und in seinem Wert unterstreichen. Sie ist aber ein anderer Bewegungsverlauf. Sie setzt an einem individuell bedeutsamen Punkt an und nicht direkt an der Gesamterscheinung. Auch mein Fantasiegebäude ist erinnerungsfähig.

Die Annahme des ersten Begegnungspunktes an jedem neuen Ort, als Basis der späteren sofortigen Annäherung, zieht sich durch den ganzen Aufenthalt und das Verweilen an diesem Ort. Ähnlich verläuft es bei Orten, die ich nicht kenne, über die ich mir allerdings ein entsprechendes Bild mache. Auch da taucht der Punkt der Annäherung an seine Struktur auf, der weiter verwendbar ist. Es ist lediglich ein feines Gefühl, das in der Regel nicht beachtet wird. Und dennoch liefert uns die Natur und sein All alle nötigen Verbindungen auch über die Seele, die nur zu weiteren Bewegungen eingesetzt und ausgebaut werden müssen.

Ahnungen von Vorgängen erfolgen über eine Art der Annäherungen an Strukturen und Objekte zu denen eine gewisse Beziehung aufgebaut ist. Eine Ahnung sagt mir Verläufe, die in der Regel bestehen und die in einem gewissen Sinn für mich von Bedeutung sind, voraus, weil sie sogar Auswirkungen auf mich haben können. Ahnungen ist die gefühlsmäßige und intuitive Aufnahme von Abläufen mit Annäherungswirkung an meine Form. Dies kann seelisch vermittelt sein und ich muss noch eine gewisse Zuneigung zu meiner Intuition besitzen. Die Ahnung von Abläufen ist eine besonders wichtige Erscheinung zwischen Personen mit einem engen, vertrauensvollen Verhältnis.

Dazu wäre es nötig **un**ser vornehmlich logisches und nur auf Verläufe in meinen Raum bezogenes Wesen, wieder mehr in tiefere Verläufe zu verbinden, die ihre eigene Welt haben und diese mit der Natur, diesem Planeten und dem All verbinden. Das ist ein wesentlich erhabener Bereich, als der Egoismus der hiesigen realen Verläufe. Diese müssen ebenfalls sein, sie genügen aber den umfassenden Anforderungen nicht. Seelische Aktionen und Reaktionen gibt es hinreichend, solange wir deren Inhalt verstehen. Und Verantwortung haben wir nicht nur für uns und unseren Planeten, sollten wir wirklich das geist-seelische Zentrum des All sein, woran kein Zweifel bestehen kann, dann erstreckt sich Verantwortung sogar wesentlich weiter hinaus.

Auf jeden Fall ein Grund dafür unseren geistigen Blick auf breiter Basis und nicht nur in den Forschungslabors weiter hinaus zu richten. Wichtig deshalb, weil der seelische Anteil des Geschehens ja außerhalb des Individuums existiert und seine objektiven Bezüge hat, die sicherlich von größtem Wert sind. Könnten sie durch Annäherung aktiviert werden, dann läge das zentrale Schaltzentrum des All bei uns und das unabhängig von jeder Entfernung und Zeit. Deshalb brauchen wir intensive geist-seelische Bezüge.

Denn Annäherung verläuft vom Istzustand zu Istzustand, das Licht dagegen braucht Jahre für gewisse Strecken. Bei der Größe der Aufgabe und Verantwortung hilft nur die Annäherung auf geistig-seelischem Weg, um Einfluss zu nehmen. Gemessen an der Lebenszeit des Menschen sind die Aufgaben so immens, dass wir gezwungen sein werden, die Lösung von unserem Körper in irgendeiner geeigneten Form teilweise oder ganz durchzusetzen und auf die geist-seelische Verbindung zu bauen. Denn der Körper ist es, der uns das Limit setzt. Geist und Seele sind unzerstörbar und in ihrer Wirkung unabhängig von dem Standort. Sie können überall sein, unser Planet ist für die beiden keine Bedingung, dagegen für den Körper und seine Formen. Die digitale Welt, so wie sie sich im Augenblick präsentiert, ist kein Ausweg, denn sie ist ebenfalls von Körpern, von der Maschine, abhängig. Nur die spirituelle Existenz kann es werden, wenn sie noch mehr an realem Boden erreichen kann.

Wir brauchen die geist-seelische Masse, um eine Struktur aufzubauen, die von einem gewissen Niveau aus, ihre Leistung vollbringen kann. Dazu müssen die geist-seelischen Strukturen unter den Mitmenschen auf breiter Basis ausgebaut und wirksam werden, damit das Gefühlsniveau der Gemeinschaft zur Aufgabe und ihrer Erfüllung zwingt. Das Individuum allein, schafft das dafür nötige geistige Durchhaltevermögen nicht. Auf diese Weise könnte das Wissen eines Individuums auf andere vermittelt und übertragen werden und damit eine ewige Zeit des Lernens beseitigt sein.

22. Bewegung und Körper-Geist-Seele

Bewegungen finden nur über einen Körper statt, der eine eigene Form besitzt und damit den Anfangspunkt a und den Zielpunkt b haben kann. Der Körper ist der vom Absoluten Raum abgeleitete Raumteil, der feste Formen besitzt, die energetisch gesichert sind und deshalb Bestand haben. Konkrete Körper sind alle Existenzen aus unserer Umgebung, sind wir selbst, sind aber auch Wasser, Luft und Wolken. Sie sind sogar wichtig, weil sie die Flüssigkeit des Wassers haben und damit in allen Bereichen beweglich sind. Sie können überall erscheinen und dienen auch überall als Bindeglied zwischen den festen und steinharten Körpern. Bewegungen von Strahlen und Energien können wir nicht aufnehmen, mit Ausnahme von Licht und Wärme.

Körper sind die hohen Berge genauso gut, wie das kleine Steinchen am Boden. Beide bewirken etwas. Das Gebirge hält Wolken und Winde zurück und ordnet damit wichtige klimatische Verhältnisse, die besondere Bewegungen zulassen und andere ausschließen. Auch das kleine Steinchen ändert in seiner Position den Luftstrom um es herum und nimmt Licht und Schatten auf. In seinen kleinen Bestandteilen geht der Körper wieder in Energie über.

Auch Energien sind Körper. Die hohe elektrische Ladung in den Wolken hängt den Körpern, den Wolken, an. Sie führen zu einer logischen Reaktion unter Körpern und senden den Blitz in den großen Körper der Erde. Ohne die Existenz des Körpers, ist Bewegung nicht möglich. Das gilt zumindest für den Makrokosmos. Auch im reinen Energiefeld müssen Beziehungen zwischen den Punkten a und b bestehen, wobei b nicht unbedingt definiert sein muss. Das zeigt die Unschärferelation.

Aber ohne Energiebündel oder eine Energieverdichtung verläuft auch in diesem Bereich nichts. Es muss also ein Raum oder mindestens eine Fläche da sein, die Bezugspunkte eröffnet, denn die Logik gilt überall. Selbst an den Stellen, an den freie Flexibilität und Beweglichkeit herrschen, muss ein Raumgebilde mit seinen Formen existieren. Ein Körper liegt demnach bereits dann vor, wenn ein festes Raumgebilde existiert, das eine gewisse Raumstabilität besitzt und damit energiegetragen ist. Sein stofflicher Charakter dürfte dabei keine Rolle spielen. Allein der energetische Unterschied zu dem Nachbarkörper bildet einen eigenen Raum.

Auch das jeweilige Gefühlsmuster eines Individuums hat ein beständiges Niveau, auf dem es besteht und von dem es oft nicht wegzubewegen ist. Es besitzt durchaus die Stabilität wie eine körperliche Struktur und ist deshalb für alle Bewegungsstrukturen jedem Körper gleichzusetzen.

Das geist-seelische System könnte ein Körper in diesem Sinne sein, allerdings mit Eigenschaften, die mit der Erdgebundenheit und den besonderen Bedingungen dieses Planeten nur mittelbar zu tun haben. Die aber in direkter Verbindung zu jedem Körper stehen und sich aus deren Bewegungen gebildet haben. Deswegen ist der Weg der Gefühlsmuster zu den Körpern sogar eine direkte Verbindung. Ein Zustand, der nicht nur in einer Wiederspiegelung besteht, sondern der auch ein gegenseitiges Einwirken aufeinander ermöglicht. Dieser Bezug muss ausgebaut werden.

Unser Planet hat die Grundbedingungen und dafür optimale Verhältnisse in allen Existenzbereichen geschaffen. Jetzt haben wir die Basis erreicht, von der aus der Weg in die Gefühlsmuster verstärkt und die Bindung an den Körper in Frage gestellt werden kann und über neue und nachhaltige Verhältnisse nachgedacht werden kann, die eine lebensfähige und selbständige geist-seelische Struktur ermöglichen. Bislang wirken Geist und Seele fast unmerklich im Raum und sie existieren kraft ihrer eigenen energetischen Zustände und Verhältnisse, also noch automatisch, soweit wir ihnen Raum gewähren. Und wir haben die Jenseitigkeit, als einen Zustand nach der körperlichen Auflösung. Und dieser existiert und wirkt in einer für uns noch verdeckten, aber immer mehr erfühlbaren Weise. Und er öffnet sich bei einer körperlichen Weite.

In einem solchen Raum wirken Geist und Seele. Die Seele wird gesteuert von objektiven Gegebenheiten unseres Planeten und des All und sie sind ausgestattet von den individuellen Gefühlen des Individuums, die sich durch intensive Lernprozesse und Anpassungen zu deckungsgleichen Größen auch zwischen den Individuen und in einer Gemeinschaft entwickeln. Gefühle sind Teil des Individuums und sie übernehmen dabei einen Anteil der objektiven Seele, die von außen aus der Natur und dem All kommt und passt sie an, soweit sie ihm gefällt. Was von diesen Gefühlen durch Realisierung objektiv wird, geht in der Seele auf.

Aber sie agieren über den Körper. Dabei können Gemeinschaften, in denen diese Kräfte wirken, auch Träger solcher Strukturen sein, weil sie eine tragfähige Basis bilden, die den Charakter einer geist-seelischen Realität bekommen kann. Der Körper ist bei diesen Vorgängen bereits weitgehend ohne jede entscheidende Wirkung, weil der gemeinsame und übereinstimmende Bezug unter den Individuen als tragfähige Basis hinreicht. Aber noch immer stellt er den Raum und die Energie der Wirkung zur Verfügung.

Gefühle sind darüber hinaus die Motivatoren der Bewegung. In allen Bereichen ihrer Realisierung über den Körper unterliegen sie der Logik, also dem Geist. Gefühle sind nicht gegen die Logik, sie haben jedoch die Möglichkeit ein logisches Bündel aufzunehmen und einzelne logische Schritte zusammenzufassen und den Einzelvorgang zu überspringen. Da die Einzelvorgänge aber nie völlig geradlinig verlaufen, kommen Gefühle oft an anderen Stellen an, als der rein logische Ablauf verlaufen wäre. Deswegen verlaufen sie oft in anderen Richtungen, als die Logik, obwohl sie auch eine logische Struktur haben. Aber sie sind im körperlichen oder körperfreien Raum möglich. Noch haben unsere Gefühle rein körperliche Reaktionen zur Folge und werden dadurch real fühlbar.

Gefühle bestimmen die Energien des Körpers und veranlassen den Körper zu Aktionen und zu Reaktionen. Ohne Gefühle gäbe es keine Aktion. Sie bestimmen die körperliche Verteilung der Energien. Genauso wie Wasser, Wind und Sonne die Energieverteilung auf dem Planeten Erde bestimmen und damit eine unendliche Kette von Bewegungen in Gang setzen. Auch sie beeinflussen die Gefühle und bewirken ein weiteres Verhalten. Auch diese Abläufe und Bewegungen verlaufen für sich kraft Beständigkeit geistiger und seelischer Bestimmungen.

Die Körper vermitteln diese Verläufe nicht, sie werden von ihnen gelenkt und angetrieben, die Körper haben deren Regeln zu folgen. Das All akzeptiert die Körper, ebenfalls für ihre notwendigen Energien, aber es lässt sich nicht von ihnen bestimmen, sondern es unterwirft die Körper ihren geist-seelischen Regeln und Bedingungen. Die Körper sind vorhanden und sie haben nur eine mittelbare Einwirkung auf das sich bewegende System der Logik und der Seele. Die Seele vertritt die Wirkung des Gefühls. Damit schaffen sie die

Verbindung zu den Körpern und den großen Massen. Aktiv wird der Körper nur über seine Lust oder seine Schmerzen.

Gefühle sind auch übernommene Bewegungsvorgänge, die schon abgelaufen sind und wiederholt werden. Sie sagen auch in Windeseile, ob ich diesen Graben überspringen kann und nutzen dazu ihre Erfahrung und ihre Erinnerung. Beide werden körperlich gespeichert und sind damit eigener Bestandteile des Körpers geworden. Bei dem Tier verläuft die Bewegung identisch. Es sammelt seine Erfahrung und weiß deshalb, wann es die Flucht vor dem Raubtier und mit welcher Energie ergreifen muss. Und davon hängt oft seine Existenz ab.

Die Seele tangiert unsere Gefühlswelt über die Intuition und die Instinkte. Diesen Regungen kann ich folgen, ich kann mich aber auch anders entscheiden. Gefühle wirken sich über die verwirklichte Tat in die Seele aus. Eine intuitive Bestandsaufnahme in der Art einer Annäherung. Der tatsächliche Ablauf der Übernahme erfolgt über die Licht-Schatten Relation. Licht und Schatten nehmen das individuelle Verhalten auf und kodifizieren es in der Weise, dass es jederzeit wieder abgerufen und erneuert werden kann.

Die Seele korrespondiert mit den Gefühlen, ist aber Bestandteil des Raumes, dem es angehört. Sie ist ein objektiver Bestandteil der Raumelemente und kontaktiert das Gefühlsmuster des Individuums, von Pflanze, Tier und Menschen. Dieser Kontakt erfolgt mit der jeweils angepassten Stärke. Es gibt Vorgänge, die mich von einer Entscheidung oder einem Vorgang zurückhalten, ohne dass mein Gefühl den genauen Grund dafür ertasten kann. Erst der nachträgliche Ablauf verifiziert die Gründe. Andere führen zu dem instinktiven Zugriff.

Der geistige Einsatz folgt einer Gefühlsreaktion, die mich zu gewissen Überlegungen veranlasst. Dabei kommt mir die Aufspaltung der Gleichzeitigkeit zugute, ich kann nämlich den geplanten Vorgang im Geiste ablaufen lassen und strukturieren. Danach entscheide ich. Diese Entscheidung erfolgt wieder über den Körper, dem der Geist über die individuelle Gefühlswelt die nötige Begeisterung und die nötigen Kräfte verleiht. Der Ablauf über Erinnerung und Erfahrung verläuft über die geschalteten Synapsen, die Anteile des Körpers sind.

Der Geist selbst, also die Logik, entfalten keine eigene Aktivität, sie werden von den Gefühlen veranlasst. Danach erfolgt ihr logischer Verlauf. Dieser erfolgt auf der Basis des gefühlsmäßigen Anlasses oder des gefühlsmäßig gesetzten Ziels oder Zwecks. Der Verlauf liegt keineswegs fest, er soll sich nach dem logischen Einsatz ergeben. Jede Bewegung stellt die Logik zur Verfügung. Sie gehört also nicht mir, ich muss lediglich verstehen, wie leite ich die Bewegung ein und in welchem Umfang und ich kann sie steuern, wenn ich den Verlauf beherrsche. Dabei zählt meine individuelle Nuance, die den Einstieg in den jeweiligen Ablauf nach ihrer persönlichen Eignung vornimmt.

Da die verschiedenen Funktionen, die bei einer logischen Bewegung vorhanden sein müssen, auch zu verschiedenen Trägern gehören, verläuft die Bewegung und die Realisierung einer Vorstellung immer nur in der Dreieinigkeit aller drei

Elemente. Jeder von Seele, Geist und Körper haben ihren bestimmten Anteil daran und wirken gemeinsam an der logischen Realisierung der Bewegung mit. Auch ein überaus gefühlsgeprägtes Kunstwerk unterliegt der Komposition von Farben und Formen deren Einzelanwendung, die streng logisch nach den Bewegungsrichtungen verläuft, unabhängig, was es an Gefühlen und geistigen Ansprüchen enthält. Nur mit diesen allgemeingültigen Elementen, die es enthält wird es für jeden Betrachter erfassbar. Und jeder hat ein eigenes körperliches Wohlgefühl oder Abscheu dabei. Die individuelle Nuance übernimmt die Kraft der Gemeinschaft und legt sie zugrunde, denn das was diese bereits enthält, gilt als real und erhöht die individuelle Ausgangsbasis.

Die Struktur aller Bewegungen und Vorgänge ist identisch, denn noch ist zwar ihr individueller Verlauf immer anders, als der des Nachbarn, die zugrundeliegenden Regeln sind aber identisch. So unendlich sind die Figuren und Formen im Raum, genauso unendlich ist die Kombination von Gefühlen, Geist und logischer Anteil, verbunden mit der jeweils individuellen körperlichen Reaktion. Diese dreifache Verbindung jeder Bewegung mit ihrer jeweils individuellen Inhaltsgebung, erfordert bei der Zahl der sich bewegender Individuen, zu denen auch Tiere und Pflanzen zählen, eine ebensolche fast unendliche Zahl von möglichen individuellen Gestaltungsformen. Das ist das Geheimnis der möglichen geistigen Kombinationen und Lösungsmöglichkeiten, die unsere Natur zu jedem Problem mit anbietet. Aber immer verläuft die Bewegung von a nach b.

Und der Mensch hat diese Fähigkeiten schon aus ihrem Verbund heraus verselbständigt. Er kann alle Bewegungen in jeder Richtung von selbst einleiten und bis weit hinaus ins All verlaufen lassen. Neuerdings kommen Maschinen dazu, die ebenfalls Gestaltungsaufgaben und Bewegungen übernehmen. Der Raum für unsere Gefühle vergrößert sich damit und auch die neuen Möglichkeiten. Nur die individuelle Lebenszeit des Individuums passt nicht mehr dazu. Daran muss er in Zukunft arbeiten.

Da auch Maschinen in diesem Sinne aktiv werden können, zählt für ihren Einsatz das Gefühlsmoment, das ihnen von ihrem Konstrukteur mit eingegeben wurde. Und in vielen Fällen ist ihre Formgebung ebenfalls optimal. Sie entbehren keines der Elemente, denn längst ist zum Beispiel Kunst auch dort bejaht, wo jedes Gefühlsmoment oder jede Geistbeteiligung zu vermissen ist. Dabei zeigt sich, dass Gefühle mit jeder Form, die ich gestalte, vermittelt werden, unabhängig davon, was ich eingeben und gestalten will. Jede Form und jede Erscheinung vermitteln unmittelbar ihren Eindruck und bringen Gefühle hervor. Gefühle sind eine Eigenschaft der Form oder des Raumes. Gleichgültig, wer die Form gestaltet hat. Deshalb kann auch eine enge Gemeinschaft Träger von gemeinsamen und verbindlichen Gefühlen und geistigen Normen sein. Das fertige Werk strahlt seinen Formbestand und damit seine Individualität aus.

Da jede Form eine abgeleitete Raumeinheit darstellt, beansprucht sie damit ihre eigene Individualität. Diese ist nur über unsere Gefühlsstruktur adaptierbar, die daraus ihre sofortigen Schlüsse ziehen muss, auch um ein schnelles und sofortiges Abwehrverhalten, als Reaktion auf Gefahren, einzuleiten. Gefühle umgeben das Individuum auch als deren Schutz und Sicherungsfaktor. Zu diesem Zweck nehmen sie zu jedem anderen Individuum auch zu Tier und Pflanze, genauso schnell Kontakt auf und werten ihn nach auftauchenden Risiken und Gefahren, um ein schnelles und angepasstes Verhalten zu ermöglichen. Das Zusammenspiel von Körper, Seele und Geist ist sowohl ein Reaktionszentrum auf Einwirkungen und Bewegungen von außen, wie ein Aktionszentrum für eigene Aktivitäten von innen. Dabei gelten zum großen Teil vererbte und vorgegebene Normen. Auf Geist und Seele allein ist diese Einwirkungsmöglichkeit nicht gegeben. Aber sie kann über einen intensiven Gemeinschaftsverbund geschaffen werden.

Das Zusammenspiel dieser Anlagen lässt sich in jeder Richtung formen und bilden. Die Muskulatur des Körpers ist genauso anpassungsfähig, wie Geist und Gefühle. Alle drei besitzen eine Grundausstattung, die sich nach der mitgebrachten Nuance richtet. Liegt der Hauptwert auf körperlicher Tätigkeit, dann wird der Tenor auf Ausbildung dieser Anlagen stehen, genau dasselbe gilt für eine vornehmlich geistige oder gestalterische Aktivität. Die Wertigkeit dieses Zusammenspiels liegt ausschließlich in Händen des Individuums. Dementsprechend verläuft auch die Gestaltung seiner eigenen Form. Auch in dieser Beziehung kommt das Individuum zum Ausdruck und bestimmt seine Umgebung.

Die Natur bietet jedem Individuum eine Reihe von Eigenschaften an, die es nutzen und zu seinem Vorteil verwerten kann. Man kann die Eigenschaften der Bewegung einschalten, kann die objektive Wirkung der Seele mit aufnehmen, die sich noch in Instinkten und in der Intuition äußert, sofern ich sie mir nicht abgewöhnt habe und ich kann die objektive Wirkung der Logik nutzen, wofür ich mit meinem Geist das Inventar und Instrumentarium erreicht habe. Nutze ich dies alles optimal und nach dem Prinzip der Verantwortung zur Besserstellung auch objektiver Abläufe und nicht nur zu meinem Vorteil, dann ist dies sicherlich völlig im Sinne der Natur und wird von ihr unterstützt und gefördert. Dann entstehen Ausgewogenheit und Gerechtigkeit.

In diesem Wirkungszusammenhang macht die Natur keinen Unterschied zwischen negativen und positiven Bewegungen. Ich kann jemandem ermorden und die natürlichen Mechanismen reichen mir ihre Hand, genauso, wie für eine gute und humane Handlung und Hilfestellung einem anderen gegenüber. Die Unterscheidung zwischen Gut und Böse kann eigentlich nur die gute und verantwortungsvolle Gemeinschaft für das Individuum verbindlich festlegen und die dafür nötige geist-seelische Basis schaffen. Die logischen Verläufe werten nicht. Um das Positive zu unterstützen, erschien der Messias. Und neben ihm haben Philosophen aller Generationen ihre Hände wund geschrieben, um humane Formen des Zusammenlebens zu ersinnen und dem möglichen Paradies am nächsten zu kommen. Bislang ist dieses Ziel nicht erreicht. Weil eine hinreichende gemeinschaftliche Verbindlichkeit gefehlt hat und noch immer fehlt. Denn noch haben wir den Schritt über die Grenze der Jenseitigkeit nicht getan.

Das Gegenteil ist eingetreten. Kriege und Streit beherrschen den Lauf unserer Geschichte und derzeit halten nur das Gleichgewicht der Kräfte noch Angriffe und Kriegshandlungen zurück. Deshalb entstehen an Stelle der Kriege die unzähligen Bürgerkriege, bei denen nicht hochgerüstete Mächte engagiert werden müssen und mit denen man den politischen Gegner im eigenen Land anderweitig beseitigen kann. Denn dem Sieger droht kein Prozess nach dem Streit. Er steht immer oben, egal was zuvor geschehen ist. Das Gleichgewicht des Schreckens gibt mir freie Hand für jeden brutalen Bürgerkrieg. Und eine der großen Parteien, die sich etwas davon verspricht, hält mir immer die Stange und schützt mich vor dem anderen der Großen.

Diese politische Weltlage kann nur ein enges globales System humanen Zusammenlebens nachhaltig beenden. Ein solches wird der Menschheit nicht erspart bleiben, will sie die Aufgaben und Möglichkeiten erfüllen, die ihr mit dem Zusammenspiel von Körper, Geist und Seele geboten sind. Wenn die Warnungen der Natur noch immer nicht hinreichen, dann wird es irgendwann, nicht allzu weit entfernt, noch bessere Pandemien geben, die klare Einschnitte bewirken und die bisherige Lebensweise unmöglich machen. Dem kann eigentlich nur eine neue Gemeinschaftswirkung auf neuer geist-seelischer Basis entgegenwirken. Diese Zustände kann sich die Menschheit nicht mehr leisten, wenn sie ihre Berufung erfüllen will.

Das Verhältnis von Körper, Geist und Seele ist bis heute eine wichtige Grundlage für jede individuelle Tätigkeit. Dabei ist jeweils entscheidend, auf welchem Standard der Entwicklung das einzelne Individuum steht. Je nachdem wird es ihm gelingen, auch hinter komplexere Zusammenhänge zu blicken und diese zu verifizieren und zu realisieren. Ein Individuum allein wird nie einen über dem allgemeinen Standard stehende Entwicklung schaffen können, da ihm zu einem solchen Werk, die notwendigen Zwischenschritte der Bewegung fehlen. Deshalb benötigt die menschliche Struktur zur Erfüllung seiner Position als geist-seelisches Zentrum des All, irgendwann ein progressives, neues gemeinschaftliches Zusammenleben, das die Basis für einen neuen Geist und eine verbindliche Zwischenmenschlichkeit wird, die für jedes Individuum die tragfähige Basis für Geist und Gefühl bietet. Die Seele fordert diesen engen Zusammenhang einer geitig-seelischen Masse, mit der sie wirken und arbeiten kann.

Deshalb hängt die individuelle Leitungsfähigkeit auch davon ab, was die Gemeinschaft in der es lebt, bereits erreicht hat und auf welchem Standard diese steht. Diesen Standard der Gemeinschaft kann jedes Individuum übernehmen und darauf weiterarbeiten. Die logischen Verläufe benötigen die räumliche Vergleichbarkeit, damit sie angepasst verlaufen. In deren Rahmen lässt sich jede auch wissenschaftliche Entwicklung oder jede neue Kunstrichtung weiterentwickeln. Ein Verständnis in einer Gemeinschaft und damit auch eine geistige Förderung kann sie nur erhalten, wenn der gemeinschaftliche Standard dazu reif geworden ist.

Von dem Standard der Gemeinschaft hängt die Qualität der individuellen Bewegung ab. Deswegen wandern Fachleute in Bereiche und in Gemeinschaften ab, die ihren Standard erreicht haben und bei denen ihr Einsatz optimale Früchte zeitigen kann. Die durch einen erreichten Standard der Gemeinschaft angereicherte Menge von logischen Bezügen, macht den weiteren Verlauf logischer Leistungen fast von selbst möglich, ohne den hohen Einsatz bis zu diesem Punkt, investieren zu müssen. Die gemeinschaftliche Aktivität erzeugt einen eigenen Standard von Gemeinschaftsmasse, die bei jedem Individuum, das Zugang dazu hat, fördernd und unterstützend wirkt und dieses weiterbringt. Diese durch eine Gemeinschaft aktiv entwickelte Reaktionsmasse ist für positive oder auch negative Zwecke einsetzbar und zu verwenden.

Diktaturen nutzen diese Eigenschaft der Kooperation und Konzentration von Körper, Geist und Seele und konstruieren sich auf diese Weise ein Gesellschaftssystem, oder eine Ideologie, die immens leistungsfähig und erfolgreich sein kann. Alle Gegenströmungen, wie in Demokratien üblich, lässt sie gar nicht erst aufkommen. Damit belohnt sich das System durch den jeweils eintretenden Erfolg von selbst und bestätigt sich auch permanent. Gegenströmungen lösen sich in verantwortungsbewussten Gemeinschaften in geordnete Bahnen von selbst auf.

Jedes Individuum muss im Laufe seines Lebens bestrebt sein, den eigenen Standard zu erhöhen und durch eigene Arbeit permanent anzupassen. Jedes Individuum hat seinen individuellen Blick auf alle Dinge, seine eigene Nuance, und kann dadurch spezielle Leistungen erbringen, weil es im Trend der gerade verlaufenden Zeit und Bewegungen liegt und damit die Weiterentwicklung der Gemeinschaft oder des Planeten, fördern. Diese Förderung würde den Standard seiner Gemeinschaft und darüber hinaus auch den des All erhöhen, weil die Erde insoweit eine Sonderposition im All innehat, versehen mit der Aufgabe, die Kombination von Körper, Geist und Seele weiterzubringen und damit von körperlichen Bindungen, die bislang noch überall beschränken, gelöst zu werden.

Diese Aufgabe scheint dem besonderen Planeten Erde übertragen und aufgegeben zu sein. Und das auch dann, wenn an anderer Stelle des All weitere, dem Menschen vergleichbare, Wesen existieren sollten. Wenn sie existieren, dann sicherlich unter ihren dortigen Bedingungen, die wieder von denen des Planeten Erde nach deren individuellen Bedingungen abweichen und die deshalb für eine andere, möglicherweise ergänzende, Aufgabe und deren Lösungen vorgesehen sind. Sie haben dann ihre eigene Nuance und leben nach dieser und entwickeln sich und die gesamte Umgebung auch nach dieser Sicht weiter. Nur auf diese Weise, kann der Standard, in dem wir alle stehen auf eine neue und wesentlich breitere Basis gestellt werden. Vielleicht sind es auch Wesen, denen die Trennung vom Körper schon gelungen ist.

Der jeweilige Standard, den die Gemeinschaftaufgrund der Einzelleistung von Individuen erreicht hat, hebt das Gesamtniveau der Gemeinschaft. Er stellt das allgemeine gefühlsgeleitete Ziel der Gemeinschaft von den originären Trieben, wie Essen, Fortpflanzen, Fliehen um, auf sachbezogene Vorgänge und Entwicklungen, die sodann dazu führen, dass der Mensch seine Technik für jede Handreichung einsetzt und für jede kleine Bewegung eine technische Unterstützung erfindet.

Das heutige Individuum hat nahezu für jede seiner Tätigkeiten eine technische Unterstützung entwickelt. Dadurch vergrößert es seine Reichweite, seine Kapazität und Effektivität. Die Erfindung des Rades hat Transportvorgänge revolutioniert. Auch Messer und Gabel wirken gewaltig auf alle Küchenvorgänge ein. Das Denken und Fühlen des Individuums hat sich durch den erreichten Standard komplett verändert. Es erkennt seinen individuellen Wert, baut ihn aus, schottet seinen eigenen Ram ab und denkt sachbezogen. Seine Ziele werden real und überdenken seine direkte Umgebung. Die Urtriebe werden in dem Maße zurückgesetzt, in dem das Niveau des Standards steigt. Und diese Lebensart geht auf jedes einzelne Individuum über, das sich an allen seinen Bewegungen um die Abläufe und ihre Verbesserung kümmert. Auf diese Weise wird der Auftrag, machet euch de Welt untertan und verbessert sie, direkt sichtbar.

Der Auftrag wird im kleinen und direkten Bewegungsbereich zum Teil wenigstens vollzogen, doch jetzt stehen wir an einer anderen Stelle, es geht um uns und den Planeten als Ganzes und da tritt der Bezug zum All auf den Plan. Die Kleinigkeiten sind weithin geregelt, jetzt müssen die Schritte über unseren Raum hinaus erfolgen, die unsere zentrale Bedeutung erst so richtig sichtbar machen. Auch da benötigen wir den Standard, der eine breite Basis in der Gemeinschaft erhalten muss. Eine echte Basis erreichen Geist und Seele aber nur, wenn sie von ihren Körpern weitgehenden unabhängig sind.

Denn nur über diese Position sind Bewegungen möglich, die tragfähig genug sind, dass sie über die Grenzen unseres Planeten hinausreichen und die dortigen Erscheinungen und Bewegungen erkennen und bewerten lernen. Der breite Standard sichert die Energie der Ausgangsposition und die notwendigen spezifizierten Gefühle dafür, um die logisch notwendigen Bewegungen richtig einzuleiten. Der Körper braucht seine gefühlsgetragene Öffnung in den großen Raum hinein. Sie muss ihm in Fleisch und Blut übergehen, um mit jeder Überlegung alle körperlichen Verbindungen zu Erinnerung und Ahnung mit zu verbinden, die den kreativen Schritt ausmachen und fördern. Und dieser muss immer größer werden, längst über den Rand unseres Sonnensystems hinaus.

Diese breite und bedeutende Basis müsste eigentlich global erreicht werden, um einen gemeinsamen Standard unseres Planeten für die Ausgangspositionen aller Bewegungen in den All zu sichern. Das wird nicht erreichbar sein, weil der Egoismus und die eigene Pfründe nie ganz zu beseitigen sind, aber wenigsten die Gemeinschaft eines Landes könnte soweit gelangen und damit den Vorreiter spielen, um die breite Grundlage für einen Start nach außen zu schaffen. Dabei würde es genügen, Geist und Seele wirksam werden zu lassen, ohne den Körper stets mit dabei haben zu müssen.

Von der Position des Jägers und Sammlers sind wir nur deshalb auf den heutigen Standard gelangt, weil die Vielzahl der kleinen Entdeckungen den Geist für diesen Weg und seine Bewegungen geöffnet haben. Dasselbe muss weiter aufgebaut werden und nunmehr beginnen das All einzubeziehen, um unsere besondere Position zur Förderung des Zusammenspiels von Geist, Seele und Körper zu stärken und unser Zentrum im All zu forcieren. Dann kreisen die Geister des All ernsthaft um unseren Planeten. Dann könnte ein starker ausgebauter Standard eine gewisse Sogwirkung in die Weiten des All senden und noch existierende Wesen zu uns heranziehen.

Seele, Raum und die Bewegungen haben alle eigene Energien, mit denen sie in den Menschen und besonders in dessen Körper einwirken. Sollte es gelingen diese Energien für Geist und Seele zu mobilisieren und unsere Gefühle als Lenker unserer Bewegungen daran anzuschließen, dann könnte der Körper in seiner Funktion als derzeitiger Energiespender für Geist und Gefühle entlastet und in seinem Umfang verringert werden. Man könnte die Kräfte der Sonnen und Planeten anzapfen und hätte alle Merkmale des Körpers, die dieser mit seinen Organen und seinen speziellen Lebensbedingungen hervorbringt, ebenfalls eingeschränkt und auf die großen Massen verlagert. Dazu müsste das Verständnis des Körpers ein anderes werden.

Unzweifelhaft ist unser Körper derjenige Teil in der Dreieinigkeit, der wie ein fester Panzer, wie ein enges Korsett unseren Geist und unsere Seele umschließt und damit auch die Grenzen der Beweglichkeit und Flüssigkeit von allem mitbestimmt. Seine Bedingungen sind es auch, die uns schon wegen der großen Zahl von Erdenbewohner zwingt, die Natur in einer Weise zu organisieren, zu trainieren und zu erziehen, dass sie uns die nötigen Existenzbedingungen schafft, angefangen von den Nahrungsmitteln, über die Unterkünfte, bis zur Beweglichkeit, zur Daseinsvorsorge und Produktion. Da bleibt nicht mehr viel an Raum für die Künste und die freie Kreativität. Bisher war dieser Körper aufgrund seiner Bedingungen an unseren Planeten gebunden. Und er scheint der einzige, der diese Bedingungen erfüllt. Bei einer sich steigernden Ablösung vom Körper wächst der Aktionsradius des Geistes und der Seele in alle Bereiche.

Dabei schweben die Kräfte der Sonne, der Gefühle und Intuition mit eigenen Energien im Raum und wehen wie der Wind ungenutzt an uns vorbei. Diese Energien stehen auch für Seele und Geist zur Nutzung frei. Erst ganz langsam kommt man dahinter, wenigsten die Energie der Sonne etwas wenigstens für den Körper zu nützen, hat aber noch lange nicht erkannt, wo man sonst Energiequellen entdecken und anzapfen könnte, die noch ungenutzt das All durchschweben. Das räumliche Konzept des Körpers setzt auch stets voraus, dass bei jeder Bewegung seine schwere Masse mit zu bewegen ist, was gewisse Maßnahmen schon gänzlich unmöglich macht, bei großen Entfernungen erst recht.

Der Körper des Wassers hat insgesamt gesehen eine unendliche Masse, deshalb besitzt er die Flüssigkeit als eine spezielle Form der Beweglichkeit, mit der er ganz schnell überall erscheinen kann. Und das macht Wasser nicht nur unverzichtbar, sondern direkt zu einer grundlegenden Basis und Lebensbedingung. Wasser hat die korsettartige Begrenzung seines Körpers abgelegt und hervorragend überwunden, obwohl es noch immer Körper ist. Es kann sich in alle Formen begeben und damit überall und an allen Standorten des All anpassen. Wasser ist unser Vorbild, denn noch haben wir nicht verstanden, ob hinter ihm nicht auch ein Gewisser Teil des Geistes und der Seele ihren Platz verbergen. Sein Körper kann so schwer sein, dass er die Umdrehung der Erde beeinflusst oder so leicht wie Luft, dass er fast gar nicht erscheint. Es hat den Weg der Loslösung bei bestimmten Gelegenheiten gefunden und es setzt ihn ein, wenn es ihn benötigt. Und dennoch ist jeder, noch so kleiner losgelöster Teil, immer noch Wasser geblieben.

23. Bewegung und Zukunft

Die Bewegung startet ausschließlich von Punkt a, ihrem Anfang, dessen Verlauf sodann von unzähligen Faktoren abhängt, die die Bewegung in die richtige Richtung und in ihr Ziel führen. Der Bewegungsablauf unterliegt dabei der Logik, das bedeutet auch, dass alle Kräfte die von der Seite in die Quere kommen, die Bewegung beeinflussen können, wenn sie stärker sind, als die Kraft der Bewegung. Ein gutes Beispiel ist der Vogelflug oder der vieler anderer Tiere, wie Schmetterlinge, die trotz ihrer labilen Figur große Entfernungen erfolgreich zurücklegen und die sich gegen alle anderen Einflüsse durchsetzen.

In all diesen Fällen nimmt die Natur einen gewissen, den Bestand nicht gefährdenden, Verlust in Kauf. Dennoch sind alle Umstände so organisiert, dass der Ablauf funktioniert und das Ziel erreicht wird. Das ist besonders eindrucksvoll, wenn die kleine Schwalbe im Frühjahr genau in ihr kleines Nestchen unter dem Dachvorsprung der großen Scheune und hinter der alles verdeckenden großen Eiche stehend, zurückfindet.

Man führt es auf das Magnetfeld zurück, was aber wenig überzeugend ist. Denn auf dem langen Weg durchkreuzt die Schwalbe eine Menge von Feldern und sonstigen starken Einflüssen, Flughäfen, Fabriken, Fahrzeugbewegungen und Funkwellen in dichten Mengen, und vieles andere. Wie leicht beeinflussbar solche Steuerungen sind, erlebt jeder in der täglichen Nutzung seiner eigenen Technik. Und das Feld der Elektronik und Magnetik wird zusehends dichter bevölkert und strahlt mit allen eingesetzten Kräften hinaus in alle Richtungen und Höhen. Dabei sind die Empfangsgeräte der kleinen Tiere alles andere, als gegen solche Einflüsse abgesichert.

Einleuchtend erscheint viel eher das Prinzip der Gleichzeitigkeit, das mit der Logik jeder Bewegung verbunden ist. Im Rahmen des Prinzips der Gleichzeitigkeit ist das Ziel im Anfangsimpuls des Bewegungsvorgangs enthalten und wird erreicht, sofern der Ablauf nach den Bedingungen der Gleichzeitigkeit erfolgt. Eine spezielle und individuelle Gefühlsbindung heftet den Flug der Schwalbe an ihr kleines Nest und leitet sie auf ihrem Weg über alle Unebenheiten und Verläufe hinweg. Die Hauptrichtung der Bewegung erfolgt sicherlich nach einem Magnetfeld und dem Stand und Verlauf der Sonne, wobei dies alles in einer Automatik verlaufen muss. Denn die Schwalbe trägt keinen Computer mit sich, um große Rechenaufgaben zu erledigen. Eine intensive

Gefühlsbindung zu dem Punkt b. der den Weg voranbringt, genügt ihr dafür.

In Zeiten, in denen noch kein Navi die Autofahrt gelenkt hat, ist jeder einem ähnlichen Gefühl gefolgt. Oft wurde das Ziel rein intuitiv gefunden, es müsste da und dort zu finden sein. Das müssten Reste dieser Verbindung sein, die nunmehr, seit der Technik, gänzlich in Vergessenheit geraten sind. Sicherlich hat jeder schon einmal diesen instinktiven Anlass gehabt, dahin zu fahren, um das Ziel zu erreichen.

Wichtig ist diese Feststellung, weil jede Bewegung ein Teil Zukunft ist. Der Anfangspunkt a liegt in der Gegenwart und er gerät immer mehr in die Vergangenheit, je weiter er seit Beginn der Bewegung zurückliegt. Der Punkt b dagegen liegt in der Zukunft. Und ich setze die Bedingungen des Bewegungsverlaufs, damit habe ich auch einen Teil meiner Zukunft in meiner Hand. Je sicherer die Verlaufsbedingungen sind, desto eher tritt die Zukunft wie geplant auch ein. Beherrsche ich die Gleichzeitigkeit und meine Bindung zu meinem Ziel, dann beherrsche ich im gleichen Maße auch meine Zukunft. Nämlich genau das, wohin die Bewegung verläuft. Und es ist nicht nur dieser Verlauf, mit dem Ziel verbinde ich etwas, das wiederum Rückwirkungen auf meine Person oder Situation hat. Auch das kann ich durch eine gut gesetzte Bedingungslage im Ablauf sicher machen. So undefinierbar muss Zukunft gar nicht sein.

Würde ich nicht nur auf die strikte und einfache Logik und deren Verlauf setzen, sondern meinen Gefühlsverbindungen mehr Raum gewähren, dann hätte ich von diesem Moment an mehr von meiner Zukunft in eigenen Händen. Denn auf den logischen Verlauf im Rahmen der Gleichzeitigkeit kann ich mich verlassen. Und ich habe zudem die gefühlsgetragene Möglichkeit meinen Bewegungsvorgang intuitiv zu begleiten und zu beeinflussen und alle Krafteinwirkungen zu lenken. Ich kann daneben auch noch zur Sicherstellung seines Verlaufes beitragen. Daneben kann ich durch die Gestaltung meiner Situation Bewegung von anderen veranlassen, die auf mich zukommen, weil sie mein Angebot haben wollen. Meine Zukunft hängt im Wesentlichen von den eigenen Umständen ab, die ich meinen Bewegungen beilege und wie sehr es mir gelingt, abweichende Kräfte und deren Einflüsse abzuwehren. Dabei kommt es auch auf die Sicherheit meiner Ausgangsbasis an.

Im zwischenmenschlichen Bereich hängt der Verlauf meiner eingeleiteten Bewegung und damit meine Zukunft, auch davon ab, ob ich mich in der dritten Dimension oder in der vierten Dimension der Würde bewege. In der dritten Dimension herrscht noch immer ein großer Egoismus, der mir meinen Erfolg missgönnt und der deswegen meinen Verlauf in sein Gegenteil verkehren will. In der vierten Dimension der Würde dagegen, ist meine Leistung anerkannt und wird geschützt, zumal sie auch der Gemeinschaft zugutekommt.

Bewegungen und Verläufe bauen in logischer Reihenfolge aufeinander auf. Durch eine entsprechende Gestaltung meines Lebensweges und dessen stufenweisen Aufbaus, kann ich auch die fernere Zukunft beeinflussen, wobei ich die jeweils notwendigen Bewegungselemente, bewusst oder intuitiv gefühlsmäßig richtig setzen kann. Die Natur unterstützt mich dabei, sobald ich mich selbst darum bemühe. Die internen Verbindungen stehen und wirken mit, allerdings erst nach unserem tatsächlichen Eingriff. Der direkte, auch fehlerhafte Eingriff geht immer vor. Das gilt genauso für die Schwalbe. Weicht sie von dem vorgegebenen Weg ab, dann muss sie ihren weiteren Weg selber finden und das könnte echt problematisch werden. Mein eigener Existenzaufbau, die Basis meines Wesens, setzt ebenfalls Bedingungen, diese Basis setzt die Fernbedingungen der Zukunft, die deshalb relativ sicher sind, weil sie rein individuellen Charakter haben und von Dritten nicht übernommen werden können. Zukunft ist kein dunkler Teil der Bewegung.

Zukunft ist nach alledem ein Mix von Bewegungen, wobei ich selbst die Hauptrichtung durch meinen Einsatz bestimmen und Querkräfte abwehren kann. Dabei zeigt sich klar, Zukunft baut sich pyramidenförmig auf, aus meiner gegebenen Ursprungsbasis, in Verbindung mit der von mir gesetzten Hauptbewegungsrichtung, die sich mit der Zeit in den Raum hineinentwickelt und dabei ihre Seitenbewegungen bekommt, die direkt logisch oder intuitiv vorhersehbar und abwendbar sind. Je mehr es mir gelingt, meine Bewegungen selbst bewusst zu gestalten, umso eher habe ich meine ganze Zukunftsentwicklung in meiner Hand. Und die Natur steht in diesem Prozess hinter mir. Die Zukunft ist die Folge aller Bewegungshandlungen.

Dabei ist die Logik der Bewegung die Hauptgestaltungskraft, auch wenn Zukunft für uns immer als ein Blick in die Glaskugel verstanden wird, die von dunklen Kräften unvorhersehbar bewegt wird, verläuft sie doch völlig logisch und geradlinig voraus. Das entspricht den wirklichen Abläufen, schon deshalb, weil alles Bewegungen sind und dafür deren Normen vorhersehbar gelten. Einflüsse von außen, wie die jetzige Pandemie, sind nicht vorhersehbar. Obgleich wir wissen müssten, dass uns die Zukunft mit weiteren Beschränkungen dieser Art bedenken wird, weshalb meine Motivation für Zukunftsbewegungen darauf auszurichten ist. Ich muss sie einkalkulieren, denn sie beeinflussen meine Abläufe. Und ich muss wach genug sein, die Anzeichen für solche Erscheinungen rechtzeitig zu erkennen.

Die Basis meiner Zukunftspyramide ist die Ausgestaltung meines individuellen Lebensraumes, von dem aus alle meine Bewegungen veranlasst werden. Dabei kann die Pyramide genau umgedreht verlaufen. Meine derzeitige Position dehnt sich in die diversen Entwicklungen meiner Aktivitäten aus und die Pyramide steht plötzlich auf dem Kopf. Jedenfalls laufen alle objektiven Kräfte, die mit der Seele, mit der Kraft der Bewegungen und mit den Kräften der Natur verbunden sind, immer mit. Sie können auf mich einwirken, wenn ich für deren Wirkungen mein System offenhalte und es empfänglich ist. Auch das ist alles logisch begreifbar und kalkulierbar.

Die Abläufe der Natur haben sich über Jahrtausende eingespielt und sie erhalten sich gegenseitig nach ihrem eigenen Prinzip der Harmonie und Geschlossenheit. Danach laufen sie nach dem Prinzip der Gleichzeitigkeit ab, das immer eine gleichmäßige Identität besitzt, für die es deshalb werde eine Vergangenheit, noch eine Gegenwart eine Zukunft geben muss. Denn verlaufen die Bewegungen und Entwicklungen mit ein paar Ausnahmen immer identisch, und sie müssen es, um den Ablauf zu erhalten, dann sind die Zeiten völlig gleichgültig. Welche kleine Form dabei nicht mithalten kann, interessiert das System eigentlich nicht. Denn auch dafür hat es Vorkehrungen, um die freiwerdenden Massen neu einzugliedern, sodass der Ablauf seine geübten Wege weitergehen kann.

Zukunft ist für das große All bereits die Jetztzeit. Denn erhebliche Änderungen sind nicht denkbar, sie kämen nur in Frage, wenn es zurückkehren müsste auf einen gemeinsamen Ausgangspunkt, wobei große schwarze Löcher die freifliegende Materie einsammeln und zentrieren. Dann wäre Zukunft wieder der Ausgangspunkt. Das All lebt in der Gleichzeitigkeit, weshalb Zukunft für eine solche Position kein Thema ist. Lediglich die in ein System integrierten Formen und Wesen haben ihre individuelle Zeit, weil ihre Existenz das Gesamtsystem nicht interessiert. Eine Ausnahme wäre der Mensch, sofern es ihm gelänge, die Erde zum geistig-seelischen Zentrum des All zu entwickeln und seine enge Bindung zu seinem Körper etwas in die Seele und in die Geistigkeit zu heben.

Die Chancen dafür stehen eigentlich nicht schlecht. Denn noch hat er einige Jahrmilliarden, bis seine Sonne im System erlischt und er eine neue Bleibe irgendwo im weiten All zu suchen hat. Diese Zeit müsste reichen, um über ein globales Zusammenwirken einiger empfindsamen Individuen, den Weg zur geist-seelischen Kombination zu erreichen, in der dann nur das Gute und Edle seinen Sitz und seine Kräfte für alle Bewegungen hätte. In diesem Fall wäre die körperliche

Bindung weit möglichst gelöst, so dass ihm auch der Blick ins Jenseits offen wäre. Das müsste eigentlich eine erstrebenswerte Zukunftsperspektive sein. Mindestens müsste alsbald eine intensive Beschäftigung mit diesen Themen erfolgen, um statt wirksamer Waffen und Tötungsmaschinerien, großartige Ideen und die Wirksamkeit der natürlichen Kräfte hervorzubringen. Diese könnten auf jeden Fall mehr bewirken, als die beste Waffe. Und es wäre eine Zukunft, die für alle tragbar sein könnte, den Menschen, seinen Planeten und das große All.

Die wenigstens teilweise Loslösung vom Körper hätte zur Konsequenz, dass sich die geist-seelische Verbindung ausschließlich im positiven Bereich bewegen würde. Alle negativen Folgen des Handelns sind es deshalb, weil sie sich nachteilig auf den physischen Körper auswirken. Der ganze Bereich der Verletzungen, der psychischen Beeinträchtigungen würde entfallen, so dass kaum mehr eine negative Angriffsfläche gegeben wäre. Gefühle wirken direkt auf und in dem Körper und erreichen ihre Effekte durch die körperliche Reaktion, die besonders bei negativen Einflüssen erkennbar und fühlbar wird. Eine Einwirkung auf den Geist erreichen sie nicht direkt, sondern nur über den Körper, weil auch eine Bombe bei dem nicht körperlichen Geist nichts zu bewirken hätte. Und Gefühle minimieren sich in dem Maße, in dem die Bindung zum Körper ausgeschlossen oder reduziert wird.

Bei solchen Verhältnissen könnten sich Farben, Gerüche und sonstige edle Eindrücke umfassend durchsetzen und ihre positive Wirkung entfalten. Das würde den Raum der Gefühle erweitern und erhöhen und ein Leben in der vierten Dimension der Würde nötig machen und von ich aus diesen Zustand herstellen. Er wäre die notwendige und auch logische Folge einer solchen Situation. Einzig im geist-seelischen Bezug zu einem anderen Wesen könnten noch negative Einwirkungen hervorgebracht werden, dadurch, dass diese Beziehung gestört oder sonst negativ beeinflusst werden würde, indem der Andere noch intensivere aber positive Beziehungen aufnimmt.

Negative Beziehungen muss der Geist nicht annehmen, sie gehen ins Leere. Dieser Fall würde paradiesische Zustände eröffnen und damit den Weg in ein Paradies freimachen. Eigentlich das Endziel der menschlichen Entwicklung. Denn im geist-seelischen Bereich ist auch die Notwendigkeit einer guten Ernährung nicht gegeben, weil alles, was notwendig ist, abgeleitet werden kann. Zudem ist der Raum stetig und damit als Ganzes keiner Zeit unterworfen. Zeit taucht als individuelle Zeit der abgeleiteten Räume auf.

Ableitung vom Raum für meine kleine Kartause, Ableitung von der Bewegung für alles, was ich zu erreichen habe und Übernahme der Seele mit ihren vorgegebenen Bedingungen, die dann nicht nur intuitiv wirken müsste, sie wäre mein Wegbegleiter. Diese alle bringen ihre Bedingungen mit und sind im Grunde nicht von großer Substanz abhängig. Das würde auch die alltägliche Arbeit überflüssig machen, denn die Hauptarbeit steht für den Körper, für Geist und Seele wirken die im Raum aktiven Bewegungen für sich. Denn zu lösen gibt es in diesem Zustand ja nicht die allergrößten Probleme, denn die wären gelöst.

Und der jeweilige Zustand des Körpers ist eh von Geist und meinen Gefühlen abhängig. Ich will Weltmeister im Hochsprung werden, dann gebe ich meinem Körper die geeignete Muskulatur dafür und ich stimme ihn darauf ein, die notwendigen Strapazen des Trainings zu ertragen. Er macht es mit, weil der Geist seine Bewegungen über die Gefühle alle bestimmen darf. Die Natur hat das Verhältnis von Körper zu Geist und Seele bereits in der Weise geregelt, dass sie nicht unbedingt eine Einheit bilden müssen. Denn auch rein geistige Strukturen können einen realen Bestand erhalten und in Zukunft als feste Bewegungen fortgelten. Die Relativitätstheorie ist nicht real in Stein oder Holz gebaut und dennoch gilt sie, weil sie in der Natur schon längst als rein geistige Struktur vorhanden ist.

Um diesen Zustand zu erreichen, müssten unsere Bewegungen zu diesem Ziel hinführen. Derzeit ist genau das exakte Gegenteil der Fall, es bewegt sich nichts in Richtung der Eigenständigkeit von Geist und Seele. Noch immer wird die Hauptbewegung unserer Gesellschaften vom Prinzip Egoismus geprägt. Die Coronakrise zeigt es wieder. Der Versuch Europa jeden Mitgliedsstaat gleich mit der Impfung zu bedienen, um Nachteile bei den kleineren Mitgliedern zu vermeiden, führt überall zu Vorwürfen wegen eintretender Engpässe, die zu Beginn nicht vermeidbar sind und jedem bekannt waren. Warum sind wir nicht vorne. America first. Wir müssen nicht first, wir müssen die Besten sein. Die mit dem größten Gefühl des allgemeinen Glücks. Glück stellt sich als innere Zufriedenheit mit einem kleinen Überschuss von Kräften, die zu neuer positiven Aktion und Bewegung fordern.

Es drängt zur Bewegung und der eigentliche Punkt des Glücks, besteht in dem Gefühl, ich kann es.

Alle Bestrebungen während der Ausbildung und des Lernens gehen auf diesen Zustand des Glücks hin. Es ist der Zielpunkt jeder Bewegung, ich bin in b angelangt und ich habe den Weg weiter nach vorne oder auch zurück zu meinem Ursprung im Griff. Es ist einfach und auch stets erreichbar, wenn man die Verhältnisse in ihrem natürlichen Zusammenhang und in ihrer Bewegung belässt.

24. Bewegung und Gemeinschaft

Die Eigenschaften und Werte des Individuums stehen zunächst diesem zu und müssen von diesem aufgenommen und in seinem Wesen mit seiner Nuance verarbeitet werden. Seine Nuance; ist es gerade, die ihm nur seinen individuellen Blick in die Welt und auch in seine Wahrnehmung eröffnet. Der Trick der Natur dabei ist allerdings; dass alles, was er verarbeitet zu objektiven Tatsachen wird, die weit über seine Nuance hinausgehen und allgemeine logische und natürliche Gültigkeit haben. Er kann aus seiner Beschränkung heraus dennoch objektiv gültig leisten und allgemein gültige Realitäten schaffen. Denn alles, was in die Welt gesetzt wird und Bestand hat, ist auch allgemein gültig und unterliegt den Naturgesetzen.

Wie bereits dargelegt, ergibt die Summe der individuellen Nuancen die Gesamtheit. Dabei ist nicht geklärt, wie hoch die Summe sein muss, wie viele einzelne Nuancen zusammen sein müssen, um die Ganzheit zu erhalten. Das dürfte auch vom Einzelfall abhängen. Um das Risiko der umfassenden Zustimmung und Mitwirkung zu erreichen, arbeitet und wirkt das Individuum regelmäßig in einer Gemeinschaft. Die homogene Gemeinschaft, die etwa mit gleichen Qualitäten an Pflichterfüllung und Verantwortungsbewusstsein ausgestattet ist, hat die Aufgabe eine gemeinsame Basis zu bilden, auf der jedes zugehörige Individuum tätig sein kann und darüber hinaus die Energie zu liefern, mit der das Individuum und die Gemeinschaft selbst, wirken können. Die Gemeinschaft ist ein Energieträger, der auch vermitteln kann.

Dass diese homogene Gemeinschaft eine absolut gültige geistige Basis bildet, die für jede individuelle Nuance automatisch verbindlich wirkt, ist unzweifelhaft. Das geschieht in allen gemeinschaftlichen Gremien vieltausendfach. Hier wirkt sich die Addition der Nuancen bereits inhaltsgebend und positiv aus. Diese enge Verbindung in dieser wirkenden Gemeinschaft, liefert aber auch einen Teil der Kraft, die notwendig ist, um die geistige Arbeit weiterzubringen. Soweit es um Muskelkraft geht, ist klar, dass diese Energie nur von dem Körper kommen kann. Denn er muss seine Muskeln betätigen und benötigt dafür das Schnitzel oder den Haxen. Völlig anders ist es bei allen geistigen und auch seelischen Angelegenheiten. Diese dafür notwendigen Energien kommen aus der Verbindung zur Natur oder aus der zu der engen Gemeinschaft und den anderen gleichwertigen Nuancen, die alle energiegeladen und kompatibel sind. Die Energie für die geistig- seelische Leistung hole ich mir aus der Idee, der Natur, oder meiner mich tragenden und fördernden engen Gemeinschaft, die mir die Basis und Standards der Entwicklung setzt. Und diese auch von mir fordert.

Deswegen ist die geistige Leistungskraft auch unabhängig davon, in welchem Zustand mein Körper sich gerade befindet. Auch wenn er todkrank und schwach ist, könnte meine Nuance eine geist-seelische Leistung hervorbringen, die leistungsmäßig genau auf der Gegenseite zum Zustand meines Körpers steht. Denn sie kann nicht krank oder beschränkt werden, ich kann lediglich den Zustand meines Körpers darauf auswirken lassen und mich selbst dadurch beschränken.

Eine intakte und leistungsbezogene Gemeinschaft wäre gleichzeitig Energieträger für die geistig-seelischen Bezüge und Leistungen, die jedes der in der Gemeinschaft beteiligten Individuen erbringt. Von daher gesehen, hängen meine angemessene geistige oder seelische Tätigkeit und Einsatzbereitschaft gar nicht nur von meinem Körper ab. Sie kann vielmehr von meiner Umgebung, die mich zu einer Bewegung veranlasst, oder meiner Gemeinschaft kommen. Bei diesen Tätigkeiten bin ich nicht von der Kraft meines Körpers abhängig. Meine Nuance kann sonach ihre geistige Wirkung entfalten, ohne den körperlichen Krafteinsatz zu benötigen. Dennoch verlangt mein Körper stets sein Recht.

Im praktischen Leben hat diese Unterscheidung in der Regel keine Bedeutung, weil auch bei meinen geistig-seelischen Aktivität stets einen körperlichen Einsatz mit verbinde, der aber keinen Bezug zur geistigen Tätigkeit haben muss. Zum Beispiel das Bedienen eines Gerätes, Sprechen, Erläutern, Gestikulieren u.a. sind Körper. Haben aber keine Wirkung für

Inhalt und Qualität des Gedachten. Die körperliche Aufrechterhaltung des geistigen Einsatzes, erfordert natürlich eine immense körperliche Kraft, ich benötige die Körpertemperaturen, die Sauerstoffversorgung im Blut, die Fähigkeit mich zu bewegen und vieles mehr, das alles vom Körper abhängt und seine Kräfte beansprucht. Eine wenigstens teilweise Loslösung, könnte diese Abhängigkeit verringern und auf die Kräfte des Geistes und der Seele zurückgreifen, die ich aus meiner geistig aktiven Umgebung übertragen erhalte.

Der Ausstieg aus der körperlichen Versorgung für rein geistig-seelische Aktivitäten könnte sich deshalb von sich aus am Leben erhalten und müsste nicht auf ein funktionierendes, wenig effektives, körperliches Versorgungssystem zurückgreifen. Die inspirierende Umgebung habe ich eigentlich immer, entweder als mir entgegenstehendes und meine Tätigkeit verneinendes oder sie bejahendes und unterstützendes Gemeinschaftswesen. Eines von beiden ist immer anwesend und damit auch meine geistig-seelische Versorgung für diese Tätigkeit gesichert. Die begleitenden körperlichen Aktivitäten, sind damit nicht versorgt.

Irgendwann muss der Mensch den Schritt zur Loslösung aus der körperlichen Klammer bewirken. Das geschieht entweder dadurch, dass er Geräte und Maschinen entwickelt, die seine sensitiven Eigenschaften haben und ausbauen und die ihn auf anderen Planeten vertreten, oder, dass er selbst seine sensitiven Kräfte intuitiv erhöht und soweit verselbständigt, dass diese für ihn auf die große Reise gehen können und draußen in weiter Ferne auch etwas in seinem Sinne realisieren können. Dann hinterlässt er seine persönliche Nuance und markt seinen Bereich da draußen mit seiner persönlichen Note ab. Dann ist er selbst da draußen, was gewaltige Vorteile mit sich bringt. Denn er kann lernen, kann sich erweitern und weiterbilden. Das ist sicherlich noch eine der größten Vorhaben, die zu erfüllen wären. Auch dafür ist uns garantiert auch eine Zeit gesetzt. Die nächste große Pandemie könnte bereits demnächst an die Türe klopfen und nichts wird für uns bereit sein. Und vorbereitet sind wir auf nichts, auf gar nichts.

Auch die neue Gemeinschaft muss danach trachten nicht nur einen gemeinsamen Standard der Entwicklung festzulegen, sondern eine eigene Kraftbasis zu schaffen, die auch nach außen reicht. Entweder mit eigenen sensitiven Kräften, als Teil der Individuen, oder als Individuum mit dem reduzierten Körper. Gemeinschaften in diesem Sinne haben wir bislang noch gar nicht, wir müssen dringend nach ihnen forschen und ihre verbindliche Individualität festlegen. Die Gemeinschaft entwickelt eigene Kräfte, die wegen der Mehrheit von Nuancen einen optimalen objektiven Anteil in sich tragen, mit dem sie überall korrespondieren und ankoppeln können. Und sie haben ein Gefühl, ab wann ihre Zahl für die Vertretung der Ganzheit ausreicht.

Gesellschaften sind zu solchen Leistungen nicht in der Lage, weil sie viel zu konträre Meinung unter einen Hut bringen müssen und damit an reinen Äußerlichkeiten hängen bleiben. Aber sie müssen die Eigenart dieser Gemeinschaften zulassen und ihnen genug Raum für die eigene Entwicklung geben. Und die Politik steht völlig außerhalb von diesem Spiel. Denn eine solche Gemeinschaft muss sich primär um die natürlichen Bezüge zum Individuum, um seine Bindung an die allgemeinen Kräfte, vermittelt durch Intuition, Ahnung, Instinkt und Voraussicht kümmern und dieses gänzlich neue Feld logisch strukturieren und dazu Versuche fahren. Politik ist das Gegenteil davon.

Man muss definieren, wie enge persönliche Bindungen entstehen, denn diese kommen nur zustande, weil jeder Partner einen bestimmten Wesensanteil des anderen in sein Wesen übernimmt und sich damit umstrukturiert und neu aufbaut. Jedenfalls, wenn es echt und ernst ist. Und das reicht bis zu besonderen Beziehungen zu Tieren, Pflanzen oder gar Sachen, die ich ebenso angehen kann, weil sie für mich individuelle Eigenschaften haben, die ich übernehme und fortan als Lebenselement gebrauche. Auch gewisse Paraerscheinungen haben sicherlich einen realen Hintergrund, der ernstgenommen und strukturiert zu entwickeln ist. Dazu gehören auch spezielle individuelle Eigenschaften, die den Zugang zu solchen Kooperationsmöglichkeiten finden. Wenn ich meine Nase operieren lasse, weil sie nicht schön genug ist, dann verschwinden individuelle Fähigkeiten und Rezeptoren, die in mein individuelles System vorgegeben und eingepasst waren, nur, weil ein oberflächlicher äußerer Eindruck verändert werden muss. Diese Gemeinschaft benötigt eine andere Basis und eine neue Sicht auf das Individuum.

Die Komposition eines jeden Individuums hat ihre eigene Sprache, sie singt ihr eigenes Lied, mit dem sie in den Reigen der Natur und den Verbund der Wesensarten aller Lebewesen passt. Es bildet alles eine geschlossene Harmonie, denn es muss reibungslos funktionieren, das ist die Logik jeder Bewegung und passt es nicht zusammen, dann sondert die Natur diese Teile aus und ersetzt sie mit neuen angepassten Teilen. Das ist die Mechanik der Evolution, die bisher den nachhaltigen Ablauf aller Arten garantiert hat. Auf diese Stufe muss die neue Gemeinschaft auch geistig zurück und von dort den Weg, nicht ausschließlich über die Logik und den persönlichen Vorteil als maßgebliche Triebfeder gehen, sondern den zweiten möglichen Weg wählen, den der Gefühle und der inneren Harmonie und Würde, die auch logisch strukturiert sein müssen. Einen Versuch wäre es wert. Tierarten, die genau zu den Zeiten erscheinen, an denen gewisse Pflanzen auftauchen und danach sind sie wieder weg. Wo ist der Sinn? Aber sie sind da und erfüllen ihre zielhafte Erscheinung. Auf einen persönlichen Vorteil kommt es dabei überhaupt nicht an. Die Art und ihre Erscheinung im Bild der Harmonie und Bewegung ist wichtig.

Diese Art des Denkens und Fühlens sollte von engen und gut aufeinander angepassten Gemeinschaften an Hochschulen oder in sonstigen Organisationen unbedingt eingerichtet werden, um diese gemeinsamen Kräfte aufzubauen und die Zusammenhänge, die von jedem Individuum ausgehen, zu untersuchen. Untersuchungsobjekt ist der Rest von vorhandenen Bindungen an die inneren Gefühlsverläufe, die bei jedem Individuum noch vorhanden sein müssten und wieder aufgebaut werden können. Eine Kraftquelle, besser als jeder Körper.

25. Bewegung und Leben

Bewegung ist Leben. Nur durch Bewegung entsteht es. Nur dadurch kann es von Zustand zu Zustand wechseln, die jeweilige Individualität und die Besonderheiten des Weges kennenlernen, die zwischen den Zielen liegen. Bewegung ist auch die Einteilung in die Größe der Schritte, in die Distanz, die ich benötige, um die Besonderheit und Eigenart des neuen Zustandes und seiner Struktur zu erfassen. Bewegung ist aufteilbar in kleine und große Schritte, in kleine und große Überraschungen, in den kleinen und großen Mut für den jeweiligen Schritt. Bewegung ist wie die Flüssigkeit des Wassers, sie passt sich überall an und vermittelt mit jedem Schritt die Befriedigung etwas erreicht zu haben, weil jeder Zustand etwas Neues ist. Das vermittelt die Strukturen des Lebens und macht sie zu eigenen Erfahrungen, die in die individuellen Wesen integriert werden. Und es entsteht ihre Flexibilität, die der Flüssigkeit vergleichbar ist.

Damit vermittelt Bewegung auch die Eigenschaft, sich allem anzupassen und stetes etwas Neues zu schaffen. Ohne diese Vermittlerrolle wären wir statisch und fest wie eine Mauer und hätten keine Chance, neue Ziele zu erreichen. Bewegung hat sich auch dem Raum angepasst, sie verläuft vertikal und horizontal. Und Bewegung gibt jedem Wesen die logische Struktur des nächsten Schrittes vor, zu dem ich überlegen muss, schaffe ich den Sprung über den Graben. Damit stelle ich mein Individuum den Problemen gegenüber und baue es im System dieses Lebens auf und entwickle es hinein. Und alles läuft automatisch.

Bewegung vermittelt mir das Gefühl, was Leben mit all seinen Möglichkeiten und Alternativen ist. Das, was ich gestalte und forme und als reales Werk hinterlasse. Und mit der Gegenüberstellung baut mir Bewegung auch mein eigenes Wesen und mein individuelles Leben mit auf. Ich kann es, ich will es und so stehe ich dann in der Umgebung, der von mir bewegten Objekte und Strukturen. Und sie zeigt mir, wo ich eingreifen und bewegen muss. Und diese geistig-seelische Welt ist bei jeder Generation verschieden. Bewegung setzt mich in meine Zeit und setzt den Spannungsbogen meiner Aktionen. Und dieser verläuft von der festen Gegenwart zu dem Bisschen Glück, das jede Bewegung zu einem positiven Ziel mit sich bringt.

Bewegung bringt auch Veränderung im System des Lebens. Sie bringt neue Arten hervor und beseitigt solche, die nicht mehr an die Umgebung angepasst sind. Bewegung schafft stets und ständig neue Zustände und Strukturen und begünstigt damit neue Formen und verändert alte oder überbrachte Formen und Systeme. Aber sie kann auch über gewichtige Strukturen hinweggehen, wenn diese im Rahmen der Bewegung nicht mehr gefordert sind. Dann werden sie ausgeschieden, auch wenn sie noch wirksam wären und sogar, wenn sie von grundlegender Bedeutung sind, falls man ihnen den erforderlichen Raum gewährt.

Die Ziele der Bewegung entscheiden über den zukünftigen Zustand, weil jede Bewegung mit ihrem Ziel gestaltend in die Zukunft greift. Der zukünftige Zustand kann Neues bringen, er schaltet aber auch alles Vernachlässigte ab. Das ist die große Gefahr der Bewegung, die in unseren Gesellschaften dazu geführt hat, dass alle seelischen Verbindungen inzwischen fast total verkümmert und ausgelöscht sind, weil sie bestenfalls noch individuell im stillen Kämmerchen geübt werden und da auch nur nach den üblichen Zielen, mein Vorteil muss es sein. Die gleiche Gefahr besteht für das Großhirn. Groß ist es nur noch vom Umfang her, dem Inhalt nach längst abgebaut und verkümmert.

Dieser kleine oder große geistige oder reale Bogen, ist mein Motivator, der die Größe meiner Schritte und meiner Sprünge über den Graben festlegt. Daraus folgt die Größe der Begeisterung, die mich in die nächsten Schritte der Bewegung zieht und so langsam, Schrittchen für Schrittchen, die Struktur des Werkes errichtet. Bewegung ist nicht nur die Mechanik der Logik, sie ist genauso die Innerlichkeit der Freude und Lust, etwas tu tun. Denn immer geht es nicht nur um Bewegung und Abläufe, immer entscheiden Inhalte und Gefühle, die von der Logik mitstrukturiert werden, genauso mit. Und jede Bewegung setzt zumindest den Geist voraus und regt in der dritten Dimension die Gefühle zur Mitwirkung an, weil sie auf die innere Harmonie angewiesen ist. Wo diese fehlt und am Schwinden ist, reagiert die Natur und sie macht es immer intensiver.

Entwickeln sich diese Elemente nicht mit der gleichen Geschwindigkeit der Bewegung mit, dann kann die Steuerung zum Ziel fragwürdig werden. Die Bewegung setzt ihre eigenen Bedingungen. Und sie bringt es mir schonend und meinem Willen entsprechend bei. Sie ist mein Lehrmeister. Denn übersehe ich eine ihrer Bedingungen, dann schlage ich mir den Kopf irgendwo an und Schmerzen sind noch immer der beste Lehrmeister für Rücksichten und Vorsichten. die bei allem zu üben sind. Bewegung hat ihre festen Stufen, die ich mit ihr beschreiten muss, wenn ich die Treppe nach oben oder in ein Seitental erfolgreich begehen will.

Die Bewegung passt sich auch fein allen Lebensbedingungen aller Strukturen an. Und genau das ist das Lesebuch des Lebens. Diese Schule muss ich erfolgreich beschreiten, wenn ich mich reibungslos zwischen den Objekten und in die Kurven bewegen will. Aber ich muss auch die Ziele richtig setzen, wenn ich den Ablauf schon übernommen habe. Bewegung trägt alles, Freuden und Leid. Sie unterscheidet nicht genau wie die Logik, sie vollzieht deine Schritte und bringt sie zum Ziel. Und du trägst die Verantwortung für alle Wege deiner Bewegungen. Denn jedesmal schaffst du reale Zustände, die als Wirklichkeit im Geiste mitzählen und gewichtet werden.

Aber die Erfüllung von allen ihren Schritten, ob klein, ob groß, bringen die Befriedigung und manchmal sogar etwas vom individuellen Glück hinzu, das aber nur nachhaltig und von Bedeutung ist, wenn es in den Gesamtrahmen der natürlichen Harmonie passt. Und darauf muss stets geachtet werden, weil die warnenden Gefühle längst über Bord gegangen sind. Das alles vermittelt Bewegung durch die unzähligen Berührungen mit den unzähligen Punkten und Begegnungen, der ersten Dimension, die in jeder Bewegung die Wirkung des Raumes eröffnet. Die erste Dimension ist der Anhaltspunkt und die

Gefühle der dritten oder vierten Dimension springen in den Raum mit ein und verlangen ihre Beachtung.

Deshalb muss stets das Ziel der Bewegung berücksichtigt und im Auge gehalten werden. Denn läuft Bewegung an, dann ist der Weg eingeschlagen und es wird schwierig, schadlos wieder herauszukommen. Das fordern die räumlichen Zusammenhänge, in denen alles verläuft und sich gestaltet. Und dennoch müssen wir dazu übergehen, unsere Ziele, unseren Punkt b für alle Bewegungen nicht nur auf dieses Leben auf diesen Globus zu sehen. Der Blick muss hinaus in das große All geworfen werden, denn wer weiß, ob nicht eine der nächsten großen Pandemien diesen Planeten gänzlich unbewohnbar macht. Schon die jetzige Coronapandemie, die noch relativ harmlos ist, führt zu fast unlösbaren Problemen.

Man kann sich ohne weiteres ganz andere Dimensionen von Pandemien denken, die bei einer weiteren Entwicklung von Natur und Menschheit nach der heutigen Methode auf uns zukommen können. Da kann der Blick in den weiten und großen Raum ganz plötzlich zur Lebensrettung nötig werden. Dieser Weg kann dann nicht nur für Milliardäre möglich sein. Wir brauchen den gefülsmäßigen Blick in die Zukunft, den unsere Seele vermittelt. Den Zugang dazu sollte die Menschheit alsbald neu schaffen und verschüttete Fähigkeiten neu renaturieren. Dazu steht seine Seele, die auch die Verbindung in die großen Abläufe und Strukturen hält.

Was ist das Fazit der angewandten Bewegungen: Der Mensch muss sich bemühen sein Großhirn einzusetzen und seine geist-seelischen Fähigkeiten zu erkennen und zu optimieren, die auch den Anteil der Körperlichkeit an seinen Bewegungen minimieren und seine Einwirkung und Bedeutung beschränken, um ihn auch in die Lage zu versetzen, die Bedeutung seines Planeten für das All zu nutzen und größer zu denken, über seine engen Grenzen hinaus, in das All hinein, mit einem eigenen geist-seelischen Modell, das alles umfasst. Und neben diesem Blick in die großen Massen, muss der in mein inneres System verlaufen, der mir wieder die Zugänge zu den dort wirkenden Kräften meiner Raumstruktur unserer Seele aufnimmt. Und dieser Weg in mein Inneres ist genauso bedeutend, wie der zu den großen Massen weit hinaus. Denn der Blick in die Seele kann ohne weiteres genauso weit hinausreichen.

Schafft er das, dann hat die Bibel Recht, weil sich dann geistig-seelisch alles um die Erde, unseren Planeten, dreht, und die Sonne nur eine untergeordnete Rolle spielt. Unsere Erscheinung mit unseren Fähigkeiten ist einmalig im All und diese Fähigkeiten sind auszubauen, um das hier bestehende geistig-seelische Zentrum, zu optimieren und das Leben in Würde fest zu verankern. Vielleicht öffnet dies den Kontakt zu weiterem Leben im weiten All, das möglicherweise mit anderen Energien kommuniziert und sich längst im ganzen All ausgedehnt hat. Nur wir sind derzeit noch zurückgeblieben und bekommen den Anschluss nicht. Es wäre nicht das erste Mal. Denn interessant ist, der Blick in mein seelisches Inneres verläuft geradlinig auch weiter hinaus in das weite All. Es ist eine verbindliche und identische Achse der Bewegung.

Und sollte es weiteres Leben geben im großen, weiten All, dann hätten wir trotzdem eine Sonderstellung, weil die

Besonderheit unserer Individualität nirgends mit gleicher Identität wiederholbar ist. Identität unter den Individuen existiert nicht einmal auf diesem Planeten, wie soll sie allweit möglich sein. Fraglich bleiben bestenfalls die Bedeutung und das geistige Gewicht der einzelnen Individuen, und die Begeisterung die sie mit neuen Ideen hervorbringen können, gemessen am Gesamtbild der sich bewegenden großen Massen. Aber das ist unsere Aufgabe. Bewegung steht auch für geistiges Feuer und Faszination durch Veränderung.

Und für diese Bewegung haben wir auf Erden und in unserem All heute schon das größte Gewicht. Deshalb wird auf unserem Planeten stets ein geistig-seelisches Zentrum sein, von dem irgendwann alle geistig-seelische Bewegungen ausgehen, gleichgültig in welche Richtung und auf welchen Planeten sie hin verlaufen. Stets kommen sie von hier. Auch derzeit verlaufen sie, aber unbewusst und nicht gezielt auf eine Lösung und ein Ziel der Bewegung hin. Das kann erst erfolgen, wenn wir unsere zentrale Position und die damit verbundene Aufgabe verstanden haben, dies universellen Kräfte an alle Massen zu verteilen. Der Blick nach innen muss mit der gleichen Intensität nach außen in die großen Weiten fortgesetzt werden, denn dort hat er sein Ziel.

Und irgendwann wird es auch möglich sein, für diese geistig-seelischen Kräfte auf jedem Planeten ein Zentrum zu bilden, einfach eine Anhäufung von Ideen und deren Energieknoten, über die dann ein Weiterverlaufen bis hin zu den fast unendlichen Entfernungen und vielleicht zu anderen, für diese Systeme zugängliche Wesen, zu erreichen ist. Dann haben wir den Kreis um die fast unendlichen Massen endgültig geschlossen. Dann erst ist dieser echte und bereits heute vorhandene Mittelpunkt des All hier endgültig geschlossen und dokumentiert.

Unser innerer Horizont ist genauso groß und bedeutsam wie der äußere der großen Massen. Beide müssen in ihren Verläufen verbunden und harmonisiert werden, dann ist der nachhaltige Verlauf für beide Seiten erreicht, mit einer Mitte hier auf diesem Planeten. Der Kreuzungspunkt von diesem Innen und Außen, liegt genau hier auf unserem Planeten und in uns Individuen und es ist unsere Aufgabe, dieses Zentrum zu bilden und auszubauen. Die Natur fordert uns gerade zu diesen Aktivitäten auf.

Das wird eine der größten Aufgaben der Menschheit sein und da kann es nicht schaden, wenn bereits jetzt Planungen für eine Forschungsstation auf dem Mond gemacht und diese auch absehbar realisiert werden. Denn noch immer müssen wir mit unserem schweren Körper auf Reisen gehen, der seine exakten Bedingungen für seine Existenz setzt, die noch einzuhalten sind. Aber bald kann diese Arbeit vielleicht vorerst noch von wesentlich anspruchsloseren Maschinen übernommen werden.

Um die Erde, so wir sie erhalten können, kreist der Geist und die Seele für alles was an dem geistigen Konzept in Bewegung ist und bleibt. Und diese Bewegung bezieht sich auf alle anderen großen Körper weit da draußen, die Bedeutung für Geist und Seele haben und genauso weit da drinnen in mir und mit der seelischen Verbindung meiner Kräfte, wo immer sie auch hinreichen. Sie alle müssen beide einbeziehen, denn sie gehören zu dem gleichen Urgrund, aus dem sie gekommen sind und zu dem sie nach getaner Arbeit möglicherweise zurückkehren werden. Und unser Weg zu unserem Inneren ist genauso weit, wie der nach außen, zum letzten Stern des All.

Bei all den fantastischen Energien, die im großen weiten All alle existieren und sich trefflich auswirken, gibt es nur uns, die diese Aufgabe übertragen bekommen haben. Ein jeder von uns mit seiner individuellen Nuance hat einen speziellen Ausschnitt dieses großen zu bewegenden Feldes, das er betreiben und zeitbedingt einrichten muss. Erst durch seine Arbeit erhält es die zweite Realität des Lebens, die neben dem geistigen Untergrund der Natur besteht, in dem sie längst eingerichtet ist. Es ist im Schlaf vorhanden, aber nicht realisiert. Sinn bekommt es aber erst, wenn mit ihr real gelebt und gearbeitet wurde und damit die echte reale Bewährung verbunden ist. Erst dann ist es mit der Kraft des Lebens und der bewegten Natur und einem Ziel verbunden. Denn alles Ungenutzte vergeht automatisch und unwiederbringlich. Die Natur hat als Ziel ihrer Bewegungen, ständig Neues zu kreieren, aber dennoch das Vorhandene zu erhalten. Unser Ziel muss der Erfolg auf diesen Wegen sein. Längst schweben wir geistig zwischen allen Werten und nirgends gibt es einen festen Halt und eine überzeugende Orientierung. Wir müssen die Kräfte und Energien der Tiefe und Würde wirken lassen, um endlich wieder ein gerades und faszinierendes Ziel zu finden. Denn der geistig-seelische Mittelpunkt des All liegt hier auf unserem Planeten und wir haben ihn zu erhalten und zu verbessern.

26. Bewegung und Gleichzeitigkeit

Die Natur muss bei allen ihren Abläufen und Bewegungen stets den Erfolg sicherstellen, weil es sonst keine Ordnung gibt, um die Verläufe zu erhalten. Gleichzeitigkeit und Bewegung sind insoweit von ihrem logischen Gehalt her nahezu identisch. Denn nur durch eine logische Bewegung ist sichergestellt, dass der gesetzte Anlass und das gewollte Ziel identisch sind und dadurch real, also erreicht werden. Und das durch alle Wirren und Widerstände hindurch.

Dabei unterliegt die Gleichzeitigkeit der Gravitation. Sie kann sich also nicht geradlinig in das All hineinbewegen, sondern ist auf den Boden dieses Planeten oder eines anderen gebunden. Sie unterliegt deshalb der Gravitation, weil sie stets etwas bewegen muss. Die Gleichzeitigkeit ist nur existent, wenn sie eine Idee oder einen Zustand oder eine Sache bewegt und zu ihrem geplanten Ziel verbringt. Die Schwalbe verlässt Afrika und landet hier in ihrem Nest, wenn sie sich an die Gleichzeitigkeit hält. Sie kann auch eigene Wege gehen, ist dann aber dem Schicksal preisgegeben. Als solches Objekt bindet es die Gleichzeitigkeit an ihre Gravitation.

Damit ist sichergestellt, dass alle Bewegungen der ersten vier Dimensionen und damit des Lebens, gleich welchen Inhalt sie besitzen, auf ihrem jeweiligen Planeten verbleiben und von sich aus nicht darüber hinaus reichen können. Auch die Logik der Sachen und Gegenstände verläuft mit ihrer jeweiligen Bewegung innerhalb der Gravitation. Das erfasst aber nicht alle auch geistigen Bewegungen, die nicht an die Gleichzeitigkeit gebunden sind, so wie solche **der** Menschen und vielleicht gewisser Tiere und Pflanzen.

Ausnahmen bestehen in einem, uns noch fast unbekannten großen Bereich, wenn sich Logik und Gleichzeitigkeit mit hohen Energien verbinden. Licht und alle anderen Energien in Wellenformen, die sich mit Lichtgeschwindigkeit bewegen, verlassen die Gravitation des Planeten und bewegen sich mit ihrem individuellen Anteil frei im Raume fort. Oder, wenn gezielte Maßnahmen vorliegen, mit denen die Gravitation umgangen wird. Weltraumraketen.

Für diese Bewegungen gilt eine eigene Gesetzlichkeit, die auch die Welt der Gefühle und alles umfasst, was außerhalb der Gleichzeitigkeit verläuft. So wie Gefühle, sie bewegen sich mit der Licht – Schatten Relation und damit mit Lichtgeschwindigkeit oder denen der Annäherung, und damit weit über Lichtgeschwindigkeit hinaus, zu ihren Zielen. An diese Bewegungen tasten wir uns gerade etwas heran und suchen gesicherte Erkenntnisse und Erfahrungen. Die aber sicherlich auch wieder eine gewisse Freiheit der geist-seelischen Verbindung von der körperlichen Enge voraussetzen. Möglicherweise, das, was uns der Messias bei seinem wichtigen, aber kurzen Erscheinen beibringen wollte, wäre das Kreuz nicht dazwischengekommen.

Wir haben Anlass genug, diese Welt und ihre geheimen Hintergründe, die jetzt gerade in einer anderen Qualität erscheinen, zu ergreifen und zu versuchen, sie auszugestalten. Davon kann eines Tages die Existenz der Idee Leben generell abhängen, denn die Lebensbedingungen sind eigentlich ein schmaler und enger Korridor, den uns die Natur für unsere Bewegungen gewährt. Und diese Wiese könnte demnächst abgegrast sein. Besonders im Hinblick auf Menschlichkeit und Wertschätzung des Lebens zwischen Mensch, Tier und Pflanze und der Materie ganz allgemein. Die Bezüge in das immense All können nicht von einem winzigen Korridor, der uns gewährten Größe abhängen. Und wir müssen die Sprache verstehen lernen mit der die großen Massen zu uns sprechen.

Sie fliegen alle und haben ihr endgültiges Ziel noch nicht erreicht. Also stehen sie alle zwischen dem Anfang und ihrem Ziel, weshalb sie in einem nicht absolut gefestigten und irreparablen Zustand sich befinden. Die großen Massen schweben mit uns in einem vorübergehenden Gleiten, das sein endgültiges Ziel und den damit verbundenen Zustand noch nicht erreicht hat. Also tragen sie dieselbe geistige Offenheit, weil auch sie sich darauf einstellen müssen, in neue Zustände zu gelangen, die alles wieder verändern können. Allein unsere individuelle Lebenszeit im Verhältnis zu der unserer großen Massen, erweckt den Eindruck einer ewigen und endgültigen Dauer und Geschlossenheit.

Das stimmt aber nicht, weil die bestehende und überall vorhandene Bewegung genau das widerlegt. Alles ist in Bewegung und damit ist auch alles in dem offenen und labilen Spannungsverhältnis von Anlass zu Ziel, das zumindest bewirkt, dass eine Neigung zur Beständigkeit besteht und zur nachhaltigen Übernahme aller, diese Beständigkeit verkündenden, wahrscheinlichen Bestandteile dazu. Alles fordert einen beständigen Geist, der aber seine exakte Mitte ebenfalls noch suchen muss. Wir haben sie jedenfalls noch nicht gefunden. Diese Mitte kann nur der Mensch auf unserem Planeten hervorbringen. Sofern der Planet überlebt. Deshalb ist das geist-seelische Netz und Fundament von großer Bedeutung für die gesamte verbindliche Inhaltsgebung.

Die ablaufende Bewegung überbrückt diese Offenheit in den Systemen und in ihrem geistigen Unterbau. Diese Festigkeit muss sein, wenn die Zustände in den großen Massen und in ihren Strukturen irgendwann feststehen sollen und endgültig werden wollen. Welches Ziel damit verbunden ist, kann nicht kalkuliert oder vorhergesehen werden. Am ehesten scheint der hochkonzentrierte Zustand vor dem big bang. Solange es im Inneren der Planeten noch brodelt und Ausbrüche erscheinen, ist der Zustand der immerwährenden Bewegung nicht abgeschlossen. Solange ist auch das Ziel noch offen und der Weg für Geist und Seele frei. Also bleibt ein offenes Feld für große Bewegungen, die nur der Mensch und sein Großhirn erledigen können. Ansonsten erledigt es der finale Endzustand, ohne den Menschen, seine Logik und sein Leben.

Und vielleicht benötigen wir noch andere Perspektiven und individuelle Nuancen, die entweder von Kreaturen auf anderen Planeten vertreten werden, um das volle Spektrum und die vielgestaltige Ganzheit abzudecken und diese geheimnisvollen Verbindungen zu begreifen, oder die wir noch selbst zu bilden und zu erlernen haben. Denn ganz klar ist, dass unseren, ausschließlich auf Logik basierenden, Bewegungen nicht alles sein können. Die Erde, das Missverständnis der Natur und die gelebte

Zwischenmenschlichkeit unserer Tage beweisen es hinreichend. Es gehört mehr dazu.